大夏书系·语文之道

中小学古诗词
评点及教学建议

赵希斌　杨思航　编著

华东师范大学出版社
ECNUP
全国百佳图书出版单位

第一部分　古诗词审美

一、悦耳与悦意 / 3

古诗词因歌唱的基因而"悦耳"，因求真与求善而"悦意"，两者相辅相成，共同成为古诗词美的源泉。

二、蕴藉与寄情自然 / 17

古诗词绝大部分篇幅短小，但其表情达意可谓效率极高、效果极好！这有赖于其非常独特的写作技法——"蕴藉与寄情自然"。

三、意境与悟 / 26

诗词因由浅入深和由实入虚而具有意境美，而"悟"是我们感受诗词意境之美、看懂诗词评点的密钥。

第二部分 集评分析及其在教学中的应用

评点者对诗词颇富见地的感悟，为学生理解诗词内涵和意蕴提供了多视角多层次的参考。

对诗词的艺术之美进行评点包括两个方面：一是对诗词美的感悟，二是对诗词艺术手法的分析。美感之悟展露诗词的动人之处，艺术手法分析则说明了诗词何以具有美的意味。

评点中对诗词的关联与对比包括最佳认定、风格比较、沿波讨源、见仁见智，为诗词赏析提供了丰富的视角和素材。

附录 中小学古诗词集评

引言　古诗词集评概述及其价值

一

经典古文和古诗词是传承中华文化最好的载体，蕴含人世间最动人的情意，给学生以最精美的文化熏陶。2014年9月9日，习近平总书记在北京师范大学看望一线教师时说："我很不赞成把古代经典诗词和散文从课本中去掉，'去中国化'是很悲哀的。应该把这些经典嵌在学生脑子里，成为中华民族文化的基因。"2018年1月16日，教育部举办新闻发布会，介绍刚修订完成的普通高中课程方案及课程标准。加强中华优秀传统文化教育是这次修订的重点之一，语文课标在这方面的表现最突出——与优秀传统文化相关的内容贯穿必修、选择性必修和选修，要求学生广泛阅读各类古诗文，覆盖先秦到清末各个时期——明确规定"课内阅读篇目中，中国古代优秀作品应占1/2"，将原标准"诵读篇目的建议"改为"古诗文背诵推荐篇目"，推荐篇目数量也从14篇（首）增加到72篇（首）。

2018年中央电视台推出大受欢迎的《经典咏流传》节目——用流行歌曲演绎经典诗词，北京师范大学康震教授为节目主题曲撰写了歌词（部分）："走在古城朱雀的小街/听见太白唱醉的明月/这是杜甫赞过的春雨/王维的空山就在心里/特别想念那东坡的月光/梦想跟随在放翁的身旁/就算我没有稼轩一般的才华/挑灯看剑咱有的是担当……"确如这首歌所唱，古诗词丰富、滋养了学生的精神世界——在认知层面，让学生回到过去、走向远方，观察丰富多彩的自然与社会，探索幽深微眇的人心；在情感层面，感受古人的喜乐与悲伤，生发情感的共鸣，获得情感的慰藉与力量；在意志层面，看到世界中的美好与丑恶，体会古人的向往与追求，学习他们的智慧与勇气。

古诗文蕴含着中华民族独特的文化记忆和审美情趣，提升其教学品质的重要性无须多论。同时，我们应看到古诗文的内容和形式离学生较远，教学难度很大。解决此问题的一个好办法就是找"行家"引路，就像一个孩子从小就跟着懂京剧的行家看戏，他们即时的喝彩、散场后的分析对孩子来说都是有效的戏曲赏析教育。同样，我们可以借助历代评家对诗词作品的评点，帮助学生亲近、理解、欣赏古诗文。为此，我们撰写了本书和《中小学古文评点及教学建议》[①]。本书在澄清中国诗词审美传统的基础上，对诗词评点进行分析并探讨如何将其用于古诗词教学。那么，评点是什么，对古诗词教学有何意义？我们先来看几个例子[②]：

> 不说我想他，却说他想我，加一倍凄凉。（张谦宜评《九月九日忆山东兄弟》）

> 人知赏"芙蓉""杨柳"之句，而不知斛律金《敕勒歌》真气惊人，为《大风》《垓下》嗣响。视彼"风云""月露"之词，直蝉噪耳。（成书评《敕勒歌》）

> 卢象《还家》诗云："小弟更孩幼，归来不相识。"贺知章云："儿童相见不相识，笑问客从何处来。"语益换而益佳，善脱胎者宜参之。近时严坦叔《还家》诗亦有"旧时巷陌浑忘记，却问新移来住人"，颇得知章之遗意。（范晞文评《回乡偶书》）

> "声沉欲语迟"，"沉"字细，若作"停"字便浅，"欲语迟"，形容妙绝。"未成曲调先有情"，"先有情"三字，一篇大机括。（唐汝询评《琵琶行》）

这些评点对诗词的内涵、创作技法、文字渊源等多个方面进行分析和评价，可谓切中肯綮、情真意切。张中行在《文言津逮》中说："前人的评论，大多出于专家之手，见得广，谈得深"，"我们不只要重视，还要把它看作培养眼光的课本，不停止于记住论断，要更向前，学习前人所以作出此种论断的理论和方法"。[③] 评点者凭借其人生体验和审美修养，为我们理解、欣赏古诗词提供了丰富的材料和多样化的视角，古诗词评点用于教学，必定有助于学生赏析古诗词，有效提高诗词教学的丰富性和深刻性。此外，许多诗词评点源自评点者真挚的情感共鸣，他们用排比、对偶、比喻、用典等形式表达自己对诗词的领悟和情感，这使得评点颇具文学意味，

[①] 作为《中小学古诗词评点及教学建议》的姊妹篇，此书将随后出版。

[②] 正文所引评点只呈现"××评××"，评点者的年代及评点出处参考本书"附录"中的详细信息。

[③] 《张中行作品集（第一卷）》，中国社会科学出版社1995年版，第344页。

评点自身成为文学赏析的素材。如明胡应麟评王维的《辛夷坞》和《鸟鸣涧》："读之身世两忘，万念皆寂。"王维的诗好，胡应麟的评点也好——意味深长、颇具美感——王维的诗因胡应麟的评而更显其美，学生因此而有机会体验经典诗词和精彩评点的双重审美。

二

在中国，评点到宋代才真正成为一种自觉的批评方式，其兴盛则出现在明清。评点是在经学评注基础上发展起来的，包括总评、评注、行批、眉批、夹批等方式。① 评点涉及的领域非常广，诗、词、曲、赋、骈文、散文、小说、戏剧，乃至民歌，几乎涉猎了文学中的任何一种体裁。中国古代一流的作家作品几乎都已被人评尽，文学中的经典之作更是不止一次地被评点。评点者的队伍也相当庞大，宋元著名的评点者有吕祖谦、谢枋得、刘辰翁、元好问；明中期以后评点之风盛行，顾璘、徐献忠、杨慎、归有光、唐顺之、王慎中、茅坤、李攀龙、王世贞、徐渭、李贽、王穉登、屠隆、汤显祖、陈继儒、袁宏道、梅鼎祚、钟惺、谭元春、冯梦龙、沈璟、孙鑛、凌濛初等均涉猎评点；明末清初的著名评点人则有钱谦益、冯舒、冯班、金圣叹、毛宗岗、李渔、陆次云、陆云龙、顾炎武、王夫之、黄宗羲、卢世㴗、黄周星、邢昉、吴绮；清代则有毛奇龄、朱彝尊、王士禛、汪琬、邵长蘅、高士奇、查慎行、储欣、赵执信、屈复、方苞、沈德潜、厉鹗、刘大櫆、姚鼐、纪昀、翁方纲、蒋士铨、周济、潘德舆、姚燮、谭献、王闿运、吴汝纶、陈廷焯、梁启超等。这些评点者往往也是著名的文学家，在创作文学作品的同时也对文学作品进行评点，他们的评点对文学赏析无疑颇具价值。②

文学经典的形成离不开诠释，伟大的文学作品有无穷的涵义，评点将这些涵义不断地揭示出来。③ 高水平评点具有独立价值和重要影响，如南宋刘辰翁的评点，"士林服其赏鉴之精"，《唐诗品汇》引用刘辰翁的评点近 700 则！④ 明李东阳在《麓堂诗话》中说："刘会孟名能评诗，自杜子美下至王摩诘、李长吉诸家，皆有评。语

---

① 参见吴承学：《评点之兴——文学评点的形成和南宋的诗文评点》，《文学评论》1995 年第 1 期。

② 孙琴安：《中国评点文学史》，上海社会科学院出版社 1999 年版，第 3-4 页。

③ ［俄］鲍列夫：《美学》，乔修业、常谢枫译，中国文联出版公司 1986 年版，第 237 页。

④ 同①。

简意切，别是一机轴，诸人评诗者皆不及。"评点有力地提高了作品的影响力，典型例子是明凌稚隆刊刻《史记评林》后，《史记》受到世人追捧，掀起了阅读的热潮——"《评林》行，而自馆署以至郡邑学官，毋不治太史公者矣"（王世贞《史记纂序》），可见其影响之深远。一般情况下，无论是正解还是误解、肯定还是否定、感性抒怀还是理性分析，评点皆可促进作品的传播与接受，评点中出现佳句或评点者身份特殊时，其效应更是非同凡响。① 例如，《念奴娇·赤壁怀古》就先后得到南宋著名诗词评家胡仔和金代文坛第一人元好问的推崇。胡仔在《苕溪渔隐丛话》中说："东坡'大江东去'赤壁词，语意高妙，真古今绝唱也。"元好问则在《题闲闲书赤壁赋后》中说："词才百许字，而江山人物无复余蕴，宜其为乐府绝唱。"再如，经苏轼评说过的词作不论褒贬皆广为传颂。苏轼评柳永的《八声甘州》："世言柳耆卿曲俗，非也。'渐霜风凄紧，关河冷落，残照当楼'，此语于诗句，不减唐人高处。"（赵令畤《侯鲭录》引苏轼语）经苏轼评点，柳永此作受到了文人的注意和称许，苏轼之评也得到了认可。这样的现象可谓如南宋词人陈人杰在《沁园春·不恨穷途》一词的序中所说："余以为古今词人抱负所有，妍媸长短，虽已自信，亦必当世名巨为之印可，然后人信以传。"清廖燕在其文学评点专论《评文说》②中指出："以吾之手眼，定他人之文章，而妍媸立见，非评不为功。故文章之妙，作者不能言而吾代言之，使此文更开生面，他日人读此文，感叹其妙，而不知评者之功至此也。"显然，评点揭示了"作者不能言"的作品之妙，丰富、扩展、深化了作品的意义，使其"更开生面"，学生学习古诗词，就是古诗词接受的一种形式，评点必然会在这个过程中发挥巨大作用。

三

　　优秀的文学作品往往有多人评点，将这些评点辑录起来就是集评。吴朝喜在《重刊集千家注批点杜诗后序》中说："抑能翻刻杜诗之善本，以传四方，使四方之

---

① 郁玉英，杨剑兵：《论文学经典生成的评点效应——以宋词为中心》，《山西师大学报（社会科学版）》2016 年第 4 期。

② 关于《评文说》可参考李永贤：《"钩隐索玄"与"金针尽度"——论廖燕〈评文说〉对文学评点意义的揭示》，《阜阳师范学院学报（社会科学版）》2006 年第 5 期。

人因批释以明其诗，讽之诵之，玩之味之，而深好之焉。"①集评让人"因批释以明其诗"，还能"讽之诵之，玩之味之"，它为何具有如此价值？明王思任在《合评北西厢序》中谈为何"合刻"汤显祖、李贽、徐渭的评点②：

> 然合刻三先生之评语者又谓何？大抵汤评玄著超上，小摘短拈，可以立地证果；李评解悟英达，微词缓语，可以当下解颐；徐评学识渊邃，辨谬疏玄，令人雅俗共赏。合行之，则庶乎人无不挚之情，词无不豁之旨，道亦无不虞之性矣。

由此可见，集评能为我们提供丰富的参考，有助于我们从不同层面、不同角度理解作品。从本书第二部分对集评的分析来看，诗词多个评点之间存在交织、印证、演进，甚至出现相反意见的争论，这为我们理解作品创造了极为有利的条件，得以"在长短得失的衡量中提高自己阅读的鉴赏力"③。

也有人认为，评点对作品解读有害无益。如明王夫之说："有皎然《诗式》而后无诗，有《八大家文钞》而后无文。立此法者，自谓善诱童蒙，不知引童蒙入荆棘，正在于此。"（《夕堂永日绪论外编》）清章学诚说："但文字之佳胜，正贵读者之自得；如饮食甘旨，衣服轻暖，衣且食者之领受，各自知之，而难以告人。如欲告人衣食之道，当指脍炙而令其自尝，可得旨甘；指狐貉而令其自被，可得轻暖，则有是道矣。必吐己之所尝而哺人以授之甘，搂人之身而置怀以授之暖，则无是理也。"（《文史通义·文理》）还有明吴应箕也指出："大抵古人精神不见于世者，皆评选者之过也。弟尝谓张侗初之评时义，钱伯敬之评诗，茅鹿门之评古文，最能埋没古人精神，而世反效慕而恐后，可叹也。彼一字一句皆有释评，逐段逐节皆为圈点，自谓得古人之精髓，开后人之法程，不知所以冤古人，误后生者正在此。"（《楼山堂集》）这些意见值得重视，其对评点的批评主要表现在两个方面：第一，评点代替乃至剥夺了读者的亲身感受，在作品和读者之间形成隔膜；第二，评点只是一家之言，有时还存在偏颇，形成对读者的误导。这提醒我们，面对古诗词评点不能人云亦云而让他人的评价代替自己的思考和感悟；同时，正是因为集评整合了对一个作品的多个评点，从而提供了丰富的信息、多样化的视角、不同乃至相反的

---

① 转引自曾绍皇：《试论明清时期文学名著的"集评"现象》，《复旦学报（社会科学版）》2012 年第 5 期。

② 转引自黄霖：《中国文学名著汇评本的价值》，《复旦学报（社会科学版）》2012 年第 2 期。

③ 《张中行作品集（第一卷）》，中国社会科学出版社 1995 年版，第 345 页。

观点，这恰恰有利于我们更全面、更深刻地理解诗词作品。因此，我们要基于批判的态度面对诗词评点而使其为我所用：一方面将评点与诗词作品紧密关联，避免出现只见评点不见作品的现象；另一方面要结合中国古诗词审美的基本规律，分析评点的依据和文化背景，将多个评点关联起来，批判性地接受评点的结论。

综上所述，诗词集评"通作者之意，开览者之心"，"传作者苦心，开读者了悟"，"借彼舌根，通人慧性；借彼手眼，开人心胸"。① 它不但以"心同此理"的方式在认知层面激发我们的思考，还以"人同此心"的方式在情意层面调动我们对诗词的情感共鸣。因此，集评对古诗词教学来说是高品质的参考资料，教师备课时有集评的辅助，就像有历代评家"坐在我们旁边"，和我们一起就如何赏析古诗词进行"教研"，这对提升古诗词教学的品质无疑很有价值。

中国传统文学批评独具异彩，偏重直觉与经验，习惯于妙悟式的鉴赏，中国古诗词的评点依赖的不是抽象概念和逻辑思辨，而是文人共同的阅读背景下形成的彼此接近的思维习惯和审美趣味。② 因此，只有理解中国诗词传统审美范式，才能更好地理解古诗词及其评点。基于此，本书分为三部分：第一部分是对古诗词审美的分析，帮助读者理解古诗词审美传统与范式；第二部分以部分古诗词集评为例，分析其内容和形式，对集评如何用于教学提出建议；第三部分是附录，收录了中小学课本中古诗词③的集评——来自历代诗词集评、诗话词话、诗词选集、诗词鉴赏等。本书附录的集评能为古诗词教学提供直接的参考，即使不用于教学，通过欣赏历代评家对诗词的评点，也有助于提升我们赏析古诗词的能力和品位。本书最后列出了参考书目——诗词集评的来源，教师可以在课本收录的诗词发生变化时从中查找相关集评，或用于诗词教学，或用于诗词赏析。

---

① 这三句话分别是明袁无涯（《出像评点忠义水浒全传·发凡》）、清喻焜（《聊斋志异·序》）、明袁宏道（《东西汉通俗演义·序》）三人谈小说评点之语，我们认为此论同样适用于诗词评点。

② 温儒敏：《中国现代文学批评史》，北京大学出版社 1993 年版，第 2–3 页。

③ 包括人教社部编本从小学到高中语文教材中的古诗词，同时添加其他版本教材中的优秀古诗词。

第一部分

古诗词审美

中国古诗词极美！最全面、最精微、最深刻地显现了中华文化的审美品格。"长安一片月，万户捣衣声"，千百年来诗人词人和诗词评家共同仰望诗词这一轮皎洁之月，在时间的长河中其魅力不但没有减损，而且常在常新。古诗词根植于中国审美文化的土壤中，只有理解中国诗词传统审美范式，才能真正理解古诗词及其评点。朱光潜说[①]：

> 《左传》桓公元年有一条说："宋华父督见孔父之妻于路，目逆而送之曰'美而艳'！"这一段寥寥数字写尽华父督垂涎他人妻子的神情，在散文中可谓妙笔，而究竟不能说是诗，因为全文语气是"叙述的"而不是"惊叹的"。《诗经·郑风》有两章诗：
> 　　出其东门，有女如云。虽则如云，匪我思存！缟衣綦巾，聊乐我员。
> 　　出其闉阇，有女如荼。虽则如荼，匪我思且！缟衣茹藘，聊可与娱。
> 这两章诗所写的经验颇类似《左传》所记华父督的故事，但是它是诗，因为它的语气是"惊叹的"，它的音节是低徊往复的，它不是叙一件事，而是流露一种感情。

从这段话我们可以体会，中国古诗词有独特的表情达意的方式，这是其核心价值。理解古诗词及其评点，就要理解中国审美文化背景下古诗词表情的特点。总的说来，这些特点包括：歌唱的基因；源自《诗经》"比兴"和《楚辞》"香草美人"的写作手法；哀而不伤、蕴藉曲婉的审美趣味；基于"观物取象"而从自然获得启示的认识观；"道可道非常道""天地有大美而无言"的老庄思想以及追求意境的禅悟模式。这些元素表现在"悦耳与悦意""蕴藉与寄情自然""意境与悟"等三个方面，成为中国古诗词审美的核心。

---

① 朱光潜:《诗论》,北京出版社 2002 年版,第 280 页。

一、悦耳与悦意

中国古诗词既"悦耳"又"悦意"，两者相辅相成，共同成为古诗词美的源泉。

悦　耳

歌唱是人的本能，作为最重要的抒情手段会永远存续于人类的情感活动中。诗也被称为诗歌，最初就是用来歌唱的，而词最初就是歌曲的唱词。虽然现在绝大部分诗词不可唱，但其歌唱和音乐的基因仍然存在，并且是其美感的关键载体。我们在"附录"的集评中会看到这样的评点：

气韵沉雄。（敖陶孙评《观沧海》）

"羁鸟"二句，于大气驰纵之中，回鞭鞾鞳，顾盼回旋，所谓顿挫也。（方东树评《归园田居（其一）》）

人知赏"芙蓉""杨柳"之句，而不知斛律金《敕勒歌》真气惊人，……视彼"风云""月露"之词，直蝉噪耳。（成书评《敕勒歌》）

中二句气和，结又健举。（朱之荆评《黄鹤楼》）

词气清顺而有音节，情思流动而绝尘埃。（朱谏评《黄鹤楼送孟浩然之广陵》）

一篇之中，句句皆律；一句之中，字字皆律。而实一意贯串，一气呵成。骤读之，首尾若未尝有对者，胸腹若无意于对者；细绎之，则锱铢钧两，毫发不差，而建瓴走坂之势，如百川东注于尾闾之窟。又曰：此篇结句似微弱者，第前六句既极飞扬震动，复作峭快，恐未合张弛之宜，或转入别调，反更为全首之累。只如此软冷收之，而无限悲凉之意，溢于言外，似未为不称也。（胡应麟评《登高》）

小令中调有排荡之势者，吴彦高之"南朝千古伤心事"，范希文之"塞下秋来风景异"是也。……于此足悟偷声变律之妙。（沈谦评《渔家傲·秋思》）

裂竹之声，何尝不潜气内转。（谭献评《水龙吟·登建康赏心亭》）

这些评点中的"气韵""顿挫""真气""气和""词气清顺而有音节""飞扬震动""排荡之势""裂竹之声"等审美感受显然与诗词的听觉特性有关，如王夫之评杜甫《登岳阳楼》："……情中有景，为元气，为雄浑壮健，皆不知诗者，从耳食不以舌食之论。"（《唐诗评选》）"耳食"，一个形象的说法，提醒我们诗词有一个重要的审美属性——"悦耳"，欣赏诗词的美要关注其音律——诗词独特而重要的表达情感、展现美感的载体。朱光潜认为"诗是具有音律的纯文学"，他说[①]：

> 诗的形式起于实质的自然需要。……诗的实质的特殊性何在？何以它需要一种特殊形式（音律）？……就大体论，散文的功用偏于叙事说理，诗的功用偏于抒情遣兴。事理直截了当，一往无余，情趣则低徊往复，缠绵不尽。直截了当者宜偏重叙述语气，缠绵不尽者宜偏重惊叹语气。……换句话说，事理可以专从文字的意义上领会，情趣必从文字的声音上体验。诗的情趣是缠绵不尽，往而复返的，诗的音律也是如此。举一个实例来说，比如《诗经》中的四句诗："昔我往矣，杨柳依依；今我来思，雨雪霏霏。"如果译为现代散文，则为："从前我走的时候，杨柳还正在春风中摇曳；现在我回来，天已经在下大雪了。"原诗的意义虽大致还在，它的情致就不知去向了。义存而情不存，就因为译文没有保留住原文的音节。

音律是诗词的灵魂，是其表情达意最有力的手段。那么，诗词如何体现歌唱性、音乐性呢？答案是"节奏"。朱光潜认为诗的节奏是"声音大致相等的段落里所产生的起伏"；乔治·汤姆逊认为节奏"可以广义地说是一连串的声音，具有一定的高低和时间的间歇"。[②]朱光潜对节奏如何引发人们的快感进行了分析：

> 单就声音的节奏来说，它是长短、高低、轻重、疾徐相继承的关系。这些关系时时变化，听者所费的心力和所用的身心的活动也随之变化。因此，听者心中自发生一种节奏和声音的节奏相平行。听一曲高而急促的调子，心力与筋肉亦随之作一种高而急促的活动；听一曲低而柔缓的调子，心力与筋肉也随之作一种低而柔缓的活动。诗与音乐的节奏常有一种"模型"（pattern），在变化

---

① 本部分有关朱光潜的引文参见其《诗论》，北京出版社 2002 年版。
② 转引自李善奎：《诗词鉴赏通论》，齐鲁书社 1995 年版，第 103–104 页。

中有整齐，流动生展却常回旋到出发点，所以我们说它有规律。这"模型"印到心里也就形成了一种心理的模型，我们不知不觉地准备着照这个模型去适应，去花费心力，去调节注意力的张弛与筋肉的伸缩。这种准备在心理学上的术语是"预期"（expectation），预期的中不中就是节奏的快感与不快感的来源。比如读一首平仄相间的诗，读到平声时我们不知不觉地预期仄声的复返，读到仄声时又不知不觉地预期平声的复返。预期不断地产生，不断地证实，所以发生恰如所料的快慰。

节奏使得诗词有效地表达情感，"发生恰如所料的快慰"，这是诗词之所以"悦耳"的基础。中国古诗词主要通过平仄和押韵表现节奏。[①]

关于平仄，朱光潜指出，对一句诗而言，四声对于中国诗的节奏影响甚微，多数古体诗在句内不调平仄，仍具有动人的节奏，如一句全是平声的"关关雎鸠""修条摩苍天""枯桑鸣中林""翩何姗姗其来迟"；一句全是仄声的"窈窕淑女""岁月忽已晚""伏枕独辗转""利剑不在掌"，即使未调平仄，这些诗句读起来仍有起伏变化，仍很顺口。两首平仄完全相同的诗，读起来节奏很有可能不同，因为每个字读音的高低、长短、强弱，受字义、邻字、句意等多个因素的影响。而对于诗词中对应、关联的两个句子，平仄对于节奏的影响则是明显的，如白居易的《琵琶行》："大弦嘈嘈如急雨，小弦切切如私语。嘈嘈切切错杂弹，大珠小珠落玉盘。"第一句的"嘈嘈"与第二句的"切切"不但在句子中读起来很和谐，而且二者形成了平仄对应，这种对比造成的起伏形成了音乐性的节奏感。

用韵是中国古诗词非常重要的写作技法。早在歌、乐、舞未分时，人们就用韵——每节乐调之末同一乐器重复的声音——来点明一节乐调和一段舞步的停顿，形成去而复返、奇偶相错、前后相呼应的声音效果。习惯上诗词句内相邻两字成韵叫"叠韵"，诸句尾字成韵则叫"押韵"。

臧克家说："押韵是加强节奏的一种手段，有如鼓点，它可以使诗的音调更加响亮，增加读者听觉上的美感。在比较长的诗里没有韵的话，容易引起一种疲劳感，读者心理上得不到预期的一个落脚处。同一韵脚的诗句，可以比较紧密的结合在一起。"[②]

---

① 有关平仄和押韵的相关内容可参见王力：《诗词格律概要》，北京出版社 1979 年版。
② 臧克家：《臧克家全集（第九卷）》，时代文艺出版社 2002 年版，第 469–470 页。

中国古诗分为古体诗和今体诗两大类，古体诗是继承汉魏六朝的诗体，今体诗是唐代新兴的诗体。中国古诗在用韵方面有两个关键转变：一个是起自《古诗十九首》的五言，它把《诗经》变化多端的用韵变得整齐统一；另一个转变是今体诗的兴起，它将平仄押韵标准化，在字数、韵脚、声调、对仗各方面都有许多讲究，形成了格律。格律主要表现在两个方面：一是字句间意义的排偶；二是字句间声音的对仗。

词的产生可以追溯到隋唐。魏晋南北朝以后，西域音乐陆续传入，与中原传统民间音乐结合，产生了一种新型音乐——燕乐。至唐代燕乐已迅速发展，相当繁荣，可谓"声辞繁杂，不可胜纪"（郭茂倩《乐府诗集》）。为了给这种音乐配上歌词，民间开始了填词的尝试，敦煌曲子词绝大多数都是唐代民间创作。至中唐，单靠民间的创作已远远不能满足需要，于是乐工、歌伎开始采用现成的齐言诗配乐传唱。但是整齐的五、七言诗同参差错落的乐曲难以调和，必须加入和声、泛声、散声，为了解决这个问题，一些文人开始按调填词，直接写成长短句，至此，词的形式才真正确立。经过晚唐五代一批专业词人的努力，它才逐渐定型，并正式登上文坛。到了两宋，词进入了全盛时代，词人之众、风格流派之多样、艺术性之高都无与伦比。[①] 词与诗一样，后来与音乐和歌唱脱离，同样非常讲究格律，以词牌的形式规定了词的平仄、字数、句数、韵脚等。[②]

由上述分析可见，诗词的平仄押韵是其表现节奏的载体，而且有源于歌唱的基因，这使得古诗词具有歌唱性、音乐性的特点，这是其表情达意最有效也最独特的方式。如南宋俞文豹《吹剑续录》载，苏轼问善讴幕士："我词比柳词何如？"对曰："柳郎中词，只好十七八女孩儿，执红牙拍板，唱'杨柳岸晓风残月'，学士词，须关西大汉，执铁板，唱'大江东去'。"再如，南宋杨湜《古今词话》载，柳永想拜见杭州知府孙相却没有门路，遂作《望海潮》词，拜托名妓楚楚："愿借朱唇歌于孙相公之前。若问谁为此词，但说柳七。""中秋府会，楚楚宛转歌之，孙即日迎耆卿预坐。"如此看来，诗词唱出来比默念或读出来更动人、更"悦耳"。

但是，绝大部分诗词已经没有配乐，也不能歌唱，在教学中又该如何让学生体会诗词的歌唱和音乐之美呢？我们的建议是：声情相谐、以声带情。

---

① 有关词的发展史参见黄拔荆：《中国词史（上）》，福建人民出版社 2003 年版，前言。

② 有关词牌及其音韵特点参见王力：《诗词格律概要》，北京出版社 1979 年版。

声情相谐意味着，教学中要将诗词的音律、节奏与其情感紧密关联起来。郭沫若说："抒情诗是情绪的直写。情绪的进行自有它的一种波状的形式，或者先抑而后扬，或者先扬而后抑，或者抑扬相间，这发出来便成了诗的节奏。"[①] 节奏是由情绪、情感驱动的，在诗词甚至语言出现之前，人类就本能地利用节奏沟通交流、表达情绪情感——对语音的音长、音色、音调、音高进行变换和组合，这是歌唱的要素，也是诗歌的起源。《淮南子·道应训》说："今夫举大木者，前呼'邪许'，后亦应之，此举重劝力之歌也。""邪许"即是伴随劳动而发出的有节奏的歌呼。普列汉诺夫说[②]：

> 原始部落那里，每种劳动都有自己的歌，划桨人配合着桨的运动唱歌，主妇一面舂米一面唱歌，歌的拍子总是十分精确地适应于这种劳动所特有的节奏。如果说，诗歌与劳动有着不解之缘，那么，音乐最初就是由劳动工具与劳动对象接触时发出的声音演变来的。后来，人们为了使这些声音更加适合于表现自己的感情，就改进原有工具以加强这些声音，增加节奏的花样使声音富于变化。这样，劳动工具就逐渐发展成简单的乐器。

节奏与情感是一体的，节奏也是情感驱动的。随着人类的进化，人们"发明"了越来越多的节奏形式以满足日益丰富的情感表达的需求，而诗词所蕴含的节奏正是这样一种精妙的形式。

事实上，每个学生都有感受和表现富有情感的节奏的本能——痛苦时的呻吟、轻松时的哼唱、激动时的啸叫、愤怒时的咆哮……；他们听到喜欢的音乐——即使是第一次——也会被吸引并感到愉悦。基于此，我们相信学生会被诗词的音律和节奏感动而生发审美愉悦，前提是他们对诗词的情感有深入的理解和共鸣。《乐记》有言："其哀心感者，其声噍以杀；其乐心感者，其声啴以缓；其喜心感者，其声发以散；其怒心感者，其声粗以厉；其敬心感者，其声直以廉；其爱心感者，其声和以柔。六者非性也。""感于物而后动"——诗词的音律和节奏是由其所要表达的情感决定的。我们来看夏承焘对词调与表情关系的分析[③]：

---

① 转引自李善奎：《诗词鉴赏通论》，齐鲁书社 1995 年版，第 104 页。
② 黄楠森等主编：《马克思主义哲学史（第四卷）》修订本，北京出版社 2005 年版，第 110 页。
③ 夏承焘：《唐宋词欣赏》，北京出版社 2002 年版，第 145 页。

词，是一种配合音乐的文学，它本为歌唱而作。词调是规定一首词的音乐腔调的。……各个词调都有它特定的声情——音乐所表达的感情，如《满江红》《水调歌头》一类词调，声情都是激越雄壮的，一般不用它写婉约柔情；《小重山》《一剪梅》等是细腻轻扬的，一般不宜写豪放感情。词调声情必须和作品所要表达的感情相配合，这首作品才能够达到它的音乐效果，才能够达到超于五、七言诗的效果。……如《千秋岁》这个调子，欧阳修、秦观、李之仪诸人的作品都带着凄凉幽怨的声情（秦观填这个调，有"落红万点愁如海"的名句）。我们看这个调子的声韵组织：它的用韵很密，并且不押韵的各句，句脚都用仄声字，没有一句用平声来作调剂的，所以读起来声情幽咽，黄庭坚就用这个调来吊秦观，后人便多拿它作哀悼吊唁之词。

由此可见，诗词的节奏与情感紧密关联，词调是特定节奏的组合，相应地表达特定的情感。郭沫若在《论诗三札》中说："诗之精神在其内在之韵律，内在的韵律并不是平上去入，高下抑扬，强弱长短，宫商徵羽；也不是什么双声迭韵、什么押在句中的韵文！这些都是外在的韵律或有形律，内在的韵律便是'情绪的自然消涨'。"[①] 这提示我们，诗词教学当然要传授有关音律的知识，但更根本、更重要的是让学生理解诗词音律和节奏背后的驱动力——诗人、词人的情感。诗词的格律应当为表达情感服务，而不应成为束缚诗词创作和欣赏的教条。

例如，崔颢的《黄鹤楼》，前四句用散调变格，后四句才整饬归正，然而人们击节称赏的恰恰是变格的前四句，特别是颔联。这四句不合格律，四句之中"黄鹤"二字三次出现，第三句几乎全用仄声，第四句又用"空悠悠"这样的三平调煞尾，亦不顾什么对仗。但这四句读起来，却似随口说出，一气旋转，顺势而下，绝无半点滞碍。不只是《黄鹤楼》，感受、欣赏所有古诗词的音韵之美，必须与诗词所表达的情感紧密关联起来。

讲解诗词内容和背景是让学生理解作品情感的重要途径，这将在后面"悦意"和第二部分"诗词内涵及意蕴"中进行分析。从"悦耳"的角度，"以声带情"是将诗词情感与其声律节奏紧密关联的关键，也是诗词教学独特而重要的环节。朱光潜指出，文人诗离开了乐唱，却仍有节奏音调的需要，所以不得不在歌词的文字本

---

① 郭沫若：《文艺论集》，人民文学出版社 1979 年版，第 204–205 页。

身上做音乐的功夫，某种意义上，音律的目的就是要在诗词中保留其音乐性。这说明诗词的平仄押韵确实与节奏——情感表达的载体——密切关联，同时也提示我们"朗诵"对于感受诗词之"悦耳"的重要性。朱光潜指出，诗词本出于音乐和歌唱，无论变到怎样程度，二者总不能绝缘。文人诗词虽不可歌，却仍须诵，二者的不同在于歌依音乐的节奏音调，诵则偏重语言的节奏音调。夏承焘的弟子在谈到夏先生吟诗诵词时说①：

> 先生说词，必先吟诵，其声情随词情而变化、长吟短咏，抑扬顿挫，使人为之动容。曾听他吟诵陆游的《夜游宫》，上片激昂慷慨，回肠荡气；过片声情凄咽；至结尾数句，又复起伏变化，声调凡二转："自许封侯在万里"句，高亢振起；"有谁知"，陡然一顿，作短暂休止；接着以摇曳激楚之声吟出"鬓虽残，心未死"二句，叹惋悲凉，抑郁不平，放翁之心声宛然可闻。先生的女弟子琦君（潘希真，台湾著名散文家），对先生的吟诵十分倾倒，说经先生一吟诵，诗词的意蕴已领会大半。

诗词教学要让学生通过朗诵真正体会平仄押韵中的情感律动，并在朗诵和情感表达之间建立实质性的关联，即一方面深刻理解诗词的情感内涵，因"感而后动"而在诗词朗诵时自然展现富有情感的声音节奏；另一方面要勤于朗诵，反复琢磨如何把握字句的轻重、缓急、高下、虚实，通过朗诵的声音节奏将情感调动起来、表达出来。

"莺"和"鹰"的发音是一样的，但在读"几处早莺争暖树，谁家新燕啄春泥"（白居易《钱塘湖春行》）和"三十六将皆鹰扬，故境可容尺地亡"（张耒《赠天启友弟》）时，基于不同的情感内涵，二字发音的长短、高低、强弱、疾徐、浮沉等都不一样，形成或娇丽或苍茫的声音感受，这既是听觉的快感，也是情意的愉悦——"音""意"相辅相成、互为表里。下面我们对诗词的"悦意"进行分析。

悦　意

张承志在《初逢钢嘎·哈拉》里记述了他第一次听到蒙古长调时的心情②：

---

① 吴战垒：《夏承焘先生说词》，见夏承焘《唐宋词欣赏》，北京出版社 2002 年版，第 7 页。
② 张承志：《清洁的精神》，中信出版社 2008 年版，第 1 页。

我清楚地记得当时我拿笔的手颤抖了。我强压着激动使劲写着，偏偏钢笔水又冻住了，只好凑到炉火上去烤……等我好不容易记下来这首歌时，我觉得手臂和脑袋都又酥又麻，只是胸中从此增添了一支神奇的、诱惑了我长达十多年的深沉旋律。

张承志听到的旋律绝不只是若干物理性的音符，这首长调激发的美感体验是社会性的，其核心是与其文化修养有关的情意反应。李泽厚说[①]：

> 正如"初出世的小孩"根本就谈不上欣赏艺术一样，这种最低级最原始的感性直觉也根本不是什么美感直觉。……（美感直觉）是人类文化发展历史和个人文化修养的精神标志。人类独有的审美感是长期社会生活的历史产物，对个人来说，它是长期环境感染和文化教养的结果。

因此，诗词所悦之"耳"不只是生理器官，其音韵之美也不只是音频信息，还有赖于情意的驱动。"悦意"指诗词赏析时生发的"情意的愉悦"，是一种美感体验。诗词是人的精神的产物，包括知、情、意三个层面。科学丰富人的认知，文学则滋养和愉悦人的情意。"情"是超越了生理性情绪反应的情感，"意"是反映人类追求与愿望的意志。那么，这种情意的愉悦，其表现是什么，产生的途径又是怎样的？回答这个问题之前，我们先来看北京师范大学康震教授在网络节目《康震品读古诗词》中对李白《早发白帝城》的解读[②]：

> 白帝城，位于现在重庆市奉节县瞿塘峡口长江北岸的白帝山上。有关白帝城最著名的事儿就是"白帝城托孤"。根据《三国志》记载，刘备讨伐东吴失败后病倒在白帝城，紧急召见诸葛亮将太子托付于他。这是一个君臣互信的感人故事。李白之所以被流放夜郎，根本原因就是君臣互相猜忌。这样的一个地方，这样的一个故事，必然对李白有巨大的触动。
>
> 安史之乱爆发之后，唐玄宗从长安逃到成都避难，让太子李亨担任天下兵马大元帅，又让他的另外一个儿子李璘负责江南地区的军政防务。太子李亨在宁夏自立为皇帝，即刻下令李璘把兵权交出来。李璘觉得这是当初玄宗给我的

---

① 李泽厚：《美学论集》，上海文艺出版社 1980 年版，第 10 页。

② https://www.ximalaya.com/renwen/12826705/69191817，整理为文时略有删改。

权力，我的军队我做主。这对亲兄弟友谊的小船说翻就翻了。于是，李亨下令剿灭李璘。李璘率军沿江东下，直奔扬州。路过庐山的时候，他派人邀请李白入伙。李白并不知道当时的政治背景，他的爱国情怀和建功立业的热情高涨，于是接受了聘金，怀着平定天下做宰相的理想，上了李璘的这条船。

很快李亨的军队就打败李璘的军队，李璘被杀，李白逃亡，最后被关押在了浔阳（今江西九江）。杜甫听到这个消息，写诗说，"世人皆欲杀，吾意独怜才"。朝廷将李白流放到夜郎（现贵州桐梓县附近）去。李白从浔阳出发，一路向西进入三峡。走到白帝城的时候，朝廷下发赦免令（那一年发生了严重的旱灾，赦免以惠天下），李白被免刑。李白接到赦免令后，立刻像变了个人似的，马上就写了《早发白帝城》这首诗。

我们从这首诗能看出什么呢？就两个字——"青春"。

李白写这首诗的时候年近六旬，他并不知道自己还有3年就要去世了。李白年近花甲，从下庐山开始被抓到监狱，一路颠沛流离，远离亲人、孤身一人走上了流放之路。口袋里空空如也，心情也是空空如也，前途更是空空如也。可是就在这一刻，阳光突然照在李白的身上。他在诗的第一句就说，"朝辞白帝彩云间"。早上从白帝城出发的时候真的是大晴天，阳光普照，彩霞满天吗？其实这些一点儿也不重要，重要的是李白的感觉，感觉彩霞满天就是彩霞满天，感觉胸怀朝阳就是胸怀朝阳。对李白来讲，这是新的人生起点——虽然我年近花甲，但我青春回归，青春出发，白帝城不是我的终点，而是起点。所以啊，"千里江陵一日还"，就是万里江陵，也能一天到达。"一日还"，更多的是一种理想的速度，一种心理的速度。这不仅仅是一种浪漫主义的写作手法，更是作为盛唐之李白，虽然年已迟暮，但雄心尚在。

第三句说，"两岸猿声啼不住"，这里有个典故，东晋大将桓文率军过三峡，他的部下捉到一只猿猴幼崽藏在船上，母猿尾随船队数百里，沿江哀嚎，不忍卒听。孟浩然有一首诗说，"日落猿啼欲断肠"，同样在说猿声啼叫，声音凄恻。李白这句话的意思是，虽然我心怀理想，虽然我很乐观，但毕竟世道艰难，路途坎坷。但对李白来说，猿声凄恻不是生活和人生的主流，就算猿声啼不住，我的人生，我对未来的期待，依然如轻舟驶出了万重山。用轻舟和万重山相对，这一刻李白好像又回到了30多年前，站在我们面前的，仿佛是那个刚刚离开蜀地的少年。他在《渡荆门送别》中说："山随平野尽，江入大荒流。

月下飞天镜，云生结海楼。"那时候，诗人从富饶的天府之国出发，走出夔门，看到天下无边无际，所有的理想和阳光都在他的面前展开。现在虽已迟暮，但对于李白来说，只要还有希望，他依然可以像一个少年一样，再次走出夔门，走向属于他的整个世界。

不由让人感慨，我们在 60 岁的时候，能否写出这样的青春之歌呢？对李白来说，这个世界可能暂时抛弃了他，忘却了他，但他自己从来没有抛弃过这个世界，所以面对这个世界，他依旧那么执着、深情、充满理想。李白的伟大在于，他不仅在少年时代为我们写出"山随平野尽，江入大荒流"，更重要的是能在暮年的时候依然为我们展示"两岸猿声啼不住，轻舟已过万重山"的巨大情怀。这就是我们心目中的李白，也是我们文化历史中的李白。

我们可以感受到康震教授的解读中包含多么丰富的联想，多么深沉的感动与共鸣，这其中即含蕴着情意的愉悦。网名 Amyhe 的小学生留言说[①]：

我是一个小学生，今年五下啦。我很喜欢康老师的课。我以前很早学过的古诗听完后有了新的感觉，真的很震撼。康老师讲的课让我有了新的认识。我感受到了古诗的魅力，感受到了李白的洒脱与他无限的青春活力，无限的想象，无限的遐想与激情。我发现古诗原来是那么美。听康老师的课让我真的很感动，让我感到了与原先学古诗不一样的美丽的东西。谢谢。

"不一样的美丽的东西"——这就是一个小学生因诗词而生发情意的愉悦！面对李白的《早发白帝城》和康震的解读，我们不也看到了"美丽的东西"、生发了同样的愉悦吗？凡是优秀的古诗词，都能够让我们感受到这种"美丽"，其中蕴含着感动、向往、勇气、力量等情意，我们从中体验到被理解、被安慰、被鼓励，因此而获得力量、消除孤独、开阔心胸，这即是"悦意"的表现。"悦意"的产生依赖两个途径：一是诗词探讨和揭示世界的真相与本质，二是诗词澄清人生的方向和激发人生的追求，前者是"求真"，后者是"向善"。以陶渊明的《归园田居（其一）》为例，我们来看诗词何以"悦意"——如何展现求真与向善。

首先看《归园田居（其一）》中的"求真"。

---

① https://www.ximalaya.com/renwen/12826705/69206510

从陶渊明的《归去来兮辞并序》可以看到《归园田居（其一）》中"归情"的背景：陶渊明因家贫而听从亲朋劝告做了小邑，但不久就有了"归欤之情"，他自陈这是因为"质性自然，非矫厉所得"——和饥冻比起来，违背自己的本性更为痛苦——于是弃官而"归园田"。陶渊明在《归园田居（其一）》中描述的是其个人体验，却很具代表性与典型性：在不同的时代，千千万万的人从事不同的职业、处于不同的环境，但他们面临的问题与陶渊明在本质上是一样的——如何认识本真的自己，如何在这个世界自处。因此，《归园田居（其一）》的迷人与不朽是因为它的"求真"——反映有关世界和人心的真问题。这样的"真"表现在以下三个方面：

第一，矛盾痛苦之真。

陶渊明早年受儒家教育，心怀经济理想，他自白："少年罕人事，游好在六经，行行向不惑，淹留遂无成。"（《饮酒二十首（其十六）》）"忆我少壮时，无乐自欣豫，猛志逸四海，骞翮思远翥。"（《杂诗》）"少时壮且厉，抚剑独行游，谁言行游近，张掖至幽州。……不见相知人，惟见古时丘。路边两高坟，伯牙与庄周。此士难再得，吾行欲何求！"（《拟古九首（其八）》）陶渊明四十岁时写的《荣木》前言有云："总角闻道，白首无成"，"先师遗训，余岂云坠？四十无闻，斯不足畏。脂我名车，策我名骥；千里虽遥，孰敢不至？"陶渊明彻底辞官前仍通过诗文表达对时局、世事的关切，在《归去来兮辞》的序中自陈"深愧平生之志"，这其中显然有其经济之志在官场无法实现的失落与遗憾，这是一重矛盾痛苦。除此之外，"自然"之本性与"矫厉"之官仕的矛盾更让陶渊明感到痛苦，他在诗文中表达的这重矛盾痛苦也最动人。据《宋书·陶潜传》和萧统的《陶渊明传》，陶渊明做官时一位督邮来彭泽巡视，他被要求束带迎接以示敬意，陶渊明气愤地说："我岂能为五斗米折腰向乡里小儿！"在陶渊明的诗文中，他非常形象和深刻地描述了此种矛盾痛苦——"羁鸟""池鱼""违己""误落尘网""口腹自役""心为形役""怅然慷慨""迷途"……

第二，本性之真。

"少无适俗韵，性本爱丘山。误落尘网中，一去三十年。羁鸟恋旧林，池鱼思故渊。"（《归园田居（其一）》）陶渊明自认是林中的一只鸟，是江河中的一条鱼，即所谓的"质性自然"。李长之指出，陶渊明从二十九岁第一次出仕到四十一岁最后一次出仕，一直"动荡于仕与隐之间"[1]，可见一个人认识自己的本性并不容易，是一个漫长的、反复的过程，这不正是"求真"的体现吗？与认识自然、认识社会同样困难甚至更困难的是"认识自我"，物欲、虚荣心、他人的非议等等可能会抑制、扭曲我们对自己本性的认识，可谓"心为形役""心为物役"。"富贵非吾愿，帝乡不可期"（《归去来兮辞并序》），陶渊明认识到了自己的真本性，也作出了人生的重大选择——归隐园田。在《饮酒（其九）》中，耕田老人劝陶渊明"一世皆尚同，愿君汩其泥"，他回应："深感父老言，禀气寡所谐。纡辔诚可学，违己讵非迷！且共欢此饮，吾驾不可回。"这样的回答显示了陶渊明对自己真实本性的深刻认识，以及因这种"求真""得真"而生发的信念和力量。

第三，隐乐之真。

在重重的矛盾痛苦之下，基于对自己真实本性的体认，陶渊明四十一岁时最后一次出仕，做了八十多天的彭泽县令即辞官而"归园田"，正如《归去来兮辞并序》所说的"云无心以出岫，鸟倦飞而知还"。我们可以在陶渊明的诗文中看到其归隐后的大快乐。《归园田居（其一）》写道："方宅十余亩，草屋八九间。榆柳荫后檐，桃李罗堂前。暧暧远人村，依依墟里烟。狗吠深巷中，鸡鸣桑树颠。户庭无尘杂，虚室有余闲。"《归去来兮辞并序》中有大量回归园田后的描写，如"僮仆欢迎，稚子候门。三径就荒，松菊犹存"，"引壶觞以自酌，眄庭柯以怡颜。倚南窗以寄傲，审容膝之易安。园日涉以成趣，门虽设而常关。策扶老以流憩，时矫首而遐观。"这些都显示陶渊明终于能够修正"昨非"而回归"今是"，可谓"久在樊笼里，复得返自然"。一个人的生命因为回归田园、回归自然得以重新焕发和蓬勃——"木欣欣以向荣，泉涓涓而始流；善万物之得时，感吾生之行休"——这是一种多么极致而充实的大快乐！

综上所述，陶渊明的诗文从不同的角度反映了人生、人性之"真"，也显示"求真"之不易——"既窈窕以寻壑，亦崎岖而经丘"，如此而"得真"更显示其可贵，这也是陶渊明的作品能够感动世世代代人们的原因。

再看陶渊明诗文中另一重动人的情意——"向善"。

李泽厚指出，人类按照客观规律实践而得到预期效果叫作"善"。[2] 如果"真"

---

[1] 李长之：《陶渊明传论》，见《李长之文集》，河北教育出版社 2006 年版，第 559 页。

[2] 李泽厚：《美学三书》，安徽文艺出版社 1999 年版，第 485 页。

的意义在于揭示世界和人生的真相与本质，那么"善"则强调人生意义的体认、向往与追求。陶渊明的《归园田居（其一）》表达了鲜明的价值取向和人生追求。

从社会的角度看，《归园田居（其一）》中的"开荒南野""拙守田园""草屋""远人村""深巷""无杂尘""有余闲"，寄托着陶渊明对于理想社会的期望。他在《桃花源诗》中说："春蚕收长丝，秋熟靡王税。荒路暖交通，鸡犬互鸣吠。俎豆犹古法，衣裳无新制。……怡然有余乐，于何劳智慧。"这正是老子所说的"小国寡民"的形态："使有什伯之器而不用，使民重死而不远徙；虽有舟舆无所乘之，虽有甲兵无所陈之；使人复结绳而用之。至治之极。甘其食，美其服，安其居，乐其俗，邻国相望，鸡犬之声相闻，民至老死不相往来。"（《道德经》）《庄子·马蹄》中描述的社会也是如此："夫赫胥氏之时，民居不知所为，行不知所之，含哺而熙，鼓腹而游。"而陶渊明正有诗道："仰想东户时，余粮宿中田。鼓腹无所思，朝起暮归眠。"（《戊申岁六月中遇火》）由此可见，《归园田居（其一）》呈现的既是具体的乡间田园，更是他向往的"绝圣去知"的社会，这蕴含着明确的目的性和价值判断，表现了"向善"的追求。

从个体的角度看，陶渊明在《归园田居（其一）》中表达了他喜欢和厌恶的生活是怎样的，这种表现人生意志和追求的目的性就是"向善"。陶渊明自陈："少学琴书，偶爱闲静，开卷有得，便欣然忘食，见树木交荫，时鸟变声，亦复欢然有喜。……北窗下卧，遇凉风暂至，自谓是羲皇上人。"（《与子俨等疏》）他回归田园，不仅是回归、亲近物质的自然，更是回归自己的本性。

向善的追求是一个曲折的过程，他在二十九岁刚出仕时即写"遂尽介然分，拂衣归田里"（《饮酒（其十九）》）；三十六岁再出仕，因矛盾痛苦想抽身而去，在《始作镇军参军经曲阿作》中写"目倦川涂异，心念山泽居"，在《庚子岁五月中从都还阻风于规林二首（其二）》中写"静念园林好，人间良可辞"；三十七岁时在《辛丑岁七月赴假还江陵夜行涂口》中写"投冠旋旧墟，不为好爵萦"；直至四十一岁最终辞官归田写"园田日梦想，安得久离析！"（《乙巳岁三月为建威参军使都经钱溪》）"如何舍此去，遥遥至西荆"是他对闲居生活的不舍；"望云惭高鸟，临水愧游鱼"，"误落尘网中，一去三十年"是他自感为官生活的痛苦；"羁鸟恋旧林，池鱼思故渊"是他归田的动力；"真想初在襟，谁谓形迹拘？聊且凭化迁，终返班生庐"是他付诸行动的决心；"行行循归路，计日望旧居"，"道路回且长，风波阻中途"是他回归田园的急切和艰难；"纡辔诚可学，违己讵非迷。且共欢此饮，吾驾不可回"

是最终选择田园生活的坚定信念。

过田园生活并不容易，"向善"需要坚忍和坚韧。陶渊明在《饮酒》的小序中写自己"闲居寡欢"，他在精神上是孤独的："欲言无予和，挥杯劝孤影"（《杂诗（其二）》），他的家人都不理解他，埋怨他，不明白他为什么不肯做官，以致让家人和他一起过劳苦饥寒的日子。此时陶渊明体现的就是前述《饮酒（其九）》中的勇气、信念、执着、胆识，这些"向善"的追求充满了动人的力量。

综上所述，陶渊明的作品蕴含着"求真""向善"的情意。"问征夫以前路，恨晨光之熹微"，求真和向善是一体的，人们在求真向善的过程中迸发勇气与力量，体验荣光与自豪。朱光潜说："大诗人先在生活中把自己的人格涵养成一首完美的诗，充实而有光辉，写下来的诗是人格的焕发。陶渊明是这个原则的一个典型的例证。"[①] 不只是陶渊明的作品，所有优秀的诗词作品包括前述李白的《早发白帝城》，都是求真向善的产物。诗人和词人凭借其人生阅历、思考力、人格力量，对世界、人生、人性的本真进行思考，以高超的文学技法表达其思考的结果，从情意的层面引发读者的共鸣并使其产生深刻的愉悦。

亚里士多德说："写诗这种活动比写历史更富于哲学意味，更被严肃对待；因为诗所描述的事带有普遍性，历史则叙述个别的事。所谓'有普遍性的事'指某一种人，按照可然律或必然律，会说的话，会行的事。"[②] 诗人和词人抒发个人的情意，但蕴含的"真"与"善"具有超越个案的普遍性和深刻性，我们因此而看到世界和自身的真相，体验到其中的爱、愿望、意志，这给了人们方向、勇气和力量，如李泽厚所说："真与善、合规律性和合目的性的这种统一，就是美的本质和根源。"[③] 因此，教学中引导学生感受诗词的情意之美，就要分析其真在何处、善在哪里，在此基础上生发情意的愉悦。

值得注意的是，中国古诗词绝大部分篇幅短小，能够深刻而精微地反映世界与人性之真，激起读者极为丰富的情意，其表情达意可谓效率极高、效果极好！诗词能有这样的审美效应，有赖于其非常独特的写作技法——下面分析的"蕴藉与寄情自然"。

---

① 朱光潜：《诗论》，北京出版社 2002 年版，第 310 页。

② 转引自陈增福等：《亚里士多德〈诗学〉中的诗的真实性》，《吉林大学社会科学学报》2001 年第 5 期。

③ 李泽厚：《美学三书》，安徽文艺出版社 1999 年版，第 485 页。

二、蕴藉与寄情自然

中国绝大部分古诗词在写作上都有两个特点：一是不直接表情，二是通过营造画面表情——"杨柳依依，雨雪霏霏""暧暧远人村，依依墟里烟""两岸猿声啼不住，轻舟已过万重山"——这是中国古诗词表情效率极高、效果极好的原因——蕴藉与寄情自然。

蕴 藉

蕴藉，简言之就是不（可）明说、不（可）直说。李白在《早发白帝城》中没有直说曾经的苦难和当下的意气风发；陶渊明没有在《归园田居（其一）》中说出《归去来兮辞并序》中的人生背景和理性思考；《采薇》也没有直接说出对战争的感受和对亲人、家乡的思念。诗人和词人为何不直说、明说而要蕴藉？蕴藉在诗词中的表现是怎样的，又能产生怎样的审美效应？我们通过宇文所安对杜甫的《江南逢李龟年》——"岐王宅里寻常见，崔九堂前几度闻。正是江南好风景，落花时节又逢君"——的分析来尝试回答这些问题①：

> 这是一首描述相逢的诗，它追忆的是很久以前的某一时刻，要让对方想起这个时刻，只需要稍微提醒一下就可以了。因此，诗人在这里只需要提到"岐王宅"就够了。而我们这些当时并不在场的读者，由于这种私人间打招呼产生的吸引力，想要一窥隐藏在字里行间的情与事：他们的相逢成了我们与之相逢的对象，我们因此也沉入无声的回忆——回忆我们曾经读到过的东西，回忆在我们的想象里，当时是怎样一幅情景。

> 如果我们知道这首诗作于 770 年，我们就会由此想到杜甫一生的流离颠沛，想到安禄山之乱和中原遭受的蹂躏，想到失去的安乐繁华。我们想到，这是一首杜甫作于晚年的诗，这位游子此时终于认识到，他再也回不了家乡，回

---

① ［美］宇文所安：《追忆——中国古典文学中的往事再现》，郑学勤译，生活·读书·新知三联书店 2004 年版，第 4–8 页。引文略有删减。

不了京城。与此同时，我们也记起在我们头脑中李龟年是什么样的形象，他是安史之乱以前京城最有名的歌手，是最得玄宗宠幸的乐工之一。乐工在安史之乱中四散逃亡，李龟年的声望和特权也随着丧失了，年入暮龄的他流落到江南，靠在宴会上演唱为生。《明皇杂录》说："唐开元中，乐工李龟年、彭年、鹤年兄弟三人皆有才学盛名……特承顾进。……其后龟年流落江南，每遇良辰胜赏，为人歌数阕。座中闻之，莫不掩泣罢酒。"在江南宴游者眼里，李龟年就是杜甫所说的"余物"——他站在他们面前不仅仅是为他们歌唱，同时也使他们想起他的往昔，想起乐工们的境遇变迁，想起世事沧桑。他站在我们面前歌唱，四周笼罩着开元时代的幽灵，一个恣纵耽乐、对即将降临的灾难潜然无知的时代。

杜甫现在这副模样或许不会让李龟年想到，这样一个人以前在官宦士绅和骚人墨客的、美事纷陈的聚会上曾经是常客——然而，当时谁又能料到李龟年今日的遭遇？杜甫"认出了"李龟年，从李龟年的眼中看出了自己目前的境况，他希望李龟年也能认出他，能知道他与他曾经是同一种人。现在，我们重新听一听这首诗，就可以听出他要求得到承认的愿望："那时我是经常看见你的呀。"

没有付诸文字的东西给能够体会出这层诗意的读者留下深刻的印象。杜甫没有直抒表现在感遇诗中最常见的情感："你我何日再相会？"杜甫没有讲到这件事，相反，他挥手指向展现在我们眼前的美丽景色，把我们的注意力从对消逝的时间的追忆上引开，或许还从未来上引开。然而，这个姿态是一种面纱，它是这样透明，以致使我们更加强烈地感受到我们所失去的东西。当我们说"让我们别再谈它了"，并且试图转移话题时，我们所处的正是个令人痛苦的时刻，它说明了一个真情，标志着我们的思想难以摆脱我们想要忘掉的东西，而且现在比以前更难摆脱了。尽管景色是迷人的，可以让我们暂时忘掉或忽略一些什么，但这景色是同末日、凋落和消逝相呼应，似乎更加强了悲伤的气氛。

杜甫用的文字那么少，蕴藉的情意却那么多！他将很多话有意无意地隐藏起来，而这么做恰恰让我们产生了无尽的想象和感慨。诗人、词人选择蕴藉的方式表情，成就了中国古诗词独特而又极致的美——如宇文所安指出的：

诗意的生发在于通过文字把想象力调动起来，随着想象的展开，文字逐渐隐退……文字使失落的痛苦凝聚成形，可是又作出想要遮盖它们的模样。这些文字犹如一层轻纱而徒有遮盖的形式，实际上，它们反而更增强了在它们掩盖之下的东西的诱惑力。

不必说明、不必说尽，这是古诗词蕴藉的第一重原因。明陆时雍在《诗镜总论》中说："少陵七言律，蕴藉最深，有余地，有余情，情中有景，景外含情，一咏三讽，味之不尽。"不只是杜甫，蕴藉是中国所有诗人、词人共同的创作手法，它能激发读者丰富和细腻的情感反应，理解与欣赏蕴藉是古诗词审美的关键。清沈祥龙在《论词随笔》中说："含蓄无穷，词之要诀。含蓄者，意不浅露，语不穷尽，句中有余味，篇中有余意。"直说、明说的文字是宣示，没有给读者遐想和品味的余地，而蕴藉使有限的语言表达无限的情意，产生绕梁三日、令人回味无穷的审美效果，如欧阳修称读梅尧臣的诗"初如食橄榄，真味久愈在"（《水谷夜行寄子美圣俞》）。

李泽厚指出，区分艺术与非艺术、好的艺术与坏的艺术，能否提供这种意味层是重要的标准之一："为什么有些作品初次接触时使人兴奋激动和满足，再读却已索然无味，有些作品则长久保持其生命力量？"他的回答是："因为优秀的文艺作品让人捉摸不透，玩味无穷。"[1]诗词借助蕴藉给读者带来多重、多向的美感，这种美感还会随着读者自身的成长和所处环境不同而发生变化。

不可说明、不可说尽是古诗词蕴藉的第二重原因。有时作者要表达的情感极为多元和复杂，甚至只是一种朦胧的情绪体验。如陈子昂写下"前不见古人，后不见来者。念天地之悠悠，独怆然而涕下"的时候，他的感情多么复杂，又有多少难以言明的情意被含蕴在这样的文字中。《道德经》有云："道生一，一生二，二生三，三生万物"（四十二章），好的诗词作品依从了"道"的规定，是"道"的产物和体现，它是"一"也是"万物"，诗词如何在方寸之间表达浑一之"道"与缤纷万象呢？此外，"道可道，非常道"（《道德经》一章），"道之为物，惟恍惟惚。惚兮恍兮，其中有象；恍兮惚兮，其中有物；窈兮冥兮，其中有精；其精甚真，其中有信"（《道德经》二十一章），"道不可闻，闻而非也；道不可见，见而非也；道不可言，言而非也"（《庄子·知北游》），"可以言论者，物之粗也；可以意致者，物之精也。言之所不能论，意之所不能察致者，不期精粗焉"（《庄子·秋水》），诗词又

---

[1] 李泽厚：《美学三书》，安徽文艺出版社 1999 年版，第 587 页。

该如何表达"不可见""不可说""恍兮惚兮"的"道"呢？如此看来，不直说、不明说而以蕴藉的方式表达世界与人心之道是诗词必然的选择，这与禅宗宣导"不立文字"——因语言和文字无法直接表达对道的领悟——是一样的。如果禅宗用公案、棒喝、机锋迫近觉悟，那么，诗词又如何表达世界与人心的"精""神""信"呢？这有赖于中国古诗词的一个重要创作手法——寄情自然。

寄情自然

王夫之说："不能作景语，又何能作情语邪？"（《姜斋诗话》）"情"与"景"不可分离、相互渗透，形成神妙的诗歌审美意象。中国绝大部分古诗词要么纯粹对自然进行描摹，要么夹杂自然描写与抒情叙事，这是古诗词达致蕴藉、形成高级审美效果的关键。宗白华说[①]：

> 空中荡漾着"视之不见、听之不闻、搏之不得"的"道"，老子名之为"夷"、"希"、"微"。在这一片虚白上幻现的一花一鸟、一树一石、一山一水，都负荷着无限的深意、无边的深情。

"自然"负荷着恍兮惚兮、窈兮冥兮的"道"，诗人、词人因此可以不直说、不明说，而利用自然表达蕴含着"精""神""信"的情意。我们来看朱光潜对《诗经·采薇》中"昔我往矣，杨柳依依；今我来思，雨雪霏霏"的解读[②]：

> 四句诗看来是极容易译为白话文的。如果把它译为："从前我去时，杨柳还在春风中摇曳；现在我回来，已是雨雪天气了。"……译文把原文缠绵悱恻，感慨不尽的神情失去了……专就义说"依依"两字就无法可译，译文中"在春风中摇曳"只是不经济不正确地拉长，"摇曳"只是呆板的物理，而"依依"却带有浓厚的人情。

杨柳是自然之物，"杨柳依依"则是蕴含情意的物象——意象，它不可转化为理性的、明确的、描述性的语言，因为很多情意不可直说、不可明说。征用自然之

---

① 宗白华：《美学散步》，上海人民出版社 2005 年版，第 144 页。

② 朱光潜：《诗论》，北京出版社 2002 年版，第 290–291 页。

物表达窈兮冥兮的"真意"对中国诗人、词人来说是必然的选择，就像明王廷相所说："言征实则寡余味也，情直致而难动物也。故示以意象，使人思而咀之，感而契之，邈哉深矣，此诗之大致也。"（《与郭价夫学士论诗书》）"寄情自然"这一写作手法的内核是中国古典世界观、认识论，被用于诗词写作主要有两个原因：第一，呈现自然之大美及其给人的启示；第二，与自然分享动人的情意。

"青山不墨千秋画，绿水无弦万古琴。"首先来看自然之美及人们从中获得的启示。

南宋杨万里说："我初无意于作是诗，而是物是事适然触乎我，我之意亦适然感乎是物是事，触先焉，感随焉，而是诗出焉。"（《答建康府大军库监门徐达书》）自然有大美并且蕴含感动人、启发人的讯息，激发诗人、词人将这种感动和启发诉诸文字。早在《周易·系辞传》里就有"观物取象"的说法：

> 古者包羲氏之王天下也，仰则观象于天，俯则观法于地。观鸟兽之文与地之宜，近取诸身，远取诸物，于是始作八卦，以通神明之德，以类万物之情。

> 圣人有以见天下之赜，而拟诸其形容，象其物宜，是故谓之象。

> 子曰："书不尽言，言不尽意；然则圣人之意，其不可见乎？"子曰："圣人立象以尽意，设卦以尽情伪……"

"立象以尽意"这个理念对诗词创作极为重要——自然蕴含着神明之意，人们通过观察自然、描摹自然、理解自然而通晓和表达世间真理。基于此，诗人、词人以自然之象表情达意，这就是诗词中的"意象"：

> 夫象者，出意者也；言者，明象者也。尽意莫若象，尽象莫若言。言生于象，故可寻言以观象；象生于意，故寻象可以观意。意以象尽，象以言著。（《周易略例·明象》）

以自然之象表情达意，是因为自然蕴含着无穷美的意味。《庄子·知北游》有云："天地有大美而不言，四时有明法而不议，万物有成理而不说。圣人者，原天地之美而达万物之理。是故至人无为，大圣不作，观于天地之谓也。"中国诗词不需直言世界与人心之道，只需撷天地之象于诗词中而"原天地之美""达万物之理"，如北宋黄庭坚的外甥洪炎所说："有逢即画元非笔，所见皆诗本不言。"（《四月二十三日晚同太冲表之公实野步》）诗人和画家的笔墨实际上是在为自然代言。

元末明初的医学家、画家王履说"吾师心，心师目，目师华山"（《华山图序》），诗词创作与画画一样，自然是创作的素材，更给予了诗人、词人"道"的启示。孔子说："天何言哉？四时行焉，百物生焉。"（《论语》）自然无言地生化万物，包藏着宇宙间的真理，诗词通过理解自然、亲近自然、返归自然、刻画自然而显真现道，无论诗词创作还是诗词欣赏，人们都要"虚""静"下来，倾听自然的声音，正所谓"人法地，地法天，天法道，道法自然"（《道德经》二十五章）。刘勰在《文心雕龙·原道》中指出，文"与天地并生"，在《物色》中说，"山林皋壤，实文思之奥府"。"行到水穷处，坐看云起时"——自然负载着终极的道理，蕴含着美妙的、人不具备或丧失的品质，它的永恒、无限、淡然、无争、无辨都会令人惊羡和向往，给人以安慰、启发和力量。

魏晋南北朝之后，人与自然的关系由宗教性的图腾审美和伦理性的"比德审美"而进入到了艺术性的"畅神审美"阶段。社会的动乱，人生的无常，儒家思想统治的消解，佛道思想的盛行，让士人隐身遁世、走进自然。于是，人与自然之间建构了一种澄澈纯粹的审美关系。[1]刘勰在《文心雕龙·物色》中说：

> 是以诗人感物，联类不穷。流连万象之际，沉吟视听之区。写气图貌，既随物以宛转；属采附声，亦与心而徘徊。故"灼灼"状桃花之鲜，"依依"尽杨柳之貌，"杲杲"为出日之容，"瀌瀌"拟雨雪之状，"喈喈"逐黄鸟之声，"喓喓"学草虫之韵。皎日嘒星，一言穷理；参差沃若，两字穷形；并以少总多，情貌无遗矣。

自魏晋，文人不但承认、欣赏自然之美，而且认为自然美可以表征人物美和艺术美，如《世说新语》就用"松下风""春月柳""游云""朝霞"来形容人的风采，还有曹植的《洛神赋》：

> 其形也，翩若惊鸿，婉若游龙，荣曜秋菊，华茂春松。髣髴兮若轻云之蔽月，飘飖兮若流风之回雪。远而望之，皎若太阳升朝霞，迫而察之，灼若芙蕖出渌波。

唐代诗人将自然与人物之美相比照并直接入诗，如"峰峦李成似，涧谷范宽能"（文同《长举》，李成和范宽均为宋代画家），"叠石小松张水部，暗山寒雨李将

---

① 参见古风：《意境探微》，百花洲文艺出版社 2001 年版，第 34 页。

军"（韩偓《山驿》，张水部或为长于山水松石画的张璪），"两幅关山雪，寻常在眼前。项容藏古翠，张藻卷寒烟"（齐己《寄顾处士》，"藻"或为"璪"之误）。

自中唐，人们开始有意识地在风景中寻找"诗情""诗意"。如"湖月供诗兴"（权德舆《送张周二秀才谒宣州薛侍郎》），"东湖发诗意"（朱庆馀《送吴秀才之山西》），"江上诗情为晚霞"（刘禹锡《送蕲州李郎中赴任》）。[①] 自然已不只是具体的事物，它是一种极致的"大美"，不仅孕育与生化万物，更蕴含玄远之"道"。诗词表达的情意因为有了自然的灵魂而能够展露"大意味"，诗词中的自然超越了物象，也超越了意象，引领人们近触意境之美。

进一步地，超越主客观的界限，自然与"我"融为一体，如"剩水残山惨淡间，白鸥无事小舟闲。个中著我添图画，便是华亭落照湾"（惠洪《舟行书所见》），"寂寥天地暮，心与广川闲"（王维《登河北城楼作》），"青嶂会为身后冢，扁舟聊作画中人"（陆游《新晴泛舟至近村偶得双鳜而归》），此时自然即我、我即自然，正是在观照自然的时候，人们更清楚地看见和发现了自己。人们无限接近自然美的内核，感悟来自大自然的最深刻、最精微的美的启示，诗人、词人得以借自然抒写世界之真、人心之善。

"我见青山多妩媚，料青山见我应如是。"再来看诗词中人与自然的情感分享。

陆机在《文赋》中说："遵四时以叹逝，瞻万物而思纷。悲落叶于劲秋，喜柔条于芳春。"人会因为自然景象及其变化生发丰富而细腻的情感，也即《礼记·乐记》所说的"人心之感于物也"。刘勰在《文心雕龙·物色》中说：

> 春秋代序，阴阳惨舒，物色之动，心亦摇焉。……是以献岁发春，悦豫之情畅；滔滔孟夏，郁陶之心凝。天高气清，阴沉之志远；霰雪无垠，矜肃之虑深。岁有其物，物有其容；情以物迁，辞以情发。一叶且或迎意，虫声有足引心。……山沓水匝，树杂云合；目既往还，心亦吐纳。春日迟迟，秋风飒飒；情往以赠，兴来如答。

"兴来如答"——人的情意因自然而被调动、被激发，"关关雎鸠，在河之洲。窈窕淑女，君子好逑"即表现了这样的情意，这是自《诗经》即有的中国诗词极重

---

① ［日］浅见洋二：《距离与想象——中国诗学的唐宋转型》，金程宇等译，上海古籍出版社 2005 年版，第 74–75 页。

要的创作手法——"比、兴"——的思想基础。"山崦巨然画,烟村摩诘诗"(陆游《初春杂兴》),自然被人化,人同样也被自然化。"感时花溅泪,恨别鸟惊心",诗词中的自然不是冰冷的、被利用的创作素材,它们也有情感,与人彼此回应、分享情感。如王夫之所说:"关情者景,自与情相为珀芥也。情景虽有在心在物之分,而景生情,情生景,哀乐之触,荣悴之迎,互藏其宅。"(《姜斋诗话》)李煜在《相见欢》中写"林花谢了春红,太匆匆。无奈朝来寒雨晚来风",在《虞美人》中写"问君能有几多愁?恰似一江春水向东流",正是因为景情相为珀芥,林花、寒雨、晚风、东流水都有一分愁绪,都在应答着词人的凄楚。

写景和抒情成为一个互相包容的整体,如贺裳所说:"凡写迷离之况者,止须述景,如'小窗斜日到芭蕉,半床斜月疏钟后',不言愁而愁自见。"(《皱水轩词筌》)也正是由于和自然这样的情感分享,诗词的情意得以充实、深化、加强。

远古人类知识匮乏、认知能力不足,基于"以己度他"的思维方式而认为"万物有灵"[①];此外,由于生产力水平低下、抵御自然灾害的能力不足而崇拜自然、敬畏自然。这二者使得人类愿意获得自然的启示与领悟,与自然无间地对话和分享情感,形成"天人合一"的互动关系。

随着人类认知水平的提高,诗人、词人已不像远古先民那样认为自然有灵,但他们"宁愿""有意"赋予自然万物以生命、情感和灵魂,与有灵魂的自然万物进行情感沟通作为文学写作手法被延续下来,因为它表情达意的效率高、效果好,充分实现了蕴藉的艺术效果,显现了古典审美意志。李白写"我寄愁心与明月,随君直到夜郎西"、杜牧写"蜡烛有心还惜别,替人垂泪到天明"、辛弃疾写"红莲相倚浑如醉,白鸟无言定自愁"的时候,他们不会真的以为花鸟风雨和人一样有意志、有灵魂,但难以想象,如果不用这种寄情自然的方式,诗人、词人又如何以寥寥数言表达如此真挚、深沉、细腻、值得流传千年的动人情意!

经过长期的积淀,诗词中的自然之物形成某种特定的象征意义,与人类的情感反应形成了相对固定的对照关系。例如,高山作为长寿的象征在《诗经》中即出现并在后世诗词中屡见不鲜。河流,一方面可以象征时间的流逝,另一方面又可以象征自然的永恒,如李白组诗《古风》所写:"前水复后水,古今相续流。新人非旧

---

① 有关"万物有灵"思想对文学的意义参见赵希斌:《正本清源教语文——文本的内容分析策略》,华东师范大学出版社 2014 年版,第 46—58 页。

人，年年桥上游。"还有"风雨"，它在《诗经》中就经常出现，如"我来自东，零雨其濛"（《豳风·东山》），"风雨凄凄，鸡鸣喈喈"（《郑风·风雨》）；随着时间的推移，它逐渐成为一种表达特定情意的自然之象，如送别时的意绪——"寒雨连江夜入吴，平明送客楚山孤"（王昌龄《芙蓉楼送辛渐》），"渭城朝雨浥轻尘，客舍青青柳色新"（王维《送元二使安西》），"樽前遇风雨，窗里动波涛"（岑参《陕州月城楼送辛判官入奏》）——这些都是"风流云散，一别如雨"（王粲《赠蔡子笃》）的体现。在中国古诗词中，负载特定情意的自然之物（象）还有明月、秋风、落花、流水、归雁、杨柳、杜鹃、长亭、古道等等，这些符号化的自然之物（象）蕴含了极为丰富和深刻的情意，充盈着精妙、优雅而又神秘的气息。

自然成为诗词中的画面——"一切景语皆情语"（王国维《人间词话》）——写景是为了抒情，诗人、词人通过呈现或调整其细节表达不同的情感，这值得在古诗词欣赏中细细品味。例如，秦观《满庭芳》词云："斜阳外，寒鸦数点，流水绕孤村"，乃袭用隋炀帝诗"寒鸦千万点，流水绕孤村"，只增"斜阳外"三字。北宋晁补之赞曰："虽不识字之人，亦知是天生的好言语。"（胡仔《苕溪渔隐丛话》引）明末清初的贺贻孙评云："余谓此语在炀帝诗中，只属平常。入少游词，特为妙绝。盖少游之妙，在'斜阳外'三字。见闻空幻……遂如一幅佳图，可谓尽得'词味'。"（《诗筏》）从"佳景"到"佳象"，读者得以感受"佳境"，正如朱光潜所说："换一种情感就是换一种意象，换一种意象就是换一种境界。"[①]

综上所述，"深于言情者，正在善于写景"（田同之《西圃词说》），中国优秀的诗人、词人都是写景寄情的高手，可谓"村村皆画本，处处有诗材"（陆游《舟中作》）。况周颐在《蕙风词话》中说："吾听风雨，吾览江山，常觉风雨江山外，有万不得已者在。此万不得已者，即词心也。"风雨江山激发了诗人、词人的情感，他们也借助自然表达"万不得已"的情思，可谓"作诗必情与景会，景与情合，始可与言诗矣"（都穆《南濠诗话》）。诗人、词人、诗词评家、读者共同面对诗词中的自然之象，分享其中蕴藉的精微之情。

本书集评中评家所表达的感悟，就是因为他们读懂了诗词中的自然所负载的情意，领悟自然之象的审美内涵是理解古诗词及其评点的不二法门。

宗白华所说："风声、水声、松声、潮声，都是诗歌的乐谱；花草的精神，水月

[①]《朱光潜美学文集（第一卷）》，上海文艺出版社1982年版，第509页。

的颜色，都是诗意、诗境的范本。"^① 王国维在《人间词话》中说："故能写真景物、真感情者，谓之有境界。"以自然入诗词而得以蕴藉地表达情意——这是诗意，那么"诗境"是什么？怎样的自然之景才"真"，"境界"又是什么？这些问题与下面要分析的"意境与悟"有关。

三、意境与悟

清刘熙载比较苏轼的两首词："东坡《满庭芳》'老去君恩未报，空回首，弹铗悲歌'，语诚慷慨，然不若《水调歌头》'我欲乘风归去，又恐琼楼玉宇，高处不胜寒'，尤觉空灵蕴藉。"（《艺概·词概》）在刘熙载看来，《水调歌头》更富美感的原因就是我们前面所分析的蕴藉与寄情自然，而刘熙载的词评中提到"空灵"，这触及中国古诗词最高级的审美追求——"意境"。

意 境

明谢榛在《四溟诗话》中说：

> 予初冬同李进士伯承游西山，夜投碧云寺，并憩石桥，注目延赏。时薄霭濛濛，然涧泉奔响，松月流辉，顿觉尘襟爽涤，而兴不可遏，漫成一律。及早起临眺，较之昨夕，仙凡不同，此亦逼真故尔。

谢榛夜晚和早晨看的是同一处地方，却有着迥异的感受——"仙凡不同"——一个是凡间，一个是仙境！指认实际上并不存在的仙境，是为了说明"看到"了与实景不同、比实景更美的景象，可谓"此曲只应天上有，人间能得几回闻"（杜甫《赠花卿》）——曲乐美到人间罕有的程度，这显示人们面对某种审美对象时，在超现实、超感官层面生发了无与伦比的美感体验。

王昌龄在《诗格》中区分了"物境""情境""意境"：

---

① 宗白华：《美学散步》，上海人民出版社 2005 年版，第 494 页。

诗有三境。一曰物境：欲为山水诗，则张泉石云峰之境，极丽绝秀者，神之于心，出身于境，视境于心，莹然掌中，然后用思，了然境象，故得形似。二曰情境：娱乐愁怨，皆张于意而处于身，然后驰思，深得其情。三曰意境：亦张之于意而思于心，则得其真矣。

物境形似，情境感人，意境则"得其真"，这也就是王国维所说的"真景物"及"境界"。实境是象，仙境则是象外之象，是承载了至深美感、用精神乃至灵魂感受的"幻象"，高明的艺术家用犹如天工的文字将读者引入这样一处所在。有些诗词以"逼真"的景象承载明确的情意，此谓凡作；有些诗词则能让人顿觉"尘襟爽涤，而兴不可遏"，此谓仙品，可以将读者带入仙境，这样的作品即可谓有"意境"！

用"境"表达感觉经验古已有之。《庄子·逍遥游》说，"定乎内外之分，辩乎荣辱之境"，这是由疆界的本义引申而指的抽象体验。至佛教传入中国，精通玄学的僧侣们用取自《庄子》的"境"来指称意识的等级，佛教认为作为意识之域的"境"是一种幻象——它源自"象"又超越了"象"。[1]诗词之意境同样源于意象又超越了意象——"诗者，其文章之蕴邪！义得而言丧，故微而难能，境生于象外，故精而寡和"（刘禹锡《董氏武陵集纪》）。因此，"造情取境，古人所难此是诗家第一义"（陆时雍《古诗镜》卷五）。"微尘中有大千，刹那间见终古"[2]——有意境的诗词在方寸之间呈现的是微尘和刹那之象，却能够生发、幻化象外之象，从而让人看到大千世界、千古情怀，这是中国古诗词不朽和迷人的根本原因。

诗人、词人为何要追求意境，意境为何能够提供更为深刻乃至终极的美感？宗白华说[3]：

> 以宇宙人生的具体为对象，赏玩它的色相、秩序、节奏、和谐，借以窥见自我的最深心灵的反映；化实景而为虚境，创形象以为象征，使人类最高的心灵具体化、肉身化，这就是"艺术境界"。

从这段话我们能看到，意境引发超越性的美感体验有赖于两个机制：由浅入深，直至深不可及；由实入虚，直至虚纳万境。

---

[1] 蒋寅：《原始与会通："意境"概念的古与今》，《北京大学学报（哲学社会科学版）》2007年第3期。
[2] 李泽厚：《美学论集》，上海文艺出版社1980年版，第324页。
[3] 宗白华：《美学散步》，上海人民出版社2005年版，第120页。

宗白华在《中国艺术意境之诞生》中说："艺术的境界，既使心灵和宇宙净化，又使心灵和宇宙深化，使人在超脱的胸襟里体味到宇宙的深境。"[1]这种"深化"的内涵和必要性是什么？《道德经》有云："玄之又玄，众妙之门。"明沈一贯《老子通》释"玄"曰："凡物远不可见者，其色黝然，玄也。大道之妙，非意象形称之可指，深矣，远矣，不可极矣，故名之曰玄。"如前所述，老子说道"惟恍惟惚"，庄子说道"不可闻""不可见""不可言"，诗词要表现的真善之道蕴含在不可言说的玄远处，有意境的诗词必然也必须将读者引向玄远处而使其登临非凡美境，如司空图引戴叔伦所言："诗家之景，如蓝田日暖、良玉生烟，可望而不可置于眉睫之前。"（《与极浦书》）这是其由浅入深、由表及里的缘由和价值。

除了"由浅入深"，有意境的诗词还要"由实入虚"。唐严羽说诗："故其妙处透彻玲珑，不可凑泊，如空中之音，相中之色，水中之月，镜中之象，言有尽而意无穷。"（《沧浪诗话·诗辨》）这就是中华美学非常看重的空灵、虚空之美。就像谢榛夜间所观之景被薄霭笼罩而显得"濛濛然"，这样的虚空对诗词创作来说是必然的追求，是引领读者从意象到意境的必由之路。诗僧皎然说"夫境象不一，虚实难明"（《诗议》），苏轼说"空故纳了万境"（《送参寥师》），虚空让诗词"无中生有"，从而生发无穷的兴味和感悟，如同谢榛面对"濛濛然"之景而"顿觉尘襟爽涤"。

诗人、词人如何在创作时由浅及深、由实入虚而达致意境之所在？我们看杜甫如何写《江南逢李龟年》：他将多年流离生活的悲辛虚写——"岐王宅里寻常见，崔九堂前几度闻"，在勾起人们带着伤感的回忆之后，又轻轻地、看似不经意地把我们的思绪引向玄远处——"正是江南好风景，落花时节又逢君"。由此可见，诗人、词人正是运用了前述蕴藉和寄情自然的手法营造一层"薄雾"，使诗词表达的情意由具实到虚空、由迫近到玄远、由此地到彼岸，从而"超以象外，得其环中"（司空图《诗品·雄浑》），读者因此得以邂逅至美之境。

诗人、词人生发玄远虚空之情思的心理基础是什么？诗词评家和读者又是如何体验意境之美的？我们来看况周颐在《蕙风词话》中谈其"词境"之体验：

> 人静帘垂，灯昏香直。窗外芙蓉残叶飒飒作秋声，与砌虫相和答。据梧暝坐，湛怀息机。每一念起，辄设理想排遣之。乃至万缘俱寂，吾心忽莹然开朗如

---

[1] 宗白华:《美学散步》，上海人民出版社 2005 年版，第 147 页。

满月，肌骨清凉，不知斯世何世也。斯时若有无端哀怨怅触于万不得已；即而察之，一切境象全失，唯有小窗虚幌、笔床砚匣，一一在吾目前。此词境也。

"湛怀息机""万缘俱寂""莹然开朗""不知斯世何世"……这些都是与诗词意境相契合的极具中国特色的审美心理——下面要分析的"悟"。

悟

诗词创作要依赖"悟"，诗词赏析则"以悟应悟"，它是我们感受诗词意境之美、看懂诗词评点的密钥。《说文》释"悟"为"觉也"；《康熙字典》引《困知记》云："无所觉之谓迷，有所觉之谓悟。又，启发人曰悟。""悟"与理解有相同的含义，但二者又有重要的不同：理解是经过主观努力获得理性认识，而悟则是在某种机缘之下，刹那间获得真知与醒悟。我们通过史铁生的一段文字来体会"悟"的心理特征及其意义[1]：

不久前，我偶然读到一篇英语童话：战争结束了，有个年轻号手最后离开战场，回家。他日夜思念着他的未婚妻，路上更是设想着如何同她见面，如何把她娶回家。可是，等他回到家乡，却听说未婚妻已同别人结婚；因为家乡早已流传着他战死沙场的消息。年轻号手痛苦之极，便又离开家乡，四处漂泊。孤独的路上，陪伴他的只有那把小号，他便吹响小号，号声凄惋悲凉。有一天，他走到一个国家，国王听见了他的号声，使人把他唤来，问他：你的号声为什么这样哀伤？号手便把自己的故事讲给国王。国王听了非常同情他……看到这儿我就要放下了，猜那又是个老掉牙的故事，接下来无非是国王很喜欢这个年轻号手，而他也表现出不俗的才智，于是国王把女儿嫁给了他，最后呢？肯定是他与公主白头偕老，过着幸福的生活。妻子说不，说你往下看：国王于是请国人都来听这号手讲他自己的故事，并听那号声中的哀伤。日复一日，年轻人不断地讲，人们不断地听，只要那号声一响，人们便来围拢他，默默地听。这样，不知从什么时候起，他的号声已不再那么低沉、凄凉。又不知从什么时候起，那号声开始变得欢快、嘹亮，变得生气勃勃了。故事就这么结束

---

[1]　史铁生：《病隙碎笔》，中国盲文出版社 2008 年版，第 134—136 页。

了。就这么结束了？对，结束了。当意识到它已经结束了的时候，忽然间我热泪盈眶。

史铁生感慨："我已经五十岁了，一个年至半百的老头子竟为这么一篇写给孩子的故事而泪不自禁，其中的原因一定很多，多到我自己也说不清。"史铁生因这个小故事心灵受到巨大冲击，他在一刹那无比接近人生重大问题的答案，因此而形成深刻的审美体验——这即是"悟"。"竟"——出乎意料，"泪不自禁"——不由自主，"说不清"——无以言表，这些就是"悟"的典型表现。

与西方人重逻辑、重分析、重推理不同，中国人品读诗词讲究悟性思维，尤其是唐代禅宗盛行之后，更是讲究"妙悟"。"悟"是禅修的核心方式，诗词赏析与参禅中的悟有相当高的一致性。李泽厚指出，禅悟这种注重内省、体悟、顿悟的方式与文学艺术发生了最契合的反应："'忽然省悟'的这种方式，对艺术创作来说，不正是很熟悉、很贴切和很合乎实际的么？"① 铃木大拙则将参禅的开悟直接与诗歌赏析相比较，他说："如果我们用诗歌或象征的方式来表示，悟便是'心花开放'、'茅塞顿开'、'心思活动的开朗'。"②

结合对"禅悟"的分析，我们来体会诗词之"悟"的四个特点——超越性、经验性、间接性、刹那获得——及其对诗词赏析的价值。

第一，超越性。

"悟"是超越性的对世界和自我全新的认识。禅有四句格言："教外别传，不立文字，直指人心，见性成佛。"禅认为每个人都有佛性，只不过这种本性被掩盖，或者暂时陷入了迷乱，"悟"则让一个人见到自己的本性而成佛！诗词的高级审美同样如此，它提供"悟"的机会，让我们有机会见到世界和自己的本真，这是撼动人心的发现，会给人带来巨大的欣喜，如同史铁生读了那则故事一样。

苏轼在《庐山烟雨》中写道："庐山烟雨浙江潮，未到千般恨不消。及至到来无一事，庐山烟雨浙江潮。"这首诗充满禅意，显现我们认识世界和自我的三个阶段："见山是山，见水是水"——"见到事物的表象"，"见山不是山，见水不是水"——"对表象产生怀疑而又不得其真"，"见山又是山，见水又是水"——"见到事物的本

---

① 李泽厚：《美学三书》，安徽文艺出版社 1999 年版，第 372–373 页。

② 有关禅悟的内容参见［日］铃木大拙：《禅风禅骨》，耿仁秋译，中国青年出版社 1989 年版；铃木大拙：《禅与生活》，刘大悲译，光明日报出版社 1998 年版。

真"。诗词之"悟"即让我们登临"见山又是山，见水又是水"的境界——不断求索、兜兜转转、刹那间到达一方美境，终于见到本真的世界与自我，这将引发极为强烈与深刻的快慰。

人生面对那么多艰难和困惑——苦寻人生的意义、直面艰难的挑战、忍受世间的不公、承认人生的局限、接受人世的痛苦等等——李白、杜甫、陶渊明、史铁生……每个作者和读者都有各自的困境，而富有意境的文学作品得"道"、载"道"①，能够让人们直面困境并给予其启发、信心和力量，使其蓦然发现摆脱困境的出路，从而进入一个新的、更高层次的境界，得以俯瞰整个世界和生命，这即是"悟"所带来的超越性——我们从号手的故事中悟到生命的力量，从《早发白帝城》中悟到"青春"，从《江南逢李龟年》中悟到生命的苍茫，从《归园田居》中悟到自由的真谛……

第二，经验的、直觉的、非逻辑的。

与理性思维不同，"悟"是经验的、直觉的、非逻辑的，甚至无法用言语表达——"此中有真意，欲辨已忘言"。威廉巴拉在《禅对西方世界的意义》中说："我们可以把禅看作彻底的直觉主义，它本身是当下的彻底直觉……我们用第三个眼睛——直觉的眼睛——来看世界。"②诗词的创作和赏析"不涉理路，不落言筌"，可谓与禅悟非常相似。诗人、词人将其对世界和人生的体验用形象的方式表达出来，不说教，不给予，不求同，也不解释。

诗词通过具体而感性的画面直接触发读者的情感，诉诸读者个人的经验而使其获得开悟的机会。一个哲学或逻辑体系必定会不断演进与完善，甚至被后继的体系推翻，而诗词和禅一样并不依赖理智来解决有关生命、意志、自我实现等最深刻的问题。我们往往无法以理性逻辑的方式对"悟"的过程和结果进行解释，就像史铁生从故事中所获得的启发一样。胡应麟评王维诗"读之身世两忘，万念皆寂"（《诗薮》），诗词引发的"悟"使所有的智识都寂灭，以心灵与含"道"的形象、文字相摩荡，登临玄远的意境所在，生发最幽微、最深沉的美感体验。"悟"后，我们以

---

① 此处的"道"不是强调文艺为社会教化服务的"文以载道"中的"道"，而是老庄尤其是老子所说的"道"。汤一介指出："老子的'道'最基本的涵义应是超越性的永恒的普遍原则。"（《儒道释与内在超越问题》，江西人民出版社 1991 年版，第 14 页）因此，含"道"触"道"的有意境的文字具有超越性。

② 转引自铃木大拙：《禅与生活》，刘大悲译，光明日报出版社 1988 年版，第 9 页。

一种意料不到的视角观照整个世界，这世界往往让人感觉新异或陌生，我们因此会有怅然若失、难以言表之感。

"悟"不是加加减减、进退取舍、左右权衡的结果，就像康震教授从《早发白帝城》中悟到"青春"，哪怕世界上所有人都不同意或无感于此也没有关系，他不必跟别人解释，也不必获得别人的认可，如此感悟对他来说最感动、最有意义就够了。同样，世界上大多数人都不会作出陶渊明那样的人生选择，他也没有在诗文中教化读者，而只是借助对田园的刻画表达其个人的情意。我们承认，诗词解读中存在理性分析，如作者表达了怎样的情感、为什么以及如何表达这样的情感，但是，这样的理性分析是手段而不是目的，它为"悟"的实现创造条件，使我们得以实现最高级的诗词审美——由"悟"而生发强烈的情感共鸣及超越智识的心灵快慰。

第三，间接性。

香严禅师说法："参禅如人在千尺崖上，口衔树枝，脚不踢枝，手不攀枝，树下忽有人问如何是祖师西来意，若此人张口回答，一定会堕下丧命，如果不回答，又违问者所问。"面对这个难题，禅师通过公案、暗示、机锋、棒喝间接地使人获得启悟。例如，云门说："禅里面有绝对自由，有时否定，有时又肯定；高兴用什么方法，就用什么方法。"一个和尚问他："如何肯定？"云门回答说："冬去春来。"和尚问："春来有何事？"云门回答："肩上横着杖子，不分东西南北，漫步田野中，敲击残桩为乐。""道不可闻""悟不可言"，所以禅师只能这样"顾左右而言他"，禅因此而主张"不立文字"。可是，诗词是由文字构成的，它如何表达作者之"悟"，又如何激发读者之"悟"呢？

《大宝积经》卷九十二有云："譬如甘蔗味，虽不离皮节，亦不从皮节，而得于胜味。"诗词的文字犹如"皮节"，它们是诗词意境——"胜味"的载体，理解文字的含义是"悟"的条件，但并不是"悟"本身。如前所述，作者利用蕴藉、寄情自然将不可言表的"悟"置于诗词之中，而读者如何从诗词中"得悟"呢？

禅宗认为，人生来就有一种认识自己本性的"良能"，又称为"灵知"——"灵知不昧，即此空寂之知，是汝真性"（《坛经》）。佛性是一种"自性"，"悟"不是被外界给予的，而是"自性"的显露与发现，即"一刹那间，妄念俱灭，若识自性，一悟即至佛地"（同上）。诗词同样不能直接把"悟"给读者，也是通过间接的方式，将载"道"的自然之象呈现给读者，给读者机会能够得"悟"而见世间"真如"①。

《楞严经》卷二有云："汝等尚以缘心听法，此法亦缘，非得法性。如人以手指月示人，彼人因指，当应看月。若复观指以为月体，此人岂唯亡失月轮，亦亡其指。"多么形象和美好的阐释！诗人、词人无法直接用文字表达诗词之胜味，于是他们以蕴藉、寄情自然的方式"指月"，将读者引向蕴含无限意味之所在。就像宇文所安解读"正是江南好风景，落花时节又逢君"时说，这两句诗"挥手指向展现在我们眼前的美丽景色，把我们的注意力从对消逝的时间的追忆上引开"。诗人、词人借其作品"指月"，诗词评点同样是在"指月"，他们往往无法直接说出自己的"悟"，而用慨叹、打比方、以诗解诗等方式间接地表达对诗词的感悟，这一点在后面的集评分析中能够清楚地看到。

宇文所安说，"诗的文字把想象力调动起来，随着想象的展开，文字逐渐隐退"，诗词在"指月"，诗词的文字是"手指"，读者看向远方之月时视野中不再有手指。读者能看到多远、能看到什么有赖于时机和机缘，这和我们下面要分析的"悟"的刹那获得与不可预知有关。

第四，刹那获得与不可预知。

禅宗第六祖慧能提出，"一刹那间，妄念俱灭，若识自性，一悟即至佛地"，即"顿悟成佛""一念成佛"。诗词赏悟同样让我们在刹那间进入至美之境。铃木大拙说：

> 生活像是一幅水墨画，这种画必须一下子绘成，不能有任何犹豫，不能有任何理智作用，也不容许修改。生活不像油画可以涂抹，并且可以一再的抹去，直到画家最后满意为止。可是对水墨画来说，任何重画的地方，都会产生污点。所以，我们应该在事情进行中抓住禅，既不能在事情发生之前也不能在事情过去之后抓住它，它是刹那间的活动。

画水墨画是"刹那间的活动"，无法预知最后一笔在哪里，最后一笔之前也无法判断其是否成功，诗词赏悟同样如此，"得悟"发生在一瞬间，就像瞬间急遽完成的化学反应。但是，化学反应可以精准操控，而诗词的"悟"却无法预测和控制。所以"悟"的刹那获得与不可预知相伴随，而这恰恰是诗之悟一旦发生就会

---

① 指遍布于宇宙中真实之本体。真，真实不虚妄之意；如，不变其性之意。

带来巨大欣喜的重要原因——"悟"可遇而不可求，这多么幸运且值得感恩！

诗词的"悟"是一个全新的、不只是努力和等待就可以登临的境界，由"迷"到"觉"，刹那而不可预知地"发现"了有关世界和自我的本真，对诗人和词人来说是灵感、神来之笔、有如神助，对读者来说是机缘巧合、不期而遇、"一念而见性成佛"。这种"悟"所带来的体验，就像漫长黑夜中刹那的闪光，能带来心灵层面的大欢喜。

"悟"的上述特点使得诗词教学不能要求每个学生以同样的方式达到同样"悟"的结果，就像我们只能把马儿带到水边而不能强迫它们喝水一样，教师能做的是给学生足够的资料和铺垫，为学生的感悟提供机会和条件。诗词之"悟"虽然刹那获得且往往不可预期，但它并非无缘无故凭空实现，而有赖于读者的阅读积累、人生阅历、生活环境、文化修养、审美品位，前述史铁生"偶遇"一则故事而生发的感悟无疑和这些因素有关。因此，为了促进诗词之"悟"而在教学中辅以丰富的审美、历史、哲学等背景知识十分必要。

此外，富有意境的诗词是诗人、词人"悟"的结果，诗词赏析同样具有"悟"的特征，即"以悟应悟"，教师要发挥"悟"的提点和开示作用，引导学生理解和欣赏基于"悟"的审美意涵，促进学生生发源自内心的真挚感悟。

综上所述，诗词源自人类基底的情感表达方式——歌唱，悦耳悦意是其基础审美价值；中国古诗词追求意象之升华——象外之象的意境，进入诗词的意境需要"悟"这种审美方式，而蕴藉和寄情自然是实现意境的创作手法。古诗词评点遵循了这些审美范式，我们阅读下面的集评分析时，要关注这部分所阐释的中国古诗词审美的特点，将集评的理解和欣赏置于中国传统审美文化的背景中。

第二部分

集评分析及其在教学中的应用

评点不是凭空编造的理论，而是评家依赖切身的感受、真实的体味而生发的感悟，这使其成为"沟通读者与作者之间的一座桥梁，是一种鲜活而不是僵硬、灵动而不是冷漠的文学批评"[①]。古诗词集评凝聚了历代评家对诗词的评价与分析，就好像很多行家里手在讲解古诗词，这为我们理解古诗词的内涵、感受其艺术之美起到很大的帮助作用。诗词评点不是孤立的，它们之间存在关联，包括相互的补充、印证、深化，有些评点还表达了不同乃至相反的看法，这使得我们可以获得丰富多样的诗词赏析的信息和视角。总的说来，集评在三个方面为古诗词赏析提供了非常有价值的参考：诗词内涵与意蕴、诗词美感与艺术手法、诗词关联与对比。

一、诗词内涵及意蕴

面对一首诗词，首先要弄清楚其内涵，即作品表达了怎样的内容、抒发了怎样的情感。一般说来，诗词的表面意思往往不难理解，但深入理解诗词的内涵及意蕴却不容易。此外，诗词教学有时会套用标准答案，这使得学生无法感受诗词深刻的内涵，丧失对其进行审美探索的兴趣。诗词集评为解决这一问题创造了条件，诗词评家提出颇富见地的感悟，为学生理解诗词内涵提供了多视角多层次的参考。以温庭筠的《望江南》（也作《梦江南》）——"梳洗罢，独倚望江楼。过尽千帆皆不是，斜晖脉脉水悠悠。肠断白蘋洲"——为例，李冰若评末句"真为画蛇添足"：

　　"过尽"二语，既极怅惘之情，"肠断白蘋洲"一语点实，便无余韵。惜哉，惜哉！

---

① 黄霖：《中国古代文学中的评点（上）》，《古典文学知识》2016 年第 5 期。

俞平伯则将《望江南》与唐赵微明的《思归》诗进行比较，表达了不同的看法，认为"白蘋洲"这一意象有渊源：

> 唐赵微明《思归》诗中间两联云："犹疑望可见，日日上高楼。惟见分手处，白蘋满芳洲。"合于本词全章之意，当有些渊源。

"白蘋洲"句是画蛇添足还是有渊源而意涵丰富的文字？有研究者对"白蘋洲"的渊源进行了梳理[①]：

> 要理解尾句的底蕴，得弄清词人着重点出"白蘋洲"的用意。屈原《九歌·湘夫人》："帝子降兮北渚，目眇眇兮愁予……登白蘋兮骋望，与佳期兮夕张。"鲍照《送别王宣城》："既逢青春盛，复值白蘋生。广望周千里，江郊霭微明。"柳恽《江南曲》："汀洲采白蘋，日落江南春。"骆宾王《在江南赠宋五之问》："秋江无绿芷，寒汀有白蘋。采之将何遗？故人漳水滨。"刘长卿《送李侍卿贬郴州》："忆想汀洲畔，伤心向白蘋。"柳宗元《得卢衡州书因以诗寄》："非是白蘋洲畔客，还将远意问潇湘。"《酬曹侍御过象县见寄》："春风无限潇湘意，欲采蘋花不自由。"（宋）张子野《赠妓兜娘》诗："十载芳洲抚白蘋，移舟弄水赏青春。"可见"白蘋洲"当是泛指，既是采摘蘋花之洲，亦是相会送别之所……"肠断白蘋洲"并不是词人为合于词调格式而作的蛇足之笔，自有其深长悠远的意味！

如此对"白蘋洲"内涵意蕴的解读让人感慨颇多！"白蘋洲"已不只是一个具体的地点，更是一个富有审美意味的象征，蕴含着极为深沉的情思——在世界上有很多"白蘋洲"，不仅是《望江南》中的思妇，世世代代有很多人在这里分别、思念、期待！

由此例可见，诗词评点者因其积淀深厚、眼光独到，能为我们理解诗词提供丰富的信息，让我们可以沿波讨源，更深入地理解诗词的意蕴。如本书第一部分所述，中国古诗词讲究蕴藉，我们要从中听到弦外之音、体会言外之意，《望江南》除了表达一个女性对爱人的期盼之情外，读者是否还能生发其他的感悟？我们来看

---

① 王穆之：《温词〈梦江南二首〉的两个问题》，《山西师大学报（社会科学版）》1991年第1期。

夏承焘评点《望江南》中"过尽千帆皆不是"这一句：

> 一方面写眼前的事实，另一方面也有寓意，含有"天下人何限，慊慊只为汝"的意思，说明她爱情的坚贞专一。清代谭献的"红杏枝头侬与汝，千花百草从渠许"词句和这意思也相近。

这样的评点揭示了《望江南》的言外之意——对爱情的坚贞专一，这对我们理解作品的内涵无疑大有启发。但如此解读牵涉两个问题：一是作者本人有这样的意思吗？二是作者如果没有这样的意思，读者可以如此解读吗？这是面对诗词评点时普遍存在的问题，即评点者对作品延伸的、个体化的理解在怎样的情况下是可接受的？为了回答这个问题，我们先来看叶嘉莹对温庭筠的《菩萨蛮·小山重叠金明灭》中"懒起画蛾眉"一句的阐释。叶嘉莹认为，如果从这句话只看到一个女性的慵懒是不够的，在《唐宋词十七讲》中她如此解读这句词[①]：

> "蛾眉"可以想到《诗经·卫风·硕人》："螓首蛾眉，巧笑倩兮，美目盼兮。"也可以联想到屈原的《离骚》："众女嫉余之蛾眉兮，谣诼谓余以善淫。""画蛾眉"表现的是一种爱美要好的感情，而且是精神品格上的爱美要好。杜荀鹤在《春宫怨》中写："早被婵娟误，欲妆临镜慵。承恩不在貌，教妾若为容？"写的是宫中女子面对妆台上的镜子的时候，却懒于梳妆了，因为她不知道化妆给谁看呢，谁是欣赏她的人呢？古人说"士为知己者死，女为悦己者容"。《水浒传》上阮小二说他的一腔热血要卖给一个识货的，连孔子都说："沽之哉！沽之哉！我待贾者也。"（《论语·子罕》）做臣子要等待君主的知赏和任用，作者正是借此写一个才智之士不被任用的感慨和哀伤。因此，"懒起"在中国传统文化背景下是一个意涵丰富的语码。温庭筠的词中，女子虽然"懒起"，最终还是要"弄妆"。这个"弄"字，就有一种玩弄和自我欣赏的意味。古人说："兰生幽谷，不为无人而不芳。"花的本质就是芳香的，不会因为没有人欣赏而改变。陆游在《卜算子·咏梅》中写"零落成泥碾作尘，只有香如故"，就是说芳香的梅花即使凋落、被碾压，其本质也是不变的。陶渊明在《咏贫士七首·之一》中写："知音苟不存，已矣何所悲。"知音如果不在，就这

---

① 参见叶嘉莹:《迦陵文集（九）》，河北教育出版社1997年版，第37–41页。引用时有删减整理。

样吧，也没有什么可悲哀的。因此，"弄妆"的女子毕竟还是珍重爱惜自己的美好，不是说没有人欣赏就堕落和放弃了。这正是中国旧传统的那些读书人的品格和操守。

显然，叶嘉莹解读的是"懒起画蛾眉"的言外之意，其中包含极为丰富、深刻的联想。基于这样的解读，我们来分析上述两个问题：

第一，作者本人有这样的意思吗？

叶嘉莹指出，凡是一个伟大的诗人，都不只是用文字而是用他的生命和生活去写诗的。屈原如此，杜甫、陶渊明、苏轼、辛弃疾这些品格上光辉隽洁的伟大诗人都是如此[①]——这即是文如其人。温庭筠是一个怎样的人？他有意在《菩萨蛮》中表达上述意涵吗？《旧唐书·温庭筠传》说温庭筠"能逐弦吹之音，为侧艳之词"，《新唐书·温大雅传·附庭筠传》说他"薄于行，无检幅"。温庭筠有屈原"宁赴湘流，葬于江鱼之腹中，安能以皓皓之白，而蒙世俗之尘埃乎"的人生追求吗？叶嘉莹对"懒起画蛾眉"的解释行得通吗？

我们来看温庭筠求仕的经历[②]：开成四年温庭筠曾参加京兆府试，荐名居第二，却因故罢举。开成五年、会昌元年的进士试他均未能参加。会昌二年至大中元年，从温庭筠现存诗文看不出他曾再参加过京兆府试和礼部进士试，但从大中二年至九年，他至少参加过四次礼部进士试，但均未登第。至大中九年，最后一次参加科举的温庭筠已是 55 岁的老人（按其生于 801 年）！温庭筠屡次应试不第的原因有多种说法，包括"士行尘杂"的社会舆论，令狐绹"有才无行"的进奏，以及旅游淮上受辱之事。每次应试，主考者都了解其文才出众，有的甚至公开称誉，之所以都以落第告终，主要还是主贡举者特别是有权势者对其"有才无行，不宜与第"的看法，直到他后来被贬隋县尉，仍然与人们对其品行的看法有关。

从温庭筠不断求仕的经历可以看到其不羁的另一面——投身主流社会以实现经济之志。温庭筠在《病中书怀呈友人》中写道："逸足皆先路，穷郊独向隅。……赋分知前定，寒心畏厚诬。……有气干牛斗，无人辨辘轳。……积毁方销骨，微瑕惧掩瑜。"温庭筠困守在孤僻的角落，他知道这是命运注定，让他寒心的是遭受诬蔑，

---

① 参见叶嘉莹：《迦陵文集（九）》，河北教育出版社 1997 年版，第 53 页。

② 参见刘学锴：《温庭筠传论》，安徽大学出版社 2008 年版，第 116–119 页。

"有气干牛斗，无人辨辘轳"①，别人都误解、诋毁他，最终自己就难以辩解了。

由上述这些材料可见，饱读诗书的温庭筠有才智、有理想。在中国古代社会，求仕是一个文人能够证明和实现自身价值的唯一途径，温庭筠也在努力希望得到官方和主流社会的认可，而由于个性和行为原因屡屡被拒之门外。有趣的是，在古代社会，一个女性希望得到男性的恩宠，和一个士人希望得到君主的青睐和尽忠报国的机会，二者是很相似的。温庭筠屡试不第，一生茫然无着，应当也是怀着一份失落与寂寥的心情，他将这份情意寄托在《望江南》《菩萨蛮》中，以一个女性的言行象征性地表达出来也是自然、合理的。

第二，作者如果没有这个意思，读者可以有这个意思吗？

清词人谭献说："作者之用心未必然，而读者之用心何必不然。"（《复堂词录序》）温庭筠的作品当然有可能只是写女性怀春或思妇盼归，可如果他的作品能够"自然"地引起读者的联想——读者之用心，又何必不然？"他写美女爱情的小词，能够提高我们的一种品格和修养，那又何必不然"②？

在《迦陵论词丛稿》中，叶嘉莹辟专节讨论"论温庭筠词之有无寄托"。她列举了两派相反的观点：张惠言、陈廷焯、吴梅主张温词有寄托，刘熙载、王国维则不认为温词有寄托。叶嘉莹认为，诗词皆为美文，由诗词中的意象产生联想是非常自然的——"有情感、有意识之人观之，则自感觉之触发，可以得无穷之意象，生无穷之联想"，"可谓仁者得其仁，智者得其智，深者见其深，浅者见其浅"，"诗词之多托喻之作，实乃纯艺术之美文之一极自然之现象也"。

中国文人易于将诗词写成寄托之作，还有第二个原因：中国自古将文艺价值依附于道德价值之上，"是以不写成为有寄托之作，则不足以自尊；不解成为有寄托之作，则不足以尊人"。

叶嘉莹指出，因第一种原因引发读者自然美感联想的作品自是佳作；第二种原因所写成的有寄托的作品则分为两类：一是作者有心托喻，而且其性情、身世、修养、人格确实能够支撑起其寄托，其作品因蕴含着悲天悯人、感时忧国之心而诚挚深厚，真切感人，另一种为依附道德而虚伪造作甚至欺世盗名之作，与作者的性

---

① 这是个典故。晋代张华常在夜晚看到有一条光气上冲在牛斗两个星宿之间，他说这是宝剑之气，应该是在丰城县，后来果然在丰城县一所监狱挖出两把宝剑。"辘轳"通鹿卢，为玉做的剑首——温庭筠自认为他是一把宝剑，是有才能的人。

② 叶嘉莹：《迦陵文集（九）》，河北教育出版社1997年版，第53页。

情、身世、修养、人格全不相符，这样的作品自然没有价值乃至令人厌弃。[①]

由上述分析可见，将《菩萨蛮》解读为"欲用世而不得"，将"过尽千帆皆不是"理解为表达对爱情的坚贞专一，都是可接受也值得鼓励的，这是"读者之用心何必不然"的表现。面对有关古诗词内涵的评点，要关注评家对诗词内涵扩展性的理解，如清黄苏评苏轼的《卜算子》"语语双关"，清陈廷焯评其"寓意高远"，"双关""寓意"都说明作品内涵存在可延伸的解读。

当然，诗词内涵解读的延伸不应是随意的，而应如上面的分析那样，要考虑作者经历、社会背景、文本关联、文化传统等等。以温庭筠的《菩萨蛮》为例，作品中的"蛾眉"在中国文化的背景中已成为一个有着特定含义——在精神品质上爱美要好的心情——的"语码"（code），对于饱读诗书的温庭筠来说这个语码他太熟悉了，当他写"画蛾眉"时，他的潜意识、过去所读的书、所受到的教养、所经历的生活都成为"语码"被识别、被理解的条件。同样，处于中国文化背景中的读者，在了解温庭筠人生经历以及中国士人情怀的基础上，也会自然地对与"画蛾眉"相关的"等待""期盼"产生情感共鸣。

需要指出的是，对于诗词内涵的解读，我们一方面鼓励延伸式的理解，另一方面也反对毫无根据、不顾背景的联想。在评点苏轼的《水调歌头》时，周汝昌说[②]：

> 我不同意把这首词理解为苏东坡在写他的政治心情，写他怀念皇帝的感情。我们并不否认古典诗歌里常有"寄托"这一事实，但我们也不赞成用猜谜索隐的方式去谈诗词，例如说"天上宫阙"就是指京城、朝廷，"人间"就是指地方（山东密州）等等。那样，会把作者的感情、思想凝固化、狭隘化起来。

这种牵强附会的理解早已有之，最典型的就是《毛诗序》释《关雎》："后妃之德也，风之始也。……乐得淑女，以配君子，忧在进贤，不淫其色。哀窈窕，思贤才，而无伤善之心焉。"还有《毛诗序》释《兼葭》："刺襄公也。未能用周礼，将无以固其国焉。"这样的解释全然不顾作品的写作背景，审美意味尽失。类似这样牵强附会的解读都需要警惕，除了像上述分析《望江南》和《菩萨蛮》一样，要

---

① 参见叶嘉莹：《迦陵文集（四）》，河北教育出版社 1997 年版，第 10—16 页。

② 周汝昌：《苏轼词〈水调歌头·中秋〉浅讲》，《阅读和欣赏（古典文学部分）》，北京出版社 1979 年版。

关注作者、社会、文化等背景信息，还要警惕中国文学审美"文以载道""文以明道""文以贯道"的强大力量，将情感、审美作为理解诗词内涵的核心。[①] 周啸天在评析《关雎》时说[②]：

> "作诗必此诗，定知非诗人。"（苏轼）若下一转语，便有"说诗必此诗，定知非解人"。懂得这番道理，来看《关雎》诗中的单相思，又不仅是单恋而已。诗人于爱的对象"寤寐求之"式的执着追求，及其在现实中"求之不得"，便于理想（幻梦）中"友之""乐之"的实现方式，均构成一种境界，一种超越本文的象征意蕴，从而能够兴发读者引譬连类的联想。我们不由会联想到风诗中的其它作品如《汉广》、《蒹葭》，联想到《离骚》，其中所写的"汉有游女，不可求思"的苦恼，"所谓伊人，在水一方"的迷惘，及"路曼曼其修远兮，吾将上下而求索"的执着劲头；不由会联想到古代神话对世界的浪漫征服和把握的方式，甚而联想到人类在漫长的历史中，不安现状，通过心灵与思辩追求美与自由、自我实现、自我完善的历程。诗情一旦与哲理结合，便给世代读者以回味无穷的审美愉快。这或许就是包括《关雎》在内的风诗名篇的艺术奥秘所在。

"越是杰作，其结构层面越多，象征意蕴越难穷尽"，我们从这样"以审美为核心"的鉴赏中"得到新意和胜境"，感受诗词所蕴藉的无穷美的意味，体验其多向、多层的美感。因此，关于诗词内涵的评点往往有诸多说法，甚至会存在争论，从诗词赏析的角度，判断正误不重要，重要的是哪些评点能够最大程度展露诗词的美感，这是我们在阅读集评时应当关注的。

二、诗词美感与艺术手法

对诗词的艺术之美进行评点是集评的重点，包括两个方面：一是对诗词美的

---

① 文学作品"含道""载道"是自然的，但从文学赏析的角度更要关注作品中的"情"。有关分析参见赵希斌：《追根溯源教语文——文本的背景分析》，华东师范大学出版社 2017 年版，第 82–96 页。

② 周啸天：《诗经楚辞鉴赏辞典》，四川辞书出版社 1990 年版，第 6–7 页。

感悟，二是对诗词艺术手法的分析。二者密切关联——美感之悟展露诗词的动人之处，诗词艺术手法分析则说明诗词何以具有美的意味。

美感之悟

感悟诗词之美是诗词赏析的关键，本书第一部分分析了古诗词美在哪里，古诗词评点则从具体作品入手，表现了评点者对古诗词美的感受。纳兰性德在《浣溪沙·残雪凝辉冷画屏》中写道："我是人间惆怅客，知君何事泪纵横。"诗歌之所以感人，是因为作者懂得人间喜悲并用诗词予以表达，而精当的评点从另一个角度引发读者的情感激荡，给我们品味古诗词之美以直接的启发。清赵翼说：

> 人人意中所有，却未有人道过，一经说出，便人人如其意之所欲出，而易于流播，遂足传当时而名后世。如李太白"今人不见古时月，今月曾经照古人"，王摩诘"劝君更尽一杯酒，西出阳关无故人"，至今犹脍炙人口，皆是先得人心之所同然也。（《瓯北诗话》卷十一）

诗词表达的情感之所以动人，是因为这些情感"人人意中所有"，作者能"得人心之所同然"，即"人同此心、心同此理"，这是诗人和词人、评点者、读者能够相互理解的基础，基于此，评家对诗词美的感悟才能激起我们的感动。下面是从集评中摘选的评点，我们来看其中蕴含的对诗词美的感悟：

> 有吞吐宇宙之气象。（沈德潜评《观沧海》）
>
> 对酒当歌，有风云之气。（魏源评《短歌行》）
>
> "野火烧不尽，春风吹又生。"十字有化机。（李因培评《草》）
>
> 发端便欲涕落，后段一气奔注，笔不得过。（杨慎评《京口北固亭怀古》）
>
> 人皆知气象开展、音节宏亮为盛唐，不知盛唐中有如此淡瘦一种，却未尝不是高调。（刘宏煦、李德举评《回乡偶书》）
>
> 两"不见"，好眼！"念天地之悠悠"，好胸中！（钟惺评《登幽州台歌》）
>
> 急弦则响悲，促节则意苦，最近汉、魏。（李因笃评《石壕吏》）
>
> 昔人谓诗如参禅，如此等语，非妙悟者不能道。（唐汝询评《春晓》）
>
> 四语皆对，读去不嫌其排，骨高故也。（沈德潜评《登鹳雀楼》）

细秀袅娜，绝不一味纵笔，乃见烟波。（邢昉评《白雪歌送武判官归京》）

亦是禅偈而不甚露禅偈气。（纪昀评《题西林壁》）

语想俱刻，"夜夜心"三字，却下得深浑。（钟惺评《嫦娥》）

纯是天籁，仿佛唐人绝句。（王国维评《天净沙·秋思》）

杰出的作品源自诗人、词人"能感之、能写之"，诗词评点则显示评点者"能感之、能评之"。评家将"却未有人道过"的审美感受表达出来，基于"共情"的心理机制，引发我们的情感共鸣。况周颐在《惠风词话》中有云："读词之法，取前人名句意境绝佳者，将此意境缔构于吾想望中。然后澄思渺虑，以吾身入乎其中而涵泳玩索之。"诗词及其评点都是被我们在情感层面"玩索"的素材，二者相互激荡，更充分地激起我们面对诗词时的美感体验。

美感的核心是情感体验，上述评点中的"风云之气""细秀""袅娜""深浑"等都蕴含着评点者因诗词而引发的真挚情感，这种感受往往不是理性分析的结果——"批评家在理性上，不需获得正确抽象的美的能力，他要的是某种气质，有被美丽的事物深深感动的反应能力"[1]。因此，面对诗词评家的感悟，教师要重视学生的情感共鸣，将情感的激荡与体验作为诗词赏析的旨归。

从上述评点我们可以看到中国诗词典型而独特的审美模式——本书第一部分讲的"以悟应悟"。叶维廉在评价中国传统文学批评时说[2]：

中国传统的批评是属于"点悟"式的批评，以不破坏诗的"机心"为理想，在结构上，用"言简意繁"及"点到为止"去激起读者意识中诗的活动，使诗的意境重现，是一种近乎诗的结构。……不是浪费笔墨在"东家一笔大胆假设，西家一笔小心求证"的累积详举，那是种虽由作品出发而结果离作品本身的艺术性相去十万八千里的辩证批评……中国的批评，点到为止，而不喧宾夺主——如近代西洋批评那样欲取代作品而称霸的那种咄咄逼人的作风。

"点悟"——以"悟"的方式进行评点，这不仅显现了诗词的美，而且这种点评方式本身富含审美意味。明唐汝询评《春晓》说："昔人谓诗如参禅，如此等语，

---

① ［美］卫姆塞特，布鲁克斯：《西洋文学批评史》，颜元叔译，（台湾）志文出版社1982年版，第457页。

② 叶维廉：《中国诗学》，生活·读书·新知三联书店1992年版，第9页。

非妙悟者不能道。"明谢榛则说："诗有可解，不可解，不必解。"（《四溟诗话》）评点中的诸多审美感受都显现了"悟"的特征，是"悟"的结果。结合第一部分"意境与悟"的内容，教师要帮助学生感受评点"悟"的意味，引导学生理解、欣赏这种传统的诗词审美模式。

上述评点中评家用了诸如"宇宙之气象""风云之气""化机""气象""淡瘦""近汉、魏""骨高""细秀""烟波""深浑""天籁"等词汇，即显现了"悟"的意味。

需要指出的是，诗词之悟虽然是经验的、直觉的、非逻辑的，但它绝不是随意的、不可捉摸的。温儒敏指出，中国传统文学批评建立在文人彼此接近的思维习惯和审美趣味上[①]，评家的评点根植于中国传统审美背景的土壤中，评点用语在内涵和外延上具有相对稳定性，不同的评点者和读者对这些词汇的理解也应当有相对一致性。因此，我们必须熟悉评点的这种话语体系及其文化背景，才能理解和欣赏评点。例如，"气"在中国古典美学中有多重、多向的审美意涵，是诗词评点中经常会用到的概念，刘勰《文心雕龙》中的《风骨》篇、《养气》篇和《体性》篇有关"气"的论述就多达五十余条。[②]面对含有"气"的评点，我们要知道它在中国传统审美背景中有哪几种主要含义，结合具体的诗词理解评家用它表达怎样的心理感受，这样才能真正读懂评点并产生情感共鸣。

如同诗词创作假借自然以表达蕴藉之情，中国诗词的评点也常用比喻来表达只可意会不可言传的审美感受，这和禅宗的"绕路说禅"十分相似，同样源于"悟"的审美模式。例如，宋敖陶孙论诸名人诗："魏武帝如幽燕老将，气韵沉雄；曹子建如三河少年，风流自赏；鲍明远如饥鹰独出，奇矫无前；谢康乐如东海扬帆，风日流丽；陶彭泽如绛云在霄，舒卷自如；王右丞如秋水芙蓉，倚风自笑……"（《敖器之诗话》）南宋张炎评吴文英词："如七宝楼台，眩人眼目，碎拆下来，不成片段。"（《词源》）还有清吴瑞荣评王维诗："右丞七绝，飘逸处如释仙仗履，古藻处如轩昊衣冠。"（《唐诗笺要》）以下是从集评中摘录的诗词评点，都用非常形象的比喻表达对诗词的感悟：

[①]　温儒敏:《中国现代文学批评史》，北京大学出版社1993年版，第2—3页。

[②]　参见赵希斌:《追根溯源教语文——文本的背景分析》，华东师范大学出版社2017年版，第109—112页。

　　起笔如俊鹘破空疾下，……全篇若云鹏天马，一片神行。（俞陛云评《水调歌头·明月几时有》）

　　裂竹之声，何尝不潜气内转。（谭献评《水龙吟·登建康赏心亭》）

　　有如黄河东来，虽微遇波折，仍一泻千里。（陈匪石评《永遇乐·京口北固亭怀古》）

　　有如弹丸脱手，不独善写难状之景。（《唐宋诗醇》评《游山西村》）

　　这些评点语言华美，意象精妙，具有诗一般的悠远意境，具有很高的艺术性，给人带来无尽的美感。

　　总之，中国诗词评点是一种"直指人心"的方式，它直接传达和激发人们的感悟，其自身也颇富美感。普鲁斯特说："作家只有摆脱智力，才能在我们获得种种印象中将事物真正抓住。"[①] 这里说的"摆脱智力"，不是说不思考和信口开河，而是避免陷入唯理性分析的窠臼，就像漂泊多年的游子因为一餐饭而潸然泪下，他说"有妈妈的味道"，这就是最恰当、最深刻、最精微的感悟，无须再作解释。语文教学中，教师可以尝试用理性的言语对诗词点评进行分析，但比这更重要的是让学生熟悉、理解、欣赏这种基于"悟"的评点模式，从中充分获得有关诗词美的启发与感动。

创作技法

　　《庄子·养生主》中，庖丁"好者道也，进乎技矣"——他追求和实现的是"道"，展现和凭借的是"技"。诗词的美体现了"道"，而这样的美需要一定的技法才能实现。艺术是"有意味的形式"[②]，"意味"是诗词所蕴含的情意及其所激起的美感，"形式"则是"意味"的载体，诗词作者需要一定的技法，用精妙的形式将内心的情意进行概括、提萃、组合，形成多层多向、富有美感的"意味"，如诗人艾略特所说："创造一种形式并不是仅仅发明一种格式、一种韵律或节奏，而且也是与这种韵律或节奏相契合的内容的发觉。"[③] 因此，诗词之美与创作技法密切相关，诗

---

① ［法］普鲁斯特：《驳圣伯夫》，王道乾译，百花洲文艺出版社 1992 年版，序言第 1 页。

② 参见［英］克莱夫·贝尔：《艺术》，周金环、马钟元译，中国文联出版公司 1984 年版，第 4 页。

③ 转引自宗白华：《美学散步》，上海人民出版社 2005 年版，第 30 页。

词集评中有许多有关创作技法的评析，帮助我们通过理解诗词"何以美"而更知其美。例如：

三章只一意，特换韵耳。……古人作诗，多一意化为三叠，所谓一唱三叹，佳者多有余音。（方玉润评《蒹葭》）

"昔我往矣，杨柳依依；今我来思，雨雪霏霏。"以乐景写哀，以哀景写乐，倍增其哀乐。（王夫之评《采薇》）

"交语速装束……交广市鲑珍。"此皆似不紧要，有则方见古人作手，所谓没紧要处便是紧要处也。（谢榛评《孔雀东南飞》）

曲曲折折，絮絮叨叨，若连贯，若不连贯，纯是一片怜才意思。（吴淇评《短歌行》）

改男妆事，宜于此处顺便点清，今偏特地藏过，直至后幅返妆，突然反托出来，又足见叙事虚实互用之妙。（张玉毂评《木兰诗》）

不说我想他，却说他想我，加一倍凄凉。（张谦宜评《九月九日忆山东兄弟》）

"感时花溅泪，恨别鸟惊心"，"无风云出塞，不夜月临关"，是律句中加一倍写法。（施补华评《春望》）

义山"此日六军同驻马，当时七夕笑牵牛"，飞卿"回日楼台非甲帐，去时冠剑是丁年"，对句用逆挽法。诗中得此一联，便化板滞为跳脱。（沈德潜评《马嵬》）

五、六以"残夜"反挑"早"字，以"旧年"反挑"新"字，名"正意反挑法"。（黄生评《次北固山下》）

妙在一曰"黄鹤"，再曰"黄鹤"，三曰"黄鹤"，令读者不嫌其复，不觉其烦，不讶其无谓。尤妙在一曰"黄鹤"，再曰"黄鹤"，三曰"黄鹤"，而忽然接以"白云"，令读者不嫌其突，不觉其生，不讶其无端。此何故耶？由其气足以充之，神足以运之而已矣。（赵臣瑷评《黄鹤楼》）

作诗要有惊人句，语险，诗便惊人。如李贺"黑云压城城欲摧，甲光向日金鳞开"。（范梈评《雁门太守行》）

先写登楼，再写形胜，便嫌平衍，虽有名句，总是卑格。此诗首二句先切定鹳雀楼境界，后二句再写登楼，格力便高，后二句不言楼之如何高，而楼之

高已极尽形容，且于写景之外，更有未写之景在。（李瑛评《登鹳雀楼》）

这些评点非常精彩，深刻揭示出塑造诗词美的艺术技法，也蕴含着文学创作的一般规律，如"一意化为三迭"，"以乐景写哀，以哀景写乐，倍增其哀乐"，"没紧要处便是紧要处"等等。诗词之美是玄远处的宝藏，诗人、词人能探其之所在并将其呈现于世，使其绽放灿烂光芒，而这些有关创作技法的评点则一语道破诗词何以而美的玄机，让我们一窥作者之巧思及中国传统审美之玄妙。将这样的评点用作教学素材，有助于促进学生更接近诗词审美的核心。

炼字炼句

"诗要炼字，字者，眼也。"（元杨载《诗法家数》）中国古诗词于方寸间表现或极阔达或极精微的情意，生发玄远的意境之美，要求诗人、词人必须炼字炼句，尤其是其中的关键字和关键句——诗眼和警句。诗人、词人为了炼字炼句可谓煞费苦心，"吟安一个字，捻断数茎须"（卢延让《苦吟》），"两句三年得，一吟双泪流"（贾岛《题诗后》），"为人性僻耽佳句，语不惊人死不休"（杜甫《江上值水如海势聊短述》）。同时，炼字炼句也会给人以极大的审美愉悦，如况周颐说："忽然得至隽之字，或因一字改一句，因此句改彼句，忽然得绝警之句。此时曼声微吟，拍案而起，其乐何如。虽剥珉出璞，选薏得珠，不逮也。"（《蕙风词话》）我们希望学生也能通过集评欣赏炼字炼句的妙处，进而生发这样的大快乐。

教师可有意识地收集有关炼字炼句的故事，让学生体会炼字炼句之妙。如"推敲之辨"自是经典的炼字佳话。还有唐代诗人任蕃在台州寺壁上题有"前峰月照一江水，僧在翠微开竹房"之句，在他离去走了数十里后，觉得应把"一"改成"半"，马上赶回台州寺来修改，却见壁上已有人将"一江水"改成"半江水"了。再有，相传苏东坡一次与苏小妹、黄山谷一起论诗，小妹要苏东坡在"轻风细柳"和"淡月梅花"中各加一字。苏东坡当即道："轻风摇细柳，淡月映梅花。"苏小妹摇头，评之为"下品"。苏东坡又说："轻风舞细柳，淡月隐梅花。"苏小妹笑道："好是好了，但仍不属'上品'。"一旁的黄山谷忍不住问："依小妹高见呢？"苏小妹吟道："轻风扶细柳，淡月失梅花。"苏东坡、黄山谷连连称妙。这些典故结合评点中对诗词关键字句的评析，可以让学生充分领略炼字炼句"点铁成金"的审美效果。以下是集评中部分炼字炼句的评点：

"在"字上加一"宛"字，遂觉点睛欲飞，入神之笔。（姚际恒评《蒹葭》）

"采菊东篱下，悠然见南山。"因采菊而见山，境与意会，次句最有妙处。近岁俗本皆作"望南山"，则此一篇神气都索然矣。（苏轼评《饮酒（其五）》）

"直"字、"圆"字，炼到无痕迹处，可以为妙悟也。（潘德舆评《使至塞上》）

"知多少"，正是"不觉晓"妙处。（王遽评《春晓》）

因疑则望，因望则思，并无他念，真"静夜思"也。（徐增评《静夜思》）

"下扬州"着以"烟花三月"，顿为送别添毫。"孤帆远映"句，以目送之，"尽"字妙。"唯见"句再托一笔。（黄叔灿评《黄鹤楼送孟浩然之广陵》）

"齐鲁青未了"五字雄盖一世，"青未了"语好，"夫如何"跌荡，非凑句也。（刘辰翁评《望岳》）

"声沉欲语迟"，"沉"字细，若作"停"字便浅，"欲语迟"，形容妙绝。"未成曲调先有情"，"先有情"三字，一篇大机括。（唐汝询评《琵琶行》）

五、六句"古道""荒城"，言草所丛生之地；"远芳""晴翠"，写草之状态，而以"侵"字"接"字绘其虚神，善于体物，琢句尤工。（俞陛云评《草》）

"认"字妙，怀古深情，一字传出。下二句翻案，从"认"字中生出。（黄叔灿评《赤壁》）

（三、四句）工而易拟，（五、六句）淡而难求。（顾璘评《次北固山下》）

"古人一倍笔墨便写出十倍精采"（王谦《碛砂唐诗》），从上述这些评点我们确实可以看到炼字炼句的效果——"十倍精采"。对于炼字炼句的评点，不要只记住结论，即某字某句写得好，重要的是真正理解和感受其表情达意的效果。

清沈德潜说："古人不废炼字法，然以意胜而不以字胜，故能平字见奇，常字见险，陈字见新，朴字见色。"（《说诗晬语》）可见，通过炼字炼句表达更准确、深刻、细微的情感，这是诗人、词人炼字炼句的出发点和落脚点。

王国维说："'红杏枝头春意闹'，著一'闹'字而境界全出；'云破月来花弄影'，著一'弄'字而境界全出矣。"（《人间词话》）这即是胡仔所说"诗句以一字为工，自然颖异不凡，如灵丹一粒，点铁成金也"（《苕溪渔隐丛话》）。教师可以让学生辨析，用了"闹""弄"之后的诗句为何"境界全出"，换成别的字效果会怎样，通过比较不同字句的表情效果，分辨何为"铁"、何为"金"，感受因字词的改变而发生的"点铁成金"的效果，这无疑是提高学生审美品位的非常好的机会。

三、诗词关联与对比

多个文本的关联对比是提高文本解读质量的关键，叶嘉莹强调她在讲授诗词作品时，非常重视作品之间的关联对比[①]：

> 我在讲授每一家的作品之际，于叙述其个别的风格特色之时，也同时都兼顾了他们在纵向与横向之间的影响和关系，即如冯延巳对于晏殊及欧阳修之影响，以及三家词之异同；柳永词在内容与形式两方面的拓展，及其对苏轼与周邦彦之影响；苏词对辛弃疾的影响，以及苏、辛二家词之异同；周邦彦对南宋之姜夔及吴文英诸人之影响，以及周、姜、吴三家词之异同；王沂孙咏物词之特色，及其在整个咏物之传统中的地位。

法泰尔用互文性来定义文学性，他认为只有经得起互文阅读的文本才称得上是文学，或凡是文学作品都要求互文阅读。[②] 本书"附录"的集评中，有大量评点对诗词进行关联比较，这是集评最有启发性的部分。例如清王士禛评《武陵春》："'载不动、许多愁'与'载取暮愁归去''只载一船离恨向西州'正可互观。'八桨别离船，驾起一天烦恼'不免迳露矣。"还有唐圭璋评纳兰性德的《长相思·山一程》："《花间》有句云'红纱一点灯'，此言'夜深千帐灯'，境界一大一小，然各极其妙。"这样的关联对比充分体现了诗词评家的功力，使得诗词的历史脉络、内涵、意义凸显出来，诗词的特点和价值变得清晰。这样的关联比较对教学的价值是什么？我们来看张中行列举的三组评家对苏轼词的评价[③]：

> 陆放翁云：东坡词歌终，觉天风海雨逼人。胡致堂云：词曲至东坡，一洗绮罗香泽之态，摆脱绸缪宛转之度，使人登高望远，举首高歌，逸怀浩气，超

---

① 叶嘉莹：《迦陵文集（九）》，河北教育出版社 1997 年版，自序第 9 页。
② 转引自秦海鹰：《互文性理论的缘起与流变》，《外国文学评论》2004 年第 3 期。
③ 《张中行作品集（第一卷）》，中国社会科学出版社 1995 年版，第 344–345 页。

脱尘垢，于是《花间》为皂隶而耆卿为舆台矣。

晁无咎云：东坡词，人谓多不谐音律，然横放杰出，自是曲子内缚不住者。《吹剑续录》云：东坡有幕士善歌，因问"我词何如柳七？"对曰："柳郎中词，只好十七八女孩儿按红牙拍，唱'杨柳岸晓风残月'；学士词须关西大汉执铁绰板，弹铜琵琶，唱'大江东去'。"公为之绝倒。

李易安词论：至晏丞相、欧阳永叔、苏子瞻，学际天人，作为小歌词，直如酌蠡水于大海，然皆句读不葺之诗耳。陈无己云：东坡以诗为词，如教坊雷大使之舞，虽极天下之工，要非本色。

张中行指出："这三组评点，第一组说好，第二组说有短有长，第三组说不好。碰到这种情况，我们要多琢磨琢磨，虽然未必能够解决争执，却可以顺着前人的思路走一过，这对于磨练眼光是大有好处的。"确实，评点中对诗词的关联比较给我们提供了"磨练眼光"的机会，为诗词赏析提供了非常丰富的视角和素材，值得在教学中好好加以利用。集评中对诗词的关联对比主要体现在四个方面：最佳认定、风格比较、沿波讨源、见仁见智。

最佳认定

王士禛在《带经堂诗话》中说：

七言（绝）……昔李沧溟推"秦时明月汉时关"一首压卷，余以为未允。必求压卷，则王维之《渭城》、李白之《白帝》、王昌龄之"奉帚平明"、王之涣之"黄河远上"，其庶几乎！而终唐之世，绝句亦无出四章之右者矣。

在评点中，评家称某些诗词"最佳""为……之冠""在……之上""××之祖"等等，用以阐明诗词的地位和价值。例如：

谢公因子弟集聚，问："毛诗何句最佳？"遏称曰："昔我往矣，杨柳依依；今我来思，雨雪霏霏。"（《世说新语·文学》评《采薇》）

唐人别诗，此为绝唱。（敖英评《送元二使安西》）

送别诗之祖，情意悠渺，可想不可说。（陈继儒评《黄鹤楼送孟浩然之广陵》）

为一时乐府之冠。（王世贞评《敕勒歌》）

古来长诗，此为第一，而读去不觉其长者，结构严密也。（张玉毂评《孔雀东南飞》）

唐人七言律诗，当以崔颢《黄鹤楼》为第一。（严羽评《黄鹤楼》）

唐人五言四句，除柳子厚"钓雪"一首外，极少佳者。（范晞文评《江雪》）

多少西湖诗被二语扫尽，何处着一毫脂粉色。（查慎行评《饮湖上初晴后雨·水光潋滟晴方好》）

中秋词，自东坡《水调歌头》一出，余词尽废。（胡仔评《水调歌头·明月几时有》）

杜公七言律，当以《秋兴》为裘领。（黄生评《秋兴》）

纳兰容若以自然之眼观物，以自然之舌言情。此由初入中原，未染汉人风气，故能真切如此。北宋以来，一人而已。（王国维评《长相思·山一程》）

辛稼轩词，慷慨豪放，一时无两，为词家别调。（李佳评《水龙吟·登建康赏心亭》）

余论古今雪诗，唯羊孚一赞及陶渊明"倾耳无希声，在目皓已洁"及祖咏"终南阴岭秀"一篇，右丞"洒空深巷静，积素广庭闲"、韦左司"门对寒流雪满山"句最佳。若柳子厚"千山鸟飞绝"，已不免俗。（王士禛评《江雪》）

这些评点以多种方式认定"最佳作品"，冠以同时代乃至有史以来最佳之名，包括叹服在某个方面写得最好，称誉在某种风格上最为独特，赞扬某句写得卓尔不群等。

需要指出的是，这些"诗词之最"的结论往往颇具争议，自古以来就有诸如"李白和杜甫谁的诗更好""最好的七言是哪一首"等争论，而且不会出现所有人皆信服的终极结论，这就好像各机构给大学的排名因评价指标和权重不同而有差异，评家对"最佳"的认定也有各自不同的理由。因此，"诗词之最"的结论不重要，重要的是理解评家认定"最佳"的理由，这恰恰为我们提供了从哪些方面赏析诗词的参考。此外，各机构的大学排名虽然有差异，但好坏颠倒的情况极少，同样，被评家评为"最好"的作品，往往确有过人之处，值得我们给予关注并品味其美在何处。

风格比较

如果请一个外国人看京剧，问其希望看哪一派的表演，他会不明就里，因为他还没有对京剧流派、风格的审美需求。没有风格的戏剧不是一流的戏剧，没有风格的文学也不是一流的文学，就像"没有剑的剑鞘，空空如也的漂亮箱子"①。总的来说，风格是一种水平和境界，是作家、艺术家在创作中所表现出来的艺术特色和创作个性。杜甫自评其诗"沉郁顿挫"，王安石评李白诗"豪放飘逸"，苏轼评孟郊、贾岛"郊寒岛瘦"；谈唐诗总要提及韩愈雄肆艰险、白居易明爽晓畅、杜牧俊逸、李贺凄艳、李商隐绮丽；论宋词不能不辨苏轼清旷放逸、秦观委婉清丽、辛弃疾雄健清壮、姜夔清空雅洁……这些都是对作者及其作品风格的认识。

从作者的角度，风格是作家的名片；从作品的角度，风格是各要素完美整合的结果；从欣赏的角度，风格是审美的最高层次。胡应麟在《诗薮》中说："靖节清而远，康乐清而丽，曲江清而澹，浩然清而旷，常建清而僻，王维清而秀，储光羲清而适，韦应物清而润，柳子厚清而峭，徐昌穀清而朗，高子业清而婉。"通过风格对比，品出了"清"这么多的滋味，形成极为细腻的审美体验。

集评中有许多诗词风格的比较，将此作为教学素材，对学生感知并欣赏诗词的风格很有意义，下面是一些例子：

> 《诗·蒹葭》一篇，最得风人深致。晏同叔之"昨夜西风凋碧树。独上高楼，望尽天涯路"意颇近之。但一洒落，一悲壮耳。（王国维评《蒹葭》）

> 陶诗胸次浩然，其中有一段渊深朴茂不可到处。唐人祖述者，王右丞有其清腴，孟山人有其闲远，储太祝有其朴实，韦左司有其冲和，柳仪曹有其峻洁，皆学焉而得其性之所近。（沈德潜评《归园田居（其一）》）

> 太白纵作失意之声，亦必气概轩昂，若杜子则不然。（应时评《行路难》）

> "山随平野尽，江入大荒流"，太白壮语也；杜"星垂平野阔，月涌大江流"，骨力过之。（胡应麟评《渡荆门送别》）

> 崔诗赋体多，沈诗比兴多，以画法论之，沈诗披麻皴，崔诗大斧劈皴也。（杨慎评《黄鹤楼》）

---

① ［俄］别林斯基：《别林斯基论文学》，梁真译，新文艺出版社 1958 年版，第 150 页。

《续古诗》："何意掌上玉，化为眼中砂……晴沙金屑色，春水曲尘波"，自是晚唐色相；至《古原草》诗："野火烧不尽，春风吹又生"，几希初唐乎？（冯时可评《草》）

词有与古诗同义者，（略）"琼楼玉宇"，《天问》之遗也。（刘体仁评《水调歌头·明月几时有》）

感激豪宕，苏辛并峙千古，然忠爱恻怛，苏胜于辛，而淋漓怨壮，顿挫盘郁，则稼轩独步千古矣。稼轩词魄力雄大，如惊雷怒涛，骇人耳目，天地钜观也，后惟迦陵有此笔力，而郁处不及。（陈廷焯评《破阵子·为陈同甫赋壮词以寄之》）

稼轩纵横豪宕，而笔笔能留，字字有脉络如此；学者苟能于此求，则清真、稼轩、梦窗，三家实一家，若徒视为真率，则失此贤矣！清真、稼轩、梦窗，各有神采；清真出于韦端己，梦窗出于温飞卿，稼轩出于南唐李主，莫不有一己之性清境地，而平平辙迹，则殊途同归。（陈洵评《水龙吟·登建康赏心亭》）

"中天悬明月""大漠孤烟直""长河落日圆"，此中境界，可谓千古壮语，求之于词，唯纳兰性德塞上之作，如《长相思》之"夜深千帐灯"，《如梦令》之"万帐守庐人醉，星影摇摇欲坠"差近之。（王国维评《长相思·山一程》）

通过这些对作品风格的关联比较，我们能够更深刻地理解诗词的与众不同及其美的意蕴。黄庭坚说："随人作计终后人，自成一家始逼真。"（《以右军书数种赠丘十四》）杨万里说："传宗传派我替羞，作家各自一风流。"（《跋徐恭仲省干近诗》之三）形成独特的风格是每一个诗人、词人的追求，意味着其掌握了独特而精妙的方式——就像武林中的独门绝技——能够更精微、更深刻地表现艺术对象的本质，这当然值得我们在欣赏诗词时仔细体会。

诗词风格的体认是最上位的审美，评家往往以高度抽象的语言表达其审美感悟，如"清腴""闲远""朴实""冲和""峻洁"等等。我们应从这些概念中抓住审美的关键——情感体验，教师要帮助学生"回到"诗词中，理解这些概念表征了怎样的情感，并且在"人同此心"的基础上鼓励学生产生真挚的情感共鸣。如上述评点中"太白纵作失意之声，亦必气概轩昂，若杜子则不然"，太白的"失意之声"如何轩昂？杜子的"失意之声"又是怎样的"相较不然"？这样的评点蕴含怎样的情感体验，其心理感受是怎样的？只有生发真挚的情感共鸣，才能真正理解评家的评点，也才能真正体认和欣赏诗词的风格。

沿波讨源

任何一首诗词都不是孤立的存在——于纵向有发生发展的脉络，于横向与其他诗词存在关联。文本互证（intertextuality）理论指出："任何文本都不可分离地与其他文本相互交织关联——不论是通过明显的或隐秘的援引和用典，或是通过对于以前的从形式到内容特征的化用，或是简单地通过不可避免地运用我们诞生其中的语言和文学惯例。"[①] 这不是西方独有的理论，我国古代文论中的"夺胎换骨说"[②] 本质上就在谈文本之间的关联。通过沿波讨源，我们了解了诗词的来龙去脉，这对于诗词赏析无疑非常重要。

我们来看蔡中民以沿波讨源的方法评温庭筠的《望江南》[③]：

> 这首小令清丽可人，后人袭用其意的甚多，如常为人乐道的"尽日目断魂飞，晚窗斜界残晖"（孙光宪《清平乐》），"想佳人妆楼颙望，误几回，天际识归舟"（柳永《八声甘州》）。另外，《花间集》中还有几首值得拈出。如韦庄"桃花春水渌，水上鸳鸯浴。凝恨对残晖，忆君君不知"（《菩萨蛮》），孙光宪"独倚朱栏情不极，魂断终朝相忆。两桨不知消息，远汀时起鹧鸪"（《河渎神》）。仔细品味，都实从温词出。只不过二人不愧是花间大家，深得出蓝之法而已。宋人词中也有例子，如寇准《江南春》："斜阳杏花飞。江南春尽离肠断，蘋满汀洲人未归。"周邦彦《菩萨蛮》："银河宛转三千曲，浴凫飞鹭澄波绿。何处是归舟？夕阳江上楼。"都与温词意境有些关系，反过来，也可助读温词。

这样的关联比较就是典型的沿波讨源，非常好地实现了"助读"的功能，有效地扩展了读者的眼界，使其更好地理解诗词作品。下面是集评中的一些例子，以沿波讨源的方式呈现了诗词的渊源及它们之间的关联：

---

① M.H.Abrams: *A Glossary of Literary Terms*, Harcourt Brace Jovanovich College Publishers, 1993, p.285.

② 有关"夺胎换骨说"，参见赵希斌:《追根溯源教语文——文本的背景分析》，华东师范大学出版社2017年版，第150页。

③ 傅庚生、傅光编:《百家唐宋词新话》，四川文艺出版社1989年版，第5页。

魏武帝乐府："东临碣石，……若出其里。"其辞亦有本。相如《上林》云："视之无端，察之无涯。日出东招，月生西陵。"马融《广成》云："天地涸洞，因无端涯。大明出东，月生西陂。"扬雄《校猎》云："出入日月，天与地沓。"然觉扬语奇，武帝语壮。又"月生西陵"语有何致，而马融复袭之？（王世贞评《观沧海》）

卢象《还家》诗云："小弟更孩幼，归来不相识。"贺知章云："儿童相见不相识，笑问客从何处来。"语益换而益佳，善脱胎者宜参之。近时严坦叔《还家》诗亦有"旧时巷陌浑忘记，却问新移来住人"，颇得知章之遗意。（范晞文评《回乡偶书》）

曹植《怨诗》："愿作东北风，吹我入君怀。"又齐澣《长门怨》："将心寄明月，流影入君怀。"而白诗兼裁其意，撰成奇语。（敖英评《闻王昌龄左迁龙标遥有此寄》）

《垓下歌》正不必以"虞兮"为嫌，悲壮呜咽，与《大风》各自描写帝王兴衰气象。千载而下，惟曹公"山不厌高""老骥伏枥"，司马仲达"天地开辟""日月重光"语，差可嗣响。（王世贞评《垓下歌》）

子美《九日蓝田崔氏庄》云："明年此会知谁健，醉把茱萸仔细看。"王摩诘《九日忆山东兄弟》云："遥知兄弟登高处，遍插茱萸少一人。"朱放《九日与杨凝崔淑期登江上山会有故不得往因赠之》云："那得更将头上发，学他年少插茱萸？"此三人，类各有所感而作，用事则一，命意不同。（胡仔评《九月九日忆山东兄弟》）

诗中有翻案法。如吕衡州《刘郎浦》诗："谁将一女轻天下，欲换刘郎鼎峙心？"杜紫薇《赤壁》诗："东风不与周郎便，铜雀春深锁二乔。"张文定《歌风台》诗："淮阴反接英彭族，更欲多求猛士为？"郑毅夫《蠡湖口》诗："若论破吴功第一，黄金只合铸西施。"禅宗所谓"杀活自由"，兵法所谓"致人而不致于人"也。拈此四则，以例其余。（宋长白评《赤壁》）

唐人诗如"马上相逢无纸笔，凭君传语报平安"仅传口语，亦慰情胜无也。"陇山鹦鹉能言语，为报家人数寄书"，盼书之切托诸幻想也。明人诗"万里山河经百战，十年重到故人书"，乱后得书，悲喜交集也。近人诗"药债未完官税逼，封题空自报平安"，得家书而只益乡愁也。"忽漫一盏临眼底，丙寅

三月十三封"，检遗札而追念故交也。"闻得乡音惊坐起，渔灯分火写平安"，远客孤舟，喜寄书得便也。（俞陛云评《秋思》）

（颔联）这种景象前人也描摹过，例如王维《蓝田山石精舍》："遥爱云木秀，初疑路不过；安知清流转，忽与前山通"；柳宗元《袁家渴记》："舟行若穷，忽又无际"；卢纶《送吉中孚归楚州》："暗入无路山，心知有花处"；耿湋《仙山行》："花落寻无径，鸡鸣觉有村"；……还有前面选的王安石《江上》："青山缭绕疑无路，忽见千帆隐映来"。不过要到陆游这联才把它写得"题无剩义"。（钱钟书评《游山西村》）

东坡《水调歌头》"我欲乘风归去，只恐琼楼玉宇，高处不胜寒。起舞弄清影，何似在人间？"一时词手，多用此格。如鲁直云："我欲穿花寻路，直入白云深处，浩气展虹霓。只恐花深里，红露湿人衣。"盖效坡语也。近世闲闲老人亦云："我欲骑鲸归去，只恐神仙官府，嫌我醉时真。笑拍群仙手，几度梦中身。"（李冶评《水调歌头·明月几时有》）

黄庭坚说"诗意无穷而人才有限"（释惠洪《冷斋夜话》），绝大部分诗词作品不可能在主题、内容、手法上完全独创，而往往是对他人作品"夺胎换骨"的结果，是谓"古人作诗，皆有所本，而脱化无穷，非蹈袭也"（田雯《古欢堂杂著》）。任何一个优秀的诗人、词人，一定都会广泛、深入研读前人作品，当他提笔写作时，这些作品必然会对其产生影响，这即是文本互证理论所说的"不可分离地与其他文本相互交织关联"。从评点中，我们可以看到"语益换而益佳""深得出蓝之法"的评价，这为我们提供了体会诗词创作之美的好素材。

此外，有关诗词沿波讨源的评点有助于我们更深刻地理解作品的主题和写作手法——如果一个主题被反复叙写，说明它关乎人类永远关切的重大命题，从而具有母题的性质；同样，如果某种写作技法被反复化用，说明这样的技法表情效果好、效率高，值得被多个优秀的作家反复征用，这样的主题及写作技法在教学中无疑应给予高度关注。

见仁见智

评家对某些诗词作品的思想内涵、艺术技巧没有统一认识，存在不同乃至相反的看法不仅是正常的，更是可贵的。由于经验、偏好、价值观等方面的差异，诗词赏析不可能存在统一理解；引起争论的内容往往是诗词赏析的肯綮，为诗词赏析提供了重要的视角。

以李清照的《声声慢》为例，其中的十四叠字是颇具艺术意味的写作手法，大部分评家对其艺术效果赞赏有加，但也有相反的看法，如陈廷焯认为此手法"不过奇笔耳，并非高调"，"不过造语奇隽耳，词境深浅，殊不在此。执是以论词，不免魔障"。十四叠字相当程度上决定了《声声慢》的艺术价值，在此关键处的争论对深入理解这首词无疑非常重要。下面是集评中有关诗词审美见仁见智的例子：

> 白乐天"枫叶荻花秋瑟瑟"，此句绝妙。枫叶红，荻花白，映秋色碧也。瑟瑟，珍宝名，其色碧，故以"瑟瑟"影指"碧"字。读者草草，不知其解也。今以问人，辄答曰："瑟瑟者，萧瑟也。"此解非是。何以证之？乐天又有《暮江曲》云："一道残阳照（铺）水中，半江瑟瑟半江红。"此"瑟瑟"岂萧瑟哉！正言残阳照江，半红半碧耳。（杨慎评《琵琶行》）

> 《博雅》："瑟瑟，碧珠也。"《杜阳杂编》："有瑟瑟幕，其色轻明虚薄，无与为比。"《唐语林》："卢昂有瑟瑟枕，宪宗估其值曰：'至宝无价。'"《水经注》："水木明瑟。"韦庄诗："留得溪头瑟瑟波，泼成纸上猩猩色。"据此，则升庵之说益信。盖乐天诗言色，公干诗言声，用意各别，安得强证为"萧瑟"之"瑟"也！若卢照邻"风横天而瑟瑟，云覆海而沉沉"，乃与公干同意。（吴景旭评《琵琶行》）

> 白氏此处的"瑟瑟"，绝不能解作碧色。因这一句的前一句是"夜送客"。夜间月下，能分清什么红色碧色呢？张若虚《春江花月夜》："月照花林皆似霰。"月照下各种颜色的花林，全像霰一样的白色了，因为月下不可能辨别颜色呀，王弇州尝讥升庵"求之宇宙之外，而失之耳目之前"，这便是一例。这里的"瑟瑟"句，该解为秋天枫叶荻花因夜风而响的声音。"秋"既点明出季节，更主要的是表现作者当时的情绪，奠定着全篇的气氛……作者送别友人，所以心情是萧瑟的，枫叶荻花发出来的"瑟瑟"之声，作者听来是有萧瑟意味的。（靳极苍评《琵琶行》）

从这些例子可以看到，关于诗词的争论主要包括两个方面：一是对诗词总体优劣的争论，二是对诗词用字的探讨。诗词用字的探讨值得关注——如"白云生处有人家"中的"生""深"之辨。因为诗词流传过程中或由于错讹，或由于后人改动而出现不同的用字，甚至有时会出现后人的改动胜过原作的情况，如杨慎所说："诗文有作者未工而后人改定者胜，如此类多有之。使作者复生，亦必心服也。"(《升庵诗话·古诗文宜改定字》)评家关于用字的争论是很好的素材，可供学生进行辨析，促使其更深刻地理解诗词的用字之妙。

综上，我们在这部分以集评中的部分内容为例，分析了集评的主要内容和价值，对如何将其应用于诗词教学提出了建议。历代诗词评点可以帮助我们在关联对比的基础上澄清诗词的内涵，更好地欣赏与感悟诗词之美。中国古诗词评点"以悟应悟"，这使得它不仅能提供诗词赏析的参考，而且其本身就有文艺之美，从而引发我们深切的感动与共鸣。

附　录

中小学古诗词集评

先 秦

◎ 诗经

《关雎》

【春秋】孔子：《关雎》乐而不淫，哀而不伤。(《论语·八佾》)

……师挚之始，《关雎》之乱，洋洋乎盈耳哉。(《论语·泰伯》)

【西汉】陆贾：《鹿鸣》以仁求其群，《关雎》以义鸣其雄。(《新语·道基》)

【西汉】司马迁：周道缺，诗人本之衽席，《关雎》作。(《史记·十二诸侯年表》)

【西汉】毛亨、毛苌：《关雎》，后妃之德也，风之始也。……乐得淑女，以配君子，忧在进贤，不淫其色。哀窈窕，思贤才，而无伤善之心焉。是《关雎》之义也。(《毛诗序》)

【东汉】郑玄：国者，总谓十五国；风者，诸侯之诗。从"关雎"至"驺虞"二十五篇，谓之正风。(《毛诗笺》)

【唐】孔颖达：此诗之作，主美后妃进贤，思贤才，谓思贤才之善女也。(《毛诗正义》)

【宋】朱熹：孔子说"《关雎》乐而不淫，哀而不伤"。愚谓此言为此诗者，得其性情之正，声气之和也。盖德如雎鸠，挚而有别，则后妃性情之正，固可以见其一端也。至于寤寐反侧，琴瑟钟鼓，极其哀乐而皆不过其责焉。则诗人性情之正，又可以见其全体也。独其声气之和，有不可得而闻者，虽若可恨，然学者姑即其辞而玩其理以养心焉，则亦可以得之学诗之本矣。匡衡曰："妃匹之际，生民之始，万福之源。婚姻之礼乱，然后品物遂天命全。孔子论诗以《关雎》为始，言大上者民之父母，后夫人之行，不侔乎天地，则无以奉神灵之统而理万物之宜。自上世以来，三代兴废，未有不由此者。"(《诗集传》)

【清】方玉润：《小序》以为"后妃之德"。《集传》又谓宫人之"咏太姒，文王"，皆无确证。诗中皆无一语及宫闱，况文王、太姒耶？窃谓风者，皆采自民间者也，若君妃，则以颂体为宜。此诗盖周邑之咏初婚者，故以为房中乐，用之乡人，用之邦国，而无不宜焉。然非文王、太姒之德之盛，有以化民成俗，使之咸归于正，则民间之谣亦何得此中正和平之音也？圣人取之，以冠三百篇首，非独以其为夫妇之始，可以风天下厚人伦也，盖将见周家发祥之兆，未尝不自宫闱始耳。故读是诗者，以为咏文王、太姒也可，即以为文王、太姒之德化及民，而因以成此翔洽之风也，亦无不可，又何必定考其为谁氏作与？（《诗经原始》）

【清】姚际恒：《小序》谓"后妃之德"，《大序》曰："乐得淑女以配君子，忧在进贤，不淫其色。哀窈窕，思贤才，而无伤善之心焉。"因"德"字衍为此说，则是以为后妃之咏，以淑女指妾媵。其不可通者四。雎鸠雌雄和鸣，有夫妇之象，故托以起兴。今以妾媵为与君和鸣，不可通一也。"淑女""君子"的妙对，今以妾媵与君对，不可通二也。"述""仇"同，繁殖为匹，今以妾媵与君匹，不可通三也。《常棣》篇曰："妻子好和，如鼓琴瑟。"今云"琴瑟友"，正是夫妇之意。若以妾媵为与君琴瑟友则僭乱，以后妃为与妾媵琴瑟友，未闻后与妾媵可以琴瑟友喻者，不可通四也。夫妇人不妒则亦已矣，岂有以己之坤位甘逊他人而后谓之不妒乎？此迂而不近情之论也。（《诗经通论》）

【清】马瑞辰：《序》以《关雎》为后妃之德，而下云"所以风天下而正夫妇"，正谓诗所称淑女为后妃，非谓后妃求贤也。首章毛传曰："后妃说乐君子之德无不和谐，又不淫其色，慎固幽深，若关雎之有别焉。"又言："后妃有关雎之德，是幽闲贞静之善女，宜为君子之好匹。"皆以淑女指后妃。二章传云："后妃有关雎之德，乃能供荇菜，备庶物，以事宗庙。"三章云："德盛者宜有钟鼓之乐。"亦谓后妃德盛耳，未尝有后妃求贤之说也。后妃求贤之说，始于《郑笺》误会《诗序》"忧在进贤"一语为后妃求贤。不知《序》所谓进贤，亦进后妃之贤耳。孔《疏》不寤《序》及《毛传》与《笺》异议，概以后妃求贤释之，误矣。（《毛诗传笺通释》）

【今】胡适：《关雎》完全是一首求爱诗，他求之不得，便寤寐思服，辗转反侧，这是描写他的相思苦情。他用了种种勾引女子的手段，友以琴瑟，乐以钟鼓，这完全是初民时代的社会风气，并没有什么稀奇。意大利、西班牙有几个地方至今男子在女子的窗下弹琴唱歌，取欢于女子，至今中国的苗民还保持着这种风俗。（《谈谈诗经》）

【今】陈子展：此诗或出自风谣，而未必为歌咏一般男女恋爱之诗也。当视为才子佳人风怀作品之权舆。（《诗经直解》卷一）

【今】郑振铎：《关雎》里有"琴瑟友之""钟鼓乐之"，明是结婚时的歌曲。（《郑振铎全集》第七卷）

【今】陆侃如：《关雎》与《野有死麕》都是为男子的求婚的，一以音乐歆动她，一以礼物媚她（胡适之师说南欧常以音乐做求婚的工具，可证《关雎》非结婚诗，我想我国司马相如的故事，也可助证）。（《中国诗史》）

《蒹葭》

【西汉】毛亨、毛苌：《蒹葭》，刺襄公也。未能用周礼，将无以固其国焉。（《毛诗序》）

【宋】朱熹：言秋水方盛之时，所谓彼人者，乃在水之一方，上下求之而皆不可得。然不知其何所指也。（《诗集传》）

【明】戴君恩："溯洄""溯游"，既无其事；"在水一方"，亦无其人。诗人盖感时抚景，忽焉有怀，而托言一方，以写其牢骚悒郁之意。宋玉赋："廓落兮羁旅而无友生"，"惆怅而私自怜"，即此意也。婉转数言，烟波万里。《秋兴赋》《山鬼》伎俩耳。（《读风臆评》）

【明】钟惺：《秦风》"所谓伊人"六句，意象缥缈极矣。异人异境，使人欲仙。（《批点诗经》）

【明】谢榛："三百篇"已有声律，若"蒹葭苍苍，白露为霜"，暨《离骚》"洞庭波兮木叶下"之类渐多。六朝以来，黄钟瓦缶，审音者自能辨之。（《四溟诗话》卷二）

【清】方玉润：三章只一意，特换韵耳。其时首章已成绝唱……古人作诗，多一意化为三叠，所谓一唱三叹，佳者多有余音。此则兴尽首章，不可不知也。此诗在《秦风》中，气味绝不相类。以好战乐斗之邦，忽遇高超远举之作，可谓鹤立鸡群，翛然自异者矣。（《诗经原始》）

……玩其词虽若可望不可即，味其意，实求之而不远，思之而即至者。特无心以求之，则其人偶乎远矣。（《诗经原始》）

【清】王照圆：《蒹葭》一篇最好之诗，却解作刺襄公不用周礼等语，此前儒之陋，而《小序》误之也。（《诗说》）

【清】牛运震：只两字写得秋光满目，抵一篇《悲秋赋》。"苍苍"字盖画……《蒹葭》，《国风》第一篇飘渺文字。极缠绵，极惝恍。纯是情，不是景；纯是窈远，不是悲壮。感慨情深，在悲愁怀人之处，可思不可言，萧疏旷远，情趣绝佳。（《诗志》）

【清】姚际恒：此自是贤人隐居水滨，而人慕而思见之诗。……"在"字上加一"宛"字，遂觉点睛欲飞，入神之笔。（《诗经通论》）

【近】崔述：蒹葭，亦好贤诗也。……平王东迁，地没于戎，秦虽得而有之，而所听信者寺人，而经营者甲兵，征战而不复以崇礼乐、敦教化为务。人材风俗于是大变，然以地为周之旧也，故犹有守道之君子，能服习先王之教者，见其政变于上，俗移于下，是以深自韬晦，入山惟恐不深。诗人虽知其贤，而亦知其不适于当世之用，是以反复叹美而不胜其惋惜之情。（《读风偶识》）

【近】王国维：《诗·蒹葭》一篇，最得风人深致。晏同叔之"昨夜西风凋碧树。独上高楼，望尽天涯路"意颇近之。但一洒落，一悲壮耳。（《人间词话》）

【近】王闿运：写情入物而苍凉凄动，如"洞庭秋波"之句，千古伤心之祖。（《湘绮楼说诗》卷八）

【今】钱钟书：企慕情境。（《管锥编》）

【今】朱东润：本篇抒写怀人之情，在艺术上达到了情景交融的境地。但其所追求的对象为谁，迄今无定论。（《中国历代文学作品选》）

【今】袁梅：一个痴情的青年，正热烈追求着心爱的姑娘，想去找她，却难找到。徘徊往复，神魂颠倒。伊人宛在，觅之无踪，似有若无。然而，此景此情，并不使人感到虚幻。本诗委婉有致。（《诗经译注》）

《氓》

【西汉】毛亨、毛苌：《氓》，刺时也。宣公之时，礼义消亡，淫风大行。男女无别，遂相奔诱，华落色衰，复相弃背，或乃困而自悔，丧其妃耦，故序其事以风焉。美反正，刺淫泆也。（《毛诗序》）

【东汉】郑玄：（"不见"二句）用心专者怨必深。（《毛诗传笺》）

【宋】欧阳修：女子色衰而为其男子所弃，因而自悔之辞。（《毛诗本义》）

【明】许学夷：风人之诗既出乎性情之正，而复得于声气之和，故其言微婉而敦厚，优柔而不迫，为万古诗人之经……变风如《氓》等篇，亦皆哀而不伤，怨

而不怒。（《诗源辩体》卷一）

【明】戴君恩：疏宕清活。后乎此者，子舆、子瞻。诗文之妙，多以客代主。此殆有托而鸣者耳，勿作弃妇辞看。（《读风臆评》）

【清】方玉润：此与《谷风》相似而实不同。《谷风》寓言，借弃妇以喻逐臣，此则实赋，必有所为而作。如汉乐府《羽林郎》《陌上桑》及《古诗为焦仲卿妻作》之类，皆诗人所咏，非弃妇作也。观其以氓直起，亦某甲某乙无知之人耳，特其事述之足以为戒，故见诸歌咏，将以为世劝焉。曰"子无良媒"者，是其初亦未尝不欲守礼以待媒。乃情不自禁，私定婚姻，后要媒妁，则违礼已甚，然其不敢显然背礼之心，则又昭然而若揭。曰"送子涉淇"者，将送而未送之谋也。曰"至于顿丘"者，欲至而不至之心也。欲至不至，将送未送，故至愆期而不之顾。敢负约哉？亦无媒耳。媒若果至，则秋以为期焉，未为不可也。夫事既有约，则心自难待。迟久不至，则必至乘垣以相望。不见则忧，既见则喜，亦情之所不容已者。女殆痴于情焉者耳。故其自叹，则以桑之荣落喻色之盛衰，以见氓之所重在色不在情，己又未免为情所累，以致一误再误，至于不可说。转欲援情以自戒，则其情愈可衿己。（《诗经原始》）

【清】牛运震：末章将始末情事通身打摺一番，无情不集，无笔不转，缭绕惝恍，摧心动魄，古骚怨诗之绝调也。（《诗志》）

【清】姚际恒：（"匪我愆期"四句）风致语行以曲折，口角宛然。（《诗经通论》）

【今】陈子展：《氓》与《谷风》皆为弃妇之词，一伤其夫得新忘旧，一怨其夫始爱终弃。此皆关于民间男女婚变之故事诗，同可作为短篇小说读。（《诗经直解》）

【今】钱钟书：此篇层次分明，工于叙事。"子无良媒"而愆期，"不见复关"而"泣涕"，皆具无往不复，无垂不缩之致。然文字之妙有波澜，读之只觉是人事之应有曲折。（《管锥编》）

【今】朱东润：本篇题旨和《谷风》相似，也是写弃妇之作。篇中叙述女子从恋爱到被弃的经过，感情悲愤。旧时注家对此诗颇多曲解，如《诗序》说："《氓》，刺时也。宣公之时，礼义消亡。淫风大行。男女无别，遂相奔诱。华落色衰，复相弃背。或乃困而自悔，丧其妃耦。故序其事以风焉。美反正，刺淫泆也。"朱熹《诗集传》也说："此淫妇为人所弃，而自叙其事以道其悔恨之意也。"都以封建观点歪曲了本篇的思想意义。《诗序》说此篇为宣公时诗，也无确据。（《中国历代文学作品选》）

【今】余冠英：这是弃妇的诗，诉述她的错误的爱情，不幸的婚姻，她的恨和她的决绝。（《诗经选译》）

《采薇》

【西汉】申培公：懿王之时，王室遂衰，诗人作刺。——又曰：古者师出不踰时者，为怨思也。天道一时生、一时养，人者，天之贵物也。踰时则内有怨女，外有旷夫。诗曰："昔我往矣，杨柳依依。今我来思，雨雪霏霏。"家有采薇之思。（《鲁诗》）

【西汉】辕固：周懿王时，王室遂衰，戎狄交侵，暴虐中国，中国被其苦，诗人始作疾而歌之曰："靡室靡家，猃允之故。岂不日戒，猃允孔棘。"又曰：《采薇》《出车》，《鱼丽》思初。上下促急，君子怀忧。（《齐诗》）

【东汉】郑玄：文为西伯服事殷之时也。昆夷，西戎也。天子，殷王也。戍，守也。西伯以殷王之命，命其属为将，率将戍役，御西戎及北狄之难，歌采薇以遣之。（《毛诗笺》）

【南朝】刘义庆：谢公因子弟集聚，问："毛诗何句最佳？"遏称曰："昔我往矣，杨柳依依；今我来思，雨雪霏霏。"（《世说新语·文学》）

【明】王夫之："昔我往矣，杨柳依依；今我来思，雨雪霏霏。"以乐景写哀，以哀景写乐，倍增其哀乐。（《姜斋诗话》）

【清】方玉润：此诗之佳全在末章，真情实景，感时伤事，别有深情，非可言喻，故曰"莫知我哀"。（《诗经原始》）

◎ 楚辞

《离骚》

【西汉】司马迁：《离骚》者，犹离忧也。夫天者，人之始也；父母者，人之本也。人穷则反本。故劳苦倦极，未尝不呼天也；疾痛惨怛，未尝不呼父母也。屈平正道直行，竭忠尽智以事其君，谗人间之，可谓穷矣。信而见疑，忠而被谤，能无怨乎！屈平之作《离骚》，盖自怨生也。《国风》好色而不淫，《小雅》怨诽而不乱，若《离骚》者，可谓兼之矣！上称帝喾，下道齐桓，中述汤武，以刺世事。明道德之广崇，治乱之条贯，靡不毕见。其文约，其辞微，其志洁，其行廉。其称文小而其指极大，举类迩而见义远。其志洁，故其称物芳；其行廉，故死而不容。自疏濯淖污泥之中，蝉蜕于浊秽，以浮游尘埃之外，不获世之滋垢，皭然泥而不滓者也！推此志也，虽与日月争光可也！（《史记·屈原贾生列传》）

【东汉】班固：《离骚》者，屈原之所作也。屈原初事怀王，甚见信任。同列上官大夫妒害其宠，谗之王，王怒而疏屈原。屈原以忠信见疑，忧愁幽思而作《离骚》。离，犹遭也；骚，忧也。（《离骚赞序》）

【东汉】班固：虽非明智之器，可谓妙才者也。（《离骚序》）

【东汉】王逸：今若屈原，膺忠贞之质，体清洁之性。直若砥矢，言若丹青，进不隐其谋，退不顾其命，此诚绝世之行，俊彦之英也。……故智弥盛者其言博，才益多者其识远。屈原之词，诚博远矣。（《楚辞章句序》）

……离，别也；骚，愁也；经，径也。言己放逐离别，中心愁思，犹依道径以讽谏君也。……《离骚》之文，依《诗》取兴，引类譬喻。故善鸟香草，以配忠贞；恶禽臭物，以比谗佞；灵修美人，以媲于君；宓妃佚女，以譬贤臣。（《楚辞章句·离骚经序》）

【南朝】刘勰：自《风》《雅》寝声，莫或抽绪；奇文郁起，其《离骚》哉！故以轩翥诗人之后，奋飞辞家之前；岂去圣之未远，而楚人之多才乎？昔汉武爱《骚》，而淮南作《传》，以为《国风》好色而不淫，《小雅》怨诽而不乱，若《离骚》者，可谓兼之。蝉蜕秽浊之中，浮游尘埃之外，皭然涅而不缁，虽与日月争光可也！（《文心雕龙·辨骚》）

……名儒辞赋，莫不拟其仪表，所谓"金相玉质，百世无匹"者也。及汉宣嗟叹，以为皆合经术；扬雄讽味，亦言体同《诗·雅》。四家举以方经，而孟坚谓不合传。褒贬任声，抑扬过实，可谓鉴而弗精，玩而未核者也。（《文心雕龙·辨骚》）

……是以模经为式者，自入典雅之懿；效《骚》命篇者，必归艳逸之华。（《文心雕龙·定势》）

【唐】李白：屈平辞赋悬日月，楚王台榭空山丘。（《江上吟》）

【宋】王应麟：伍举所谓"离骚"，屈平所谓"离骚"，皆楚言也。扬雄为"畔牢愁"，与《楚语》注合。（《困学纪闻》）

【宋】项安世：《楚语》伍举曰："德义不行，则迩者骚离，而远者距违。"韦昭曰："骚，愁也；离，畔也。"盖楚人之语，自古如此。屈原《离骚》，必是以离畔为

愁而赋之。(《项氏家说》)

【宋】欧阳修：屈原《离骚》读之使人头闷，然摘三句反复味之，与《风》《雅》无异。(《陈辅之诗话》)

【宋】严羽：读《骚》之久，方识真味。须歌之抑扬，涕泪满襟，然后为识《离骚》。(《沧浪诗话·诗评》)

【明】胡应麟：风雅之规，典则居要；《离骚》之致，深永为宗；古诗之妙，专求意象。(《诗薮·内编》)

【明】许学夷：凡读骚辞，得其深永之妙，一唱三叹而不能自已者，上也；得其窈冥恍惚、漫衍无穷、可喜可愕者，次也；得其金石宫商之声、琅琅出诸喉吻而有遗音者，又次也；否则但如嚼蜡耳。(《诗源辩体》)

【清】费锡璜：屈原将投汨罗江而作《离骚》，李陵降胡不归而赋别苏武诗，蔡琰被掠失身而赋《悲愤》诸诗，千古绝调，必成于失意不可解之时。(《汉诗总说》)

【近】刘师培：若夫矢耿介，慕灵修，怨悱不乱，永矢弗谖，表廉正洁清之志，为缠绵悱恻之忧。(《文说·宗骚篇第五》)

【今】游国恩："离骚"到底是什么？据我看，这个名词的解释，也不是楚言，也不是离忧，也不是早有离愁，更不是明扰，乃是当时楚国一种曲名。(《离骚纂义》)

【今】郭沫若：关于"离骚"两字的解释，自来也异说纷纷，大都是望文生训的臆说，只有近人游国恩讲的最好。(《屈原研究》)

【今】钱钟书：王逸释"离"为"别"，是也；释"离骚"以为离别而愁，如言"离愁"，则非也。"离骚"一词，有类人名之"弃疾""去病"或诗题之"遣愁""送穷"；盖"离"者，分阔之谓，欲摆脱忧愁而遁避之，与"愁"告"别"，非因"别"生"愁"。(《楚辞集校集释》)

【今】鲁迅：在韵言则有屈原起于楚，被谗放逐，乃作《离骚》。逸响伟辞，卓绝一世。……然其影响于后来之文章，乃甚或在《三百篇》以上。(《汉文学史纲要》)

……惟灵均将逝，脑海波起，通于汨罗，返顾高丘，哀其无女，则抽写哀怨，郁为奇文。茫洋在前，顾忌皆去，怼世俗之浑浊，颂己身之修能，怀疑自遂古之初，直至百物之琐末，放言无惮，为前人所不敢言。然中亦多芳菲凄恻之音，而反抗挑战，则终其篇未能见，感动后世，为力非强。刘彦和所谓才高者菀其鸿裁，中巧者猎其艳辞，吟讽者伤其山川，童蒙者拾其香草。皆着意外形，不涉内质，孤伟

自死，社会依然，四语之中，函深哀焉。故伟美之声，不震吾人之耳鼓者，亦不始于今日。(《坟·摩罗诗力说》)

【今】浦江清：离是离别，骚是歌曲的名称，离骚就是离歌。(《祖国十二诗人·屈原》)

【今】詹安泰：用楚国方言来解释比较切合实际。方言是有其特定意义的，这意义就是后来一般的所谓"牢骚"，和写《离骚》的动机并无不合。而在爱好民间文学、喜欢运用楚国方言的屈原看来，这可能就是一个最恰当的命题。(《离骚笺疏》)

【今】姜亮夫：《离骚》是屈原作品中最长的诗篇，也是中国古代诗歌中最长的一篇。从其内容之丰富、想象力之强烈、语言之真挚、修辞之丰彤荟蔚、表现其人格之崇高、爱国主义精神之伟大，置诸世界作者之林也是最宏伟的登峰造极的作品。(《屈原赋今译》)

【日】青木正儿：他原来是豪华思想的所有者，幻想丰富而多情多感的狂热的诗人。他的辞藻之绚烂富赡，与《诗经》的质实大异其趣。"温柔敦厚《诗》教也"，而屈原以慷慨激越，兴起了牢骚文学派。(《中国文学概说》)

【法】特克依·费伦茨：《离骚》或《云使》(注：印度诗人迦梨陀娑的抒情长诗)这样类型的哀歌的产生，既表现了史诗体裁的失败，又表现了抒情体中的史诗的气势，从内容到形式，哀歌都处于史诗体和抒情体之间。哀歌的倾向性就这样创造了一种新的体裁，其中间立场决不是它的艺术失败的结果。正相反，就哀诗的基本主题来说，这将是唯一的重要体裁，是"反艺术"时代的伟大的史诗体裁。(《论屈原二题》)

两　汉

◎ 汉乐府

《孔雀东南飞》

【宋】魏泰：古乐府中，《木兰诗》《焦仲卿妻诗》，皆有高致。（《临江隐居诗话》）

【明】王世贞：《孔雀东南飞》质而不俚，乱而能整，叙事如画，叙情若诉，长篇之圣也。（《艺苑卮言》卷二）

【明】谢榛："孔雀东南飞"，一句兴起，余皆赋也。其古朴无文，使不用妆奁、服饰等物，但直叙到底，殊非乐府本色。如云："妾有绣腰襦，葳蕤自生光……物物各自异，种种在其中。"又云："鸡鸣外欲曙……精妙世无双。"又云："交语速装束……交广市鲑珍。"此皆似不紧要，有则方见古人作手，所谓没紧要处便是紧要处也。（《四溟诗话》卷一）

……焦仲卿："东西植松柏，南北种梧桐，枝枝相覆盖，叶叶相交通。"……此皆古调，自然成对。（《四溟诗话》卷三）

【明】陆时雍：《焦仲卿》诗有数病：大略絮絮不能举要，病一；粗陋不能出词，病二；颓顿不能整格，病三。尤可举者，情辞之讹谬也，如云"妾不堪驱使，徒留无所施，便可白公姥，及时相遣归"，此是何人所道！观上言"非为织作迟，君家妇难为"，斯言似出妇口，则非矣。当县令遣媒人来也，"阿女含泪答……徐徐更谓之"。而其母之谢媒，亦曰"女子先有誓，老姥岂敢言"，则知女之有志，而母固未之强也。及其兄怅然，兰芝既能死誓，何不更申前说大义拒之。……意当时情事，断不如是，诗之不能宛述备陈，亦明矣。至于府君订婚，阿母戒日，妇之为计，当有深裁。或密语以寄情，或留物以示意，不则慷慨激烈，指肤发以自将，不则纡郁悲思，遗饮食于不事。乃云"左手持刀尺，……晚成单罗衫"。其亦何情作此也！……其后府吏与母永诀，回身入房，此时不知几为徘徊，几为惋愤？而诗之情色，甚是草草，此其不能从容摅写又甚矣。或曰："诗虚境也，安得与纪事同论？"夫虚实异致，其要于当情则一也……夫情生于文，文生于情，未有事离而情合者也。（《诗镜总论》）

【明】吴乔：《焦仲卿妻》诗，于浓诡中又有别体，如元之董解元《西厢》，今之数落《山坡羊》，一人弹唱者也。（《围炉诗话》卷二）

【清】沈德潜：古今第一首长诗。（《古诗源》）

……庐江小吏妻诗共一千七百四十言，杂述十数人口中语，而各肖其声口性情，真化工笔也。中别小姑一段悲怆之中，自足温厚。唐人弃妇篇直用其语云："忆我初来时，小姑始扶床。今别小姑去，小姑如我长。"下节云"殷勤养公姥，好自相扶将"；而忽转二语云："回头语小姑，莫嫁如兄夫。"轻薄之言，了无味。（《说诗晬语》五一）

……焦仲卿妻篇："腰若流纨素，耳着明月珰。指如削葱根，口如含珠丹。"何工于赋美人也！而其原出于《硕人》之美庄姜。古人重其行，兼及其容，妇容不与德、言、工并列耶？（《说诗晬语》六八）

【清】宋征璧："焦仲卿"及"木兰诗"，如看彻一本传奇，使人不敢作传奇。（《抱真堂诗话》）

……昭明选亦以规格为主，故不采"焦仲卿诗"。（《抱真堂诗话》）

……仲卿诗"贺君得高迁"，直作恶语。（《抱真堂诗话》）

……仲卿诗叙事老朴。（《抱真堂诗话》）

【清】贺贻孙：长庆（中唐）长篇，……才调风致，自是才人之冠。其描写情事，如泣如诉，从"焦仲卿"篇得来。所不及"焦仲卿"篇者，政在描写有意耳。……"焦仲卿"篇之胜，在人略处求详，详处复略，……然其必不可朽者，神气生动，字字从肺肠中流出也。又：叙事长篇动人啼笑处，全在点缀生活，如一本杂剧，插科打诨，皆在净丑。"焦仲卿"篇，形容阿母之虐，阿兄之横，亲母之依违，太守之强暴，丞吏、主簿、一班媒人张皇趋附，无不绝倒，所以入情。若只写府吏、兰芝两人痴态，虽刻画毕肖，决不能引人涕泗纵横至此也。（《诗筏》）

【清】张谦宜：古诗，短体如十九首，长篇如《孔雀东南飞》，皆是工夫极处，殆近天然。（《绹斋诗谈》卷八）

【清】朱庭珍：五言长篇，始于乐府《孔雀东南飞》一章。（《筱园诗话》卷三）

【清】张玉穀：古来长诗，此为第一，而读去不觉其长者，结构严密也。（《古诗赏析》卷七）

《江南》

【唐】吴兢：《江南曲》古词……盖美其芳晨丽景，嬉游得时。（《乐府古题要解》）

【清】费锡璜：汉诗韵最奇，《焦仲卿妻》诗多至二十余韵，有隔句用韵；至《江南可采莲》《上陵》《蜀国刺》乃无韵，不可不知。（《汉诗总说》）

【清】张玉穀：此《采莲曲》也。前三，叙事，不说花，偏说叶，叶尚可爱，花不待言矣。鱼戏叶间，更有以鱼比己意，诗旨已尽。后四，忽接上"间"字，平排出"东""西""南""北"四句，转见古趣。（《古诗赏析》卷五）

【今】陆侃如、冯沅君：这是首很质朴自然的民歌，几乎没有一种选本不选它。杜甫的《杜鹃》首四句即拟此曲末四句。《沧浪诗话》以为此诗"全不押韵"，而黄节（《汉魏乐府风笺》）引《大招》以证"西""北"相叶，恐非。（《中国诗史》）

《十五从军征》

【清】陈柞明：悲痛之极辞，若此者又以尽言为佳。盖言情不欲尽，尽则思不长；言事欲尽，不尽则哀不深。（《采菽堂古诗选》）

【清】方东树：此只是叙述本事，而状离乱之景象，令人不堪想。此盖《小雅》之遗响，后来杜公时学此。（《昭昧詹言》卷二）

【清】贺贻孙："兔从狗窦入……"四句，写景奇绝。虽"羹饭一时熟，不知贻阿谁"二语，注破太明，不如《东山》之浑妙，但汉末乱离光景，不嫌直露。倘自此便止，尚是一首极悲澹诗，只可惜又添"出门东向望，泪落沾我衣"十字，反觉全首味薄矣。此汉诗之所以不及《三百篇》也。（《诗筏》）

【清】沈德潜："遥望"二句，乃乡人答词。下从征者入门之词。古人诗每灭去针线痕迹。通章用支微韵，而"烹谷持作饭，采葵持作羹"二句，不入韵中，最是摇曳之至，非古人不能用韵也。（《古诗源》卷四）

【清】范大士：苍凉楚痛之言，后代离乱诗但能祖述，便是佳作，未有能过之者。（《历代诗发》）

【今】焦泰平：明明已无一亲人，却又出门寻望，这种绝望中的希望，把老兵神情恍惚，极其孤独，极其悲苦的情状表现得淋漓尽致，无以复加，读之令人心

碎。(《汉魏六朝诗三百》)

◎ 古诗十九首

《涉江采芙蓉》

【清】张玉穀：此怀人之诗。前四，先就采花欲遗，点出己之所思在遗。"还顾"二句，则从对面曲揣彼意，言亦必望乡而叹长途。后二，同心离居，彼己双顶，忧伤终老，透笔作收，短章中势却开展。(《古诗赏析》卷四)

魏晋南北朝

◎ 曹操

《观沧海》

【唐】吴兢：首章言东临碣石，见沧海之广，日月出入其中。二章言农功毕而商贾往来。三章言乡土不同，人性各异。四章言"老骥伏枥，志在千里。烈士暮年，壮心不已"也。（《乐府古题要解》）

【宋】敖陶孙：魏武帝如幽燕老将，气韵沉雄。（《臞翁诗评》）

【明】王夫之：不言所悲，而充塞八极无非愁者，孟德于乐府，殆欲据第一位，惟此不易步耳。不知者但谓之霸心。（《船山古诗评选》）

【明】王世贞：魏武帝乐府："东临碣石，……若出其里。"其辞亦有本。相如《上林》云："视之无端，察之无涯。日出东沼，月生西陂。"马融《广成》云："天地颂洞，因无端涯。大明出东，月生西陂。"扬雄《校猎》云："出入日月，天与地沓。"然觉扬语奇，武帝语壮。又"月生西陂"语有何致，而马融复袭之？（《艺苑卮言》）

【明】钟惺、谭元春：《观沧海》直写其胸中眼中，一段笼盖吞吐气象。（《古诗归》）

【清】陈祚明：浩瀚动宕，涵于淡朴之中。（《采菽堂诗话》）

【清】沈德潜：有吞吐宇宙之气象。（《古诗源》）

【清】王尧衢：今以观沧海而言山水之流峙，草木之丛茂，风波之汹涌，日月星汉，出没其中，积水无极，真大观也。我幸而至此，安得不托歌咏以言志哉。（《古唐诗合解》）

【清】张玉穀：此志在容纳，而以海自比也。首二，点题直起。"水何"六句，铺写沧海正面，插入山水草风，便不枯寂。"日月"四句，转就日月星汉，凭空想象其包含度量。写沧海，正自写也。末二，以志愿至此，醒出歌意，咏叹做收。

（《古诗赏析》）

【清】方东树：武帝诗沉郁直朴，气真而逐层顿断，不一顺平放，时时提笔换气换势，寻其意绪，无不明白；玩其笔势文法，凝重屈蟠，诵之令人满意。（《昭昧詹言》卷二）

【清】刘熙载：曹公诗，气雄力坚，足以笼罩一切，建安诸子，未有其匹也。（《艺概·诗概》）

【清】王士禛：古人山水之作，总不如曹操"水何澹澹，山岛竦峙"二语，此老殆不易及。（《带经堂诗话》卷一）

【今】毛泽东：往事越千年，魏武挥鞭，东临碣石有遗篇。（《浪淘沙·北戴河》）

《短歌行》

【唐】吴兢：魏武帝"对酒当歌，人生几何"，晋陆士衡"置酒高堂，悲歌临觞"，皆言当及时为乐。又旧说《长歌》《短歌》，大率言人寿命长短分定，不可妄求也。（《乐府古题要解》）

【宋】朱熹：曹操作诗必说周公，如云"山不厌高，海不厌深。周公吐哺，天下归心"，又《苦寒行》云"悲彼《东山》诗"。他也是做得个贼起，不惟窃国之柄，和圣人之法也窃了。（《朱子语类》）

【宋】吴淇：盖一厢口中饮酒，一厢耳中听歌。（《六朝选诗定论》卷五）

……劈首"对酒当歌"四字……截断已过、未来，只说现前，境界更逼，时光更迫，妙传"短"字神髓。（《六朝选诗定论》卷五）

……曲曲折折，絮絮叨叨，若连贯，若不连贯，纯是一片怜才意思。（《六朝选诗定论》卷五）

【宋】宋祁：古人语自有稚拙不可掩者，乐府曰"何以解忧，唯有杜康"，刘越石曰"何其不梦周"，又曰"夫子悲获麟，西狩泣孔丘"，虽有意绪，词亦钝朴矣。（《宋景文公笔记》卷中）

【明】许学夷：魏人乐府四言，如孟德《短歌行》、子桓《善哉行》、子建《飞龙篇》等，其源出于《采芝》《鸿鹄》，轶荡自如，正是乐府之体，不当于风雅求之。（《诗源辩体》卷四）

【明】谢榛：魏武帝《短歌行》全用《鹿鸣》四句，不如苏武"《鹿鸣》思野草，可以喻佳宾"点化为妙。"沉吟至今"可接"明明如月"，何必《小雅》哉？盖以养贤自任而牢笼天下也。真西山不取此篇,当矣。及观《艺文类聚》所载魏武帝《短歌行》曰:"对酒当歌,人生几何? ……山不在高,海不在深,周公吐哺,天下归心。"欧阳询去其半,尤为简当,意贯而语足也。(《四溟诗话》卷一)

【明】钟惺、谭元春:"譬如朝露,去日苦多",不用来日苦少,句觉尤妙。"但为君故,沉吟至今",英雄何尝不笃于交情,然亦不泛。"明明如月",如字幻极,乐府奇语。"契阔谈宴,心念旧恩",惨刻处惨刻,厚道处厚道,各不相妨,各不讳所以为英雄。又云:四言至此,出脱"三百篇"殆尽,此其心手不粘滞处。"青青子衿"二句,"呦呦鹿鸣"四句,全写"三百篇",而毕竟一毫不似,其妙难言。(《古诗归》)

……少小时读之,不觉其细;数年前读之,不觉其厚。至细,至厚,至奇! 英雄骚雅,可以验后人心眼。(《古诗归》)

【明】杨慎:曹孟德乐府,如《苦寒行》《猛虎行》《短歌行》,脍炙人口久矣。其稀僻罕传者,如"不戚年往,忧世不治","存亡有命,虑为之蚩",又云"壮盛智慧,殊不再来,爱时进趣,将以惠谁",不特句法高迈,而识趣近于有道,可谓文奸也已。(《升庵诗话》卷十)

【明】王世贞:《垓下歌》正不必以"虞兮"为嫌,悲壮呜咽,与《大风》各自描写帝王兴衰气象。千载而下,惟曹公"山不厌高""老骥伏枥",司马仲达"天地开辟""日月重光"语,差可嗣响。(《艺苑卮言》卷二)

【清】魏源:对酒当歌,有风云之气。(《诗比兴笺·序》)

【清】贺贻孙:犹"青青子衿""鼓瑟吹笙"等语,在《毛诗》中但见和雅,入曹公诗中乃见豪放。笔墨转移之妙,非深于诗者不能知。(《诗筏》)

【清】陈祚明:短歌行二首(对酒当歌篇)此是孟德言志之作。禅夺之意已萌,而沉吟未决,畏为人嫌,嗟岁月之如流,感忧思而不已,又恐进退失据,末乃断然自定所尚。理忌显言,杂引《三百篇》,故谬其旨,比之《离骚》繁称,令人不易测识耳。论者不揆作者之心,以《子衿》《鹿鸣》诸篇为赘,岂不大谬。跌宕悠扬,极悲凉之致。(《采菽堂诗话》)

【清】张玉毂:《短歌行》,此叹流光易逝,欲得贤才以早建王业之诗。前四一截,以酒发端,就流光易逝,引动早当建功,为通章虚冒。"慨当"十二句,则思得贤才于士类之中也,却以慷慨忧思,解忧唯酒,凭空喝入。然后"青青"四句,点清士类有贤,心欲得而沉吟不置,缴醒慷慨忧思。"呦呦"四句,则透后言诚得贤才辅洽，定当如《鹿鸣》之燕乐嘉宾，方为满愿。缴醒解忧惟酒，为一截。"明明"十二句，则思得贤才于故旧之中也。却借月不可掇，先做一比，拖出忧思断绝。"月明"四句，则从对面即乌鹊无栖，比出贤才昧时远引，不知依我之深为可惜。以"月明星稀"领起，则有借以缴醒月不可辍也，为一截。后四，方以兼容并蓄，引周公事，醒出得贤建业本心。千里双龙，一齐结穴，奸雄叵测，活现毫端。《解题》谓"当及时行乐"，何其掉以轻心。（《古诗赏析》）

【清】陈沆：《短歌行》，文选"明明如月"一解，在"呦呦鹿鸣"之下，今依《宋书·乐志》更正。此诗即汉高《大风歌》思猛士之旨也。"人生几何"发端，盖传所谓古之王者知寿命之不长，故并建圣哲，以贻后嗣。次两引《青衿》《鹿鸣》二诗，一则求之不得，一则求之即得，而笙簧酒醴。虽然，鸟则择木，木岂能择鸟。天下三分，士不北走则南驰耳，分奔吴、蜀，凄惶未定，若非吐哺折节，何以来之。山不厌土，故能成其高；海不厌水，故能成其深；王者不厌士，故天下归心。说着不察，乃谓孟德禅夺已萌，而沉吟未决，畏人识嫌，感岁月之如流，恐进退之失据。试问篇中《子衿》《鹿鸣》之诗，契阔谈䜩之语，当作何解？且孟德吐握求贤之日，尤王莽谦恭下士之初，岂肯直吐鄙怀，公言篡逆者乎？其谬甚矣。曹公苍茫古直悲凉，其诗上继变雅，无篇不奇，但亮节慷慨，无烦笺释，故止录此一篇。（《诗比兴笺》）

【清】恒仁：《艺苑卮言》云："古乐府'悲歌可以当泣，远望可以当归'。老杜'云山已发兴，玉佩仍当歌'。'当'字出此。用修引孟德'对酒当歌'云：'子美以阐明之。不然，读者以为该当之当矣。'"大愦愦可笑。孟德正谓对酒即当歌也，下云"人生几何"可见矣。若以"对酒当歌"做去声，有何趣味。余按鲍照诗"临歌不知调，发兴谁与欢"。临，即当也。杜诗实用鲍语，以当为临，兼本魏武乐府。杨用修曰"此即对当之当，非合当之当"。杨亦未尝做去声读也。"悲歌当泣"，宜从去声。"玉佩当歌"，"对酒当歌"并平声，做临字解。李太白诗"唯愿当歌对酒时，月光常照金樽里"。李杜读魏武乐府，皆未尝因为该当之当。（《月山诗话》）

【清】沈德潜：言当及时为乐也。"月明星稀"四句，喻客子无所依托。"山不厌高"四句，言王者不却众庶，故能成其大也。（《古诗源》）

◎ 陶渊明

《归园田居（其一）》

【梁】萧统：渊明文章不群，词采精拔，跌宕昭彰，独超众类，抑扬爽朗，莫之与京，横素波而傍流，干青云而直上，语时事则指而可想，论怀抱则旷而且真，加以贞志不休，安道苦节，不以躬耕为耻，不以无才为病，自非大贤笃志，与道污隆，孰能如此乎？（《陶渊明集序》）

【宋】张戒：渊明"狗吠深巷中，鸡鸣桑树颠""采菊东篱下，悠然见南山"，此景物虽在目前，而非至闲至静之中，则不能到，此味不可及也。（《岁寒堂诗话》）

……渊明"狗吠深巷中，鸡鸣桑树颠"，本以言郊居闲适之趣，非以咏田园，而后人咏田园之句，虽极其工巧，终莫能及。（《岁寒堂诗话》）

【宋】苏轼：吾于诗人无所甚好，独好渊明之诗。渊明作诗不多，然其诗质而实绮，癯而实腴。自曹、刘、鲍、谢、李、杜诸人皆莫及也。吾前后和其诗凡百有九篇，至其得意，自谓不甚愧渊明，然吾之于渊明岂独好其诗也哉，如其为人实有感焉。渊明临终疏告俨等："吾少而穷苦，每以家弊，东西游走。性刚才拙，与物多忤，自量为己，必贻俗患，黾勉辞世，使汝等幼而饥寒。"渊明此语盖实录也。吾真有其病而不早自知，半世出仕，以犯大患，此所以深服渊明，欲以晚节师范其万一也。（《东坡诗话录》）

【宋】朱熹：渊明诗所以为高，正在不待安排，胸中自然流出。东坡乃篇篇句句依韵而和之，虽其高才似不费力，然已失其自然之趣矣。（《朱子文集》）

【宋】姜夔：陶渊明天资既高，趣诣又远，故其诗散而庄，澹而腴，断不容作邯郸步也。（《白石道人诗说》）

【元】吴师道：《归园田居》第一首："狗吠深巷中，鸡鸣桑树颠。"《古鸡鸣行》："鸡鸣高树颠，狗吠深巷中。"陶公全用其语。第三篇"种豆南山下，草盛豆苗稀"，本杨恽书意。（《吴礼部诗话》）

【元】刘履："少无适俗韵，性本爱丘山。误落尘网中，一去三十年。"三，当做逾，或在十字下。按靖节年谱，太元十八年，起为州祭酒，时年十九，正合《饮酒》诗"投耒去学仕，是时向立年"之句。以此推之，至彭泽退归，才十三年，此云三十年，误矣。（《选诗补注》）

【明】何孟春："羁鸟恋旧林，池鱼思故渊。"《古诗》："胡马依北风，越鸟朝南枝。"张景阳《杂诗》："流波恋旧浦，行云思故山。"陆士衡诗："孤兽思故薮，羁鸟悲旧林。"皆言不忘本也。《文子》曰："鸟飞反乡，依其所生也。"王正长诗："人情怀旧乡，客鸟思旧林。"皆此意。（《陶靖节诗》卷二）

【明】都穆：陈后山曰："陶渊明之诗，切于事情，但不文耳。"此言非也。如《归园田居》云："暧暧远人村，依依墟里烟。狗吠深巷中，鸡鸣桑树颠。"东坡谓"如大匠运斤，无斧凿痕"。如《饮酒》其一云："衰荣无定在，彼此更共之。"山谷谓"类西汉文字"。如《饮酒》其五云："结庐在人境，而无车马喧。问君何能尔？心远地自偏。"王荆公谓"诗人以来，无此四句"。又如《桃花源记》云："不知有汉，无论魏晋。"唐子西谓"造语简妙"。复曰："晋人工造语，而渊明其尤也。"后山非无识者，其论陶诗，特见之偶偏，故异于苏黄诸公耳。（《南濠诗话》）

【明】钟惺、谭元春：陶诗闲远，自其本色。一段渊永淹润之气，其妙全在不枯。又云："暧暧远人村"五字难画。又云：此诗光景在此后一段。（《古诗归》）

【明】陆时雍："暧暧"四语极村朴，是田家野老景色。又云：诗之妙者，在声色臭味之俱无，陶渊明是也。（《古诗镜》）

【明】黄文焕：诸首纯以质语真语胜。（《陶诗析义》）

……园田诸首最有次第。其一为初回，地几亩屋几间，树几株花几种，远村近烟何色，鸡鸣狗吠何处，琐屑详数，语俗而意逾雅，恰见去忙就闲，一一欣快，极平常之景，各生趣味。（《陶诗析义》）

……少无适俗韵，人道必有高韵，适俗亦必有媚韵，体骨不媚，无以合彼之韵中。（《陶诗析义》）

【清】沈德潜：储、王极力拟之，然终以微隔，厚处、朴处不能到也。（《古诗源》）

……陶诗胸次浩然，其中有一段渊深朴茂不可到处。唐人祖述者，王右丞有其清腴，孟山人有其闲远，储太祝有其朴实，韦左司有其冲和，柳仪曹有其峻洁，皆学焉而得其性之所近。（《说诗晬语》）

【清】李光地："狗吠深巷中，鸡鸣桑树颠。"直用汉乐府句。意退之推鲍、谢而遗陶者，此等处耳。然意之所至，岂必词自己出乎？不本于性情之教，但以不沿袭剽盗为工，非至论之极也。（《榕树诗选》卷二）

【清】叶燮：陶潜胸次浩然，吐弃人间一切，故其诗俱不从人间得。诗家之方

外，别有三昧也。游方以内者，不可学；学之犹章甫而适越也。(《原诗》)

【清】陈祚明："误落"二语率。"暖暖""依依"景色生动。(《采菽堂古诗选》)

【清】查初白："返自然"三字，道尽归田之乐，可知尘网牵率，事事俱违本性。(《初白庵诗评》)

【清】张玉穀：按核本传，五诗应是为州祭酒解归时作。(《古诗赏析》)

【清】方东树：此诗纵横浩荡，汪茫溢满，而元气磅礴，大含细入，精气入而粗秽除，奄有汉、魏，包孕众胜，后来惟杜公有之。(《昭昧詹言》卷四)

……"少无适俗韵"八句，当一篇大序文，而气势浩迈，跌宕飞动，顿挫沉郁。"羁鸟"二句，于大气驰纵之中，回鞭弹鞚，顾盼回旋，所谓顿挫也。"方宅"十句，不过写田园耳，而笔势骞举，情景即目，得一幅画意。而音节铿锵，措词秀韵，均非尘世吃烟火食人语。"久在"二句，接起处，换笔另收。(《昭昧詹言》卷四)

【清】潘德舆：陶公"依依墟里烟"斯人于化，以此求《三百篇》，风旨不远矣。(《养一斋诗话》卷四)

【清】张潮、卓尔堪等："虚室"句惟学道者知之，否则六合内外，无不罗列方寸矣！(《曹陶谢三家诗·陶集》)

《饮酒（其五）》

【南朝】萧统：吾观其意不在酒，亦寄酒为迹者也。(《陶渊明集序》)

【宋】苏轼："采菊东篱下，悠然见南山。"因采菊而见山，境与意会，次句最有妙处。近岁俗本皆作"望南山"，则此一篇神气都索然矣。(《东坡题跋》)

【宋】晁补之：东坡云陶渊明意不在诗，诗以寄其意耳。"采菊东篱下，悠然见南山"，则本自采菊，无意望山，适举首而见之，故悠然忘情，趣闲而累远，此未可于文字精粗间求之。(《鸡肋集》卷三十三)

【宋】吴曾：东坡以渊明"采菊东篱下，悠然见南山"无识者以"见"为"望"，不啻珷玞之于美玉。然余观乐天《效陶渊明诗》有云"时倾一尊酒，坐望东南山"，然则流俗之失久矣。惟韦苏州《答长安丞裴说》有云"采菊露未晞，举头见秋山"，乃知真得渊明诗意，而东坡之说为可信。(《能改斋漫录》)

【宋】李公焕：敬斋曰："前辈有佳句，初未之知，后人寻绎出来，始见其工。如渊明'悠然见南山'，方在篱间把菊时，安知其高？老杜佳句最多，尤不自知也，

如是则撞破烟楼手段岂能有得耶？"（《笺注陶渊明诗集》卷三）

【宋】陈岩肖：王荆公介甫辞相位，退居金陵，日游钟山，脱去世故，平生不以势利为务，当时少有及之者。然其诗曰："穰侯老擅关中事，长恐诸侯客子来。我亦暮年专一壑，每逢车马便惊猜。"既以丘壑存心，则外物去来，任之可也，何惊猜之有，是知此老胸中尚蒂芥也。如陶渊明则不然，曰："结庐在人境，而无车马喧。问君何能尔，心远地自偏。"然则寄心于远，则虽在人境，而车马亦不能喧之。（《庚溪诗话》）

【宋】朱熹：陶渊明诗，人皆说是平淡，据某看，他自豪放，但豪放来得不觉耳。其露出本相者，是《咏荆轲》一篇，平淡底人，如何说得这样言语出来。（《清邃阁论诗》）

【宋】张耒：读《饮酒》诗，窃爱其文词，而慕其放达。（《竹庄诗话》卷四）

【宋】严羽：汉、魏古诗，气象混沌，难以句摘。晋以还方有佳句，如渊明"采菊东篱下，悠然见南山"，谢灵运"池塘生春草"之类。谢所以不及陶者，康乐之诗精工、渊明之诗质而自然耳。（《沧浪诗话·诗评》）

【宋】葛立方：东坡拈出陶渊明谈理之诗，前后有三：一曰"采菊东篱下，悠然见南山"，二曰"笑傲东轩下，聊复得此生"，三曰"客养千金躯，临化消其宝"，皆以为知道之言。……若睹道者，出语自然超诣，非常人能蹈其轨辙也。（《韵语阳秋》卷三）

【宋】王安石：渊明诗有奇绝不可及之语，如"结庐在人境"四句，由诗人以来无此句。（《陶诗汇注》）

【宋】蔡启："采菊东篱下，悠然见南山"，此其闲远自得之意，直若超然邈出宇宙之外，俗本多以"见"字为"望"字，若尔则便有褰裳濡足之态矣，乃知一字之误，害理有如是者。（《蔡宽夫诗话》）

【宋】叶梦得：晋人多言饮酒有至于沉醉者，此未必意真在于酒。盖时方艰难，人各惧祸，惟托于醉，可以粗远世故。（《石林诗话》卷下）

【金】元好问：一语天然万古新，豪华落尽见真淳。（《论诗绝句》）

【清】邱嘉穗：公《饮酒》二十首中有似着题似不着题者，其着题者固自言其饮酒之适，其不着题者亦可想见其当筵高论，停杯浩叹之趣，无非自道其本色语也。东坡有云："作诗必此诗，定知非诗人。"岂此谓欤？（《东山草堂陶诗笺》）

……观其诗曰"结庐在人境"云云，即可知其为人。世人以功名富贵累其心者，何处更有这般气象。但深味"心远"一句，即孟子所谓所欲不存，若将终身，若固有之气象，亦在其中矣。……云"结庐在人境"，宜有车马之喧，而竟无之，是以"而"字作转语用，两意抑扬相拗，便觉"而"字有力。朱子古诗，类得力于陶，超然宋格之上，而于此种句法，犹不免学其似而失其真，陶诗岂易言哉。(《东山草堂陶诗笺》)

【明】陆时雍：读陶诗如所云：清风徐来，水波不兴，想此老悠然之致。又云："采菊东篱下，悠然见南山"，其韵幽。又云："结庐在人境，而无车马喧，问君何能尔，心远地自偏。"调笑怡然，"采菊东篱下，悠然见南山"是忘世语。"山气日夕佳，飞鸟相与还"此老于世，直无物不佳，亦无物不乐。(《古诗镜》)

……诗须观其自得，陶渊明《饮酒》诗："一觞虽独进，杯尽壶自倾。""提壶抚寒枝，远望时复为。"又："昔人既屡空，春兴岂自免？""寒竹被荒蹊，地为罕人远。"此为悠然乐而自得。谢康乐："樵隐俱在山，由来事不同。不同非一事，养疴亦园中。中园屏氛杂，清旷招远风。"此为旷然遇而无羁。见古人本色，捻披不烦而至。夫咏物之难，非肖难也，惟不局局于物之难。玄晖"余霞散成绮，澄江净如练"，"天际识归舟，云中辨江树"，山水烟霞，衷成图绘，指点盼顾，遇合得之。古人佳处，当不在言语间也。鲍明远"霜崖灭土膏，金涧测泉脉。旋渊抱星汉，乳窦通海碧"，精矣，而乏自然之致。(《诗镜总论》)

【明】谢榛：《扪虱新话》曰：诗有格有韵。渊明"悠然见南山"之句，格高也；康乐"池塘生春草"之句，韵胜也。格高似梅花，韵胜似海棠。欲韵胜者易，欲格高者难。兼此二者，惟李杜得之矣。(《四溟诗话》卷二)

【明】王世贞："问君何为尔？心远地自偏"，"此中有真意，欲辨已忘言"。清悠淡永，有自然之味。(《艺苑卮言》)

【明】钟惺、谭元春："问君何能尔"：问得远。"心远地自偏"："心远"二字，千古名士高人之根。"悠然见南山"："见"字无心得，妙。"山气日夕佳，飞鸟相与还"：真意、忘言，即在此数句。(《古诗归》)

【明】孙鑛：直率语却自炼中出，所以耐咀嚼。又云：此诗大是妙境，第点出"心远""真意"反觉有痕。(《文选集评》)

【明】张自烈："结庐"二句起手妙，"心远地自偏"虽涉指点，终一说破，意味索然。(《笺注陶渊明集》卷三)

【清】沈德潜：胸有元气，自然流出，稍著痕迹便失之。(《古诗源》)

【清】施闰章：（"而"字）偶然入妙。（《蠖斋诗话》）

【清】吴淇："心远"为一篇之骨，"真意"为一篇之髓。（《六朝选诗定论》）

【清】蒋薰：此心高旷，兴会自真，诗到佳处，只是语尽意不尽。若张无垢谓渊明畎亩不忘君之意，似以南山作比语，恐不然。（《陶渊明诗集》卷三）

【清】陈祚明："心远地即偏"，公固不蹈东海，采菊见山，此有真境，非言可宣，即所为桃源者是耶。（《采菽堂古诗选》卷十三）

【清】王士禛：通章意在"心远"二字，真意在此，忘言亦在此。从古高人只是心无凝滞，空洞无涯，故所见高远，非一切名象之可障隔，又岂俗物之可妄干。有时而当静境，静也，即动境亦静。境有异而心无异者，远故也。心不滞物，在人境不虞其寂，逢车马不觉其喧。篱有菊则采之，采过则已，吾心无菊。忽悠然而见南山，日夕而见山气之佳，以悦鸟性，与之往还，山花人鸟，偶然相对，一片化机，天真自具，既无名象，不落言诠，其谁辨之？（《古学千金谱》）

【清】何焯："悠然望南山"，"望"一作"见"，就一句而言，望字诚不若见字为近自然，然山气飞鸟皆望中所有，非复偶然见此也。"悠然"二字，从"心远"来，东坡之论，不必附会。"欲辨已忘言"句，"辨"字与前"问"字相应。（《义门读书记》）

【清】温汝能：渊明诗类多高旷，此首尤为兴会独绝，境在寰中，神游象外，远矣。得力在起四句，奇绝妙绝，以下便可一直写去，有神无迹，都于此处领取，俗人反先赏其采菊数语何也。至结二句则愈真愈远，语有尽而意无穷，所以为佳。（《陶诗汇评》卷三）

【清】方东树：《饮酒》二十首。据序亦是杂诗，直书胸臆，直书即事。借饮酒为题耳，非咏饮酒也。阮公《咏怀》、杜公《秦川杂诗》、退之《秋怀》，皆同此例，即所谓遣兴也。人有兴物生感，而言以遣之，是必有名理名言，奇情奇怀奇句，而后同于著书。（《昭昧詹言》卷四）

……"结庐在人境"，此但书即目即事，而高致高怀可见。起四句言地非偏僻，而吾心既远，则地随之。境既闲寂，景物复佳，然非心远，则不能领其真意味。既领于心，而岂待言，所谓"造适不及笑，献笑不及言"，有曾点之意。后六句即"心远地偏"之实事。（《昭昧詹言》卷四）

【近】王国维：有有我之境，有无我之境。"泪眼问花花不语，乱红飞过秋千去""可堪孤馆闭春寒，杜鹃声里斜阳暮"有我之境也。"采菊东篱下，悠然见南山""寒波澹澹起，白鸟悠悠下"无我之境也。有我之境，以我观物，故物我皆著我之色彩。无我之境，以物观物，故不知何者为我，何者为物。古人为词，写有我之境者为多，然未始不能写无我之境，此在豪杰之士能自树立耳。(《人间词话》)

【今】鲁迅：还有一样最能引读者入于迷途的，是"摘句"。它往往是衣裳上撕下来的一块绣花，经摘取者一吹嘘或附会，说是怎样超然物外，与尘浊无干，读者没有见过全体，便也被他弄得迷离惝恍。最显著的便是上文说过的"悠然见南山"的例子，忘记了陶潜的《述酒》和《读山海经》等诗，捏成他单是一个飘飘然，就是这摘句作怪。(《且介亭杂文二集·"题未定"草》)

【今】朱自清："真意"就是"真想"，而"真"固是"本心"，也是"自然"。《庄子·渔父》："礼者，世俗之所为也。真者，所以受于天也，自然不可易也。故圣人法天贵真，不拘于俗。愚者反此，不能法天而恤于人，不知贵真，禄禄而受变于俗，故不足。"渊明所谓"真"，当不外乎此。(《诗多义举例》)

……"结庐在人境，而无车马喧"句中的转折句是从前诗里不曾有过的句法。(《陶诗的深度》)

《归园田居（其三）》

【宋】真德秀：虽其遗宠辱……真有旷达之风，细玩其词，时亦悲凉感慨，非无意世事者。……食薇饮水之言，衔木填海之喻，至深痛切，顾读者弗之察耳。(《西山真文忠公全集》卷三十六)

【宋】葛立方：陶潜，谢朓诗皆平谈有思致，非后来诗人怵心刿目雕琢者所为也。老杜云"陶谢不枝梧，风骚共推激。紫燕自超诣，翠驳谁翦剔"是也。大抵欲造平淡，当自绚丽中来，落其华芬，然后可造平淡之境，如此则陶谢不足进矣。今之人多作拙易语，而自以为平淡，识者未尝不绝倒也。(《韵语阳秋》卷一)

【清】陈祚明：晨兴四句，风度依依。(《采菽堂古诗选》)

【清】温汝能："带月"句，真而警，可谓诗中有画。(《陶诗汇评》)

【清】方东树：此又就第二首（即"野外罕人事"一首）继续而详言之。而真景真味真意，如化工元气，自然悬象著明。末二句换意。古人之妙，只是能继能续，能逆能倒找，能回曲顿挫，从无平铺直衍。(《昭昧詹言》卷四)

【清】沈德潜：胸次浩然，天真绝俗，当于语言意象外求之。(《唐诗别裁集·凡例》)

◎ 其他

《木兰诗》

【明】谢榛："问女何所思，问女何所忆。女亦无所思，女亦无所忆。""东市买骏马，西市买鞍鞯，南市买辔头，北市买长鞭。"此乃信口道出，似不经意者，其古朴自然，繁而不乱。若一言了问答，一市买鞍马，则简而无味，殆非乐府家数。"万里赴戎机，关山度若飞。朔气传金柝，寒光照铁衣。将军百战死，壮士十年归。"绝似太白五言近体，但少结句尔。能于古调中突出几句，律调自不减文姬笔力。"雄兔脚扑朔，雌兔眼迷离。双兔傍地走，安能辨我是雄雌。"此结最着题，又出奇语。若缺此四句，使六朝诸公补之，未必能道此。（《四溟诗话》）

【明】钟惺、谭元春："昨夜见军帖……卷卷有爷名"，此等叙法不详不妙。"暮至黑水头……但闻燕山胡骑声啾啾"，琐琐路程中代写离家顾恋如诉。尤妙在语带香奁，无男子征戍气。"阿姊闻妹来"，补阿姊小弟关目始妙。"雄兔脚扑朔……安得辨我是雄雌"四语倒在后咏叹一番，木兰机警英烈之气在纸上矣，未可以闲闲比喻读之。（《古诗归》）

【明】胡应麟：此歌中，古质有逼汉、魏处，非二代所及也，惟"朔气""寒光"，整丽流亮类梁陈。又云：《木兰诗》是晋人拟古乐府，故高者上逼汉、魏，平者下兆齐梁。如"南市买辔头，北市买长鞭"，尚协东京遗响，至"当窗理云鬓，对镜贴花黄"，齐梁艳语宛然。又"出门见伙伴"等句，虽甚朴野，实自六朝声口，非两汉也。（《诗薮·内编》卷三）

【明】贺贻孙：叙事长篇动人啼笑处，全在点缀生活。如一本杂剧，插科打诨，皆在净丑。《木兰诗》有阿姊理妆，小弟磨刀一段，便不寂寞，而"出门见伙伴"，又是绝妙团圆剧本也。（《诗筏》）

【明】王世贞：《孔雀东南飞》质而不俚，乱而能整，叙事如画，叙情若诉，长篇之圣也。人不易晓，至以《木兰》并称。《木兰》不必用"可汗"为疑，"朔气""寒光"致贬，要其本色，自是梁、陈及唐人手段。《胡笳十八拍》软语似出闺襜，而中杂唐调，非文姬笔也，与《木兰》颇类。（《艺苑卮言》卷二）

【清】陈祚明：木兰诗甚古。当其淋漓，辄类汉魏，岂得以唐调疑之。此诗章法脱换，转掉自然。凡作长篇不可无章法，不可不知脱换之妙。此诗脱换又有陡然

竟过处，无文字中，含蓄多语，弥见高老。(《采菽堂古诗选》)

【清】沈德潜：事奇语奇，卑靡时得此，如凤凰鸣，庆云见，为之快绝。(《古诗源》)

【清】张玉毂：改男妆事，宜于此处顺便点清，今偏特地藏过，直至后幅返妆，突然反托出来，又足见叙事虚实互用之妙。(《古诗赏析》卷二十)

……出门时不写改妆，而此处写返照者，前是避顺避实，此则借以蹴起火伴之惊也。(《古诗赏析》卷二十)

【清】王尧衢：唧唧虫名，又似机声，又似叹息，此将言木兰代父戍边，而先形其叹息之状。先以织机起，见女郎之所有事也。问女所思，却是以寻常思忆待之者。女云无所思忆而有深思深忆者，乃出于寻常思忆之外。四语在题前摇曳，折出题情，乃绝妙好辞也。"东市买骏马"四句：此言从征之具，只一马而必写东西南北之市，似女郎初出门，左顾右盼光景。"朝辞爷娘去"八句：不闻爷娘唤女声，质朴得妙。宛是深闺女子口气，复说一遍，愈觉凄切。"爷娘闻女来"六句：一家喜悦，数语摹写生动。"当窗理云鬓"二句：忽露本相，真咄咄怪事。此归见爷娘而全家欢动也。爷娘二句与"不闻爷娘唤女声"应，"小弟闻姊来"与"阿爷无大儿"二句应，惟阿姊则用补衬法，而开户理妆，又与当窗理鬓遥应。"当窗理云鬓"二句，却故意与"朔气传金柝"二句遥应。前后似两截人，绝世奇事，遂有此绝世奇文。"出门看伙伴"八句：此以同行伙伴不辨雌雄作结，而木兰之苦心奇节乃见。想得伙伴此时如邯郸梦醒，苍茫若失，而木兰方且调笑自如，真绝世奇人也。借兔为喻，谑浪生姿。一篇极质古文，至末篇用戏笔，真绝世奇文。(《古唐诗合解》)

《敕勒歌》

【宋】洪迈：鲁直《题阳关图》诗云："想得阳关更西路，北风低草见牛羊"，又《集》中有《书韦深道诸帖》云："斛律明月，胡儿也，不以文章显，老胡以重兵困敕勒川，召明月作歌以排闷。仓卒之间，语奇壮如此，盖率意道事实耳"。予按《古乐府》有《敕勒歌》，以为齐高欢攻周玉壁而败，恚愤疾发，使斛律金唱《敕勒》，欢自和之。其歌本鲜卑语。(《容斋随笔》卷一)

【宋】王灼：金(指斛律金)不知书，能发自然之妙如此，当时徐、庾辈不能也。吾谓西汉而后，独《敕勒歌》暨韩退之十琴操近古。(《碧鸡漫志》卷一)

【明】胡应麟：金武人，目不知书，此歌成于信口，咸谓宿根。不知此歌之妙，

正在不能文者以无意发之，所以浑朴苍莽，暗合前古。……使当时文士为之，便欲雕缋满眼。(《诗薮·内编》卷三)

【明】王世贞：为一时乐府之冠。(《艺苑卮言》卷三)

【明】谢榛：金不知书，同于刘、项，能发自然之妙。韩昌黎《琴操》虽古，涉于摹拟，未若金出性情尔。(《四溟诗话》)

【清】沈德潜：莽莽而来，自然高古。汉人遗响也。(《古诗源》)

【清】王夫之：寓目吟成，不知悲凉之何以生。诗歌之妙，原在取景遣韵，不在刻意也。(《船山古诗评选》)

【清】陈祚明：此歌甚高古，有汉魏之余响。(《采菽堂古诗选》)

【清】成书：人知赏"芙蓉""杨柳"之句，而不知斛律金《敕勒歌》真气惊人，为《大风》《垓下》嗣响。视彼"风云""月露"之词，直蝉噪耳。(《古诗存》)

【今】郑振铎：此诗写北方荒野景色，直浮现于读者之前，博得后人极端的倾倒，可谓为最带北方色彩的诗。(《郑振铎全集》第十卷)

◎ 贺知章

《咏柳》

【明】陆时雍：春风如刀，即柳叶如彩，此其为风味之佳。（《唐诗镜》卷八）

【明】黄周星：尖巧语，却非由雕琢而得。（《唐诗快》卷十五）

【明】钟惺、谭元春：奇露语开却中晚。（《唐诗归》）

【清】黄叔灿：赋物入妙，语意温柔。"裁出""似剪刀"，工甚。（《唐诗笺注》卷八）

【今】刘拜山："不知"二句，语意新奇，生机盎然，咏春柳入妙。（《千首唐人绝句》）

《回乡偶书》

【宋】范晞文：卢象《还家》诗云："小弟更孩幼，归来不相识。"贺知章云："儿童相见不相识，笑问客从何处来。"语益换而益佳，善脱胎者宜参之。近时严坦叔《还家》诗亦有"旧时巷陌浑忘记，却问新移来住人"，颇得知章之遗意。（《对床夜语》卷三）

【宋】刘辰翁：说透人情之的。（《唐诗品汇》卷四十六）

【明】唐汝询：鬓毛摧，貌非昔也；儿童不相识，人非昔也。模写久客之感，最为真切。（《唐诗解》卷二十五）

【明】钟惺：（"儿童"二句）似太白。（《唐诗归》卷五）

【明】谢榛：凡字有两音，各见一韵。如……贺知章《回乡偶书》云："少小离乡老大回，乡音无改鬓毛衰。"此灰韵"衰"字，以为支韵"衰"字误矣。（《四溟诗话》卷三）

【清】王尧衢：此作一气浑成，不假雕琢，兴之偶至，举笔疾书者。"少小离家老大回"，便见得是久客。"乡音无改鬓毛衰"，音虽犹昔而貌已非昔也。"儿童相见不相识，笑问客从何处来。"二句转、合，分拆不开。（《古唐诗合解》卷五）

【清】宋宗元：情景宛然，纯乎天籁。（《网师园唐诗笺》卷十五）

【清】刘宏煦、李德举：人皆知气象开展、音节宏亮为盛唐，不知盛唐中有如此淡瘦一种，却未尝不是高调。（《唐诗真趣篇》）

【清】刘仲肩：朴实语，无限感慨。（《唐诗真趣篇》）

【今】富寿荪：写眼前事，一往任笔，轻松活泼，情趣盎然。而无穷感慨，即寓其中。此境在唐人七绝中殊不多见。（《千首唐人绝句》）

◎ 王维

《使至塞上》

【明】蒋仲舒：旷远之景，孤烟如何直，须要理会。（《唐诗广选》）

【明】唐汝询：李于鳞选律，多取边塞，为其尚气格也。此篇与《送平澹然》《送刘司直》三诗，才情虽乏，神韵有余，终是风雅正调。起得便。蒋仲舒云"孤烟如何直，须要理会"。夫理会何难？骨力罕敌。（《唐诗解》）

……此奉使出塞而赋其事。言天子念切边庭，而遣单车之使，故我为属国而过居延，正犹征蓬之出塞，归雁之入胡。而大漠之孤烟，长河之落日，靡不尽我目中矣。时盖欲诣都护之幕，故逢候骑于萧关，问而得其所在也。（《唐诗解》）

【明】顾可久：雄浑高古。（《唐王右丞诗集注说》）

【明】陆时雍：五、六得景在"日圆"二字，是为不琢而佳，得意象故也。（《唐诗镜》）

【明】宗臣：阔大、悲壮。（《删补唐诗选脉笺释会通评林·盛五律上》）

【明】王夫之：右丞每于后四句入妙，前以平语养之，遂成完作。一结平好蕴藉，遂已迥异。盖用景写意，景显意微，作者之极致也。（《唐诗评选》卷三）

"长河落日圆"，初无定景；"隔水问樵夫"，初非想得：则禅家所谓"现量"也。（《姜斋诗话》）

【明】徐增：奉使乘车以至边，属国，汉武置属国都尉，主外国降者，存国号而属汉，故曰属国，已过居延矣。征蓬，即断蓬。薛道衡诗："今夜寒车宿，明晨转蓬征。"魏武诗："田中有转蓬，随风远飘扬。"喻出塞远去也。"归雁入胡天"，交春则雁北归，右丞出塞，飞雁归之时也。大漠，沙漠也。望去但见孤烟之直。长河，黄河也，望去但见落日之圆。无边无际，使人心伤。萧关，在上郡北。至萧关始逢探候之骑，知都护之在燕然。燕然，山名，去塞三千余里。塞外之官，都护最尊，知其所在，则胆壮而心宽矣。大漠、长河一联，独绝千古。（《而庵说唐诗》卷十五）

【清】吴煊、胡棠："直""圆"二字极锤炼，亦极自然。后人全讲炼字之法，非也；不讲炼字之法，亦非也。（《唐贤三昧集笺注》）

【清】张谦宜："大漠孤烟直，长河落日圆。"近景如画，工力相敌。（《絸斋诗谈》卷五）

【清】吴昌祺：结言都护之威，奉使者藉以自雄。（《删订唐诗解》）

【清】范大士：独造之句，得未曾有。（《历代诗发》）

【清】屈复：前四句写其荒远，故用"过"字，"出""入"字。五、六写其无人，故用"孤烟"、"落日"、"直"字、"圆"字，又加一倍惊恐，方转出七、八，乃为有力。（《唐诗成法》）

【清】卢䴖：五、六苍亮，骎骎气分，写景如生，足为名句。（《闻鹤轩初盛唐近体读本》）

……（汪玉杓云）前半气势莽苍，倒排山海；五、六写景如生，然亦是其自然本色中最警亮者。结另意，有开拓。（《闻鹤轩初盛唐近体读本》）

【清】张文荪："直"字、"圆"字，十二分力量。（《唐贤清雅集》）

【清】潘德舆："直"字、"圆"字，炼到无痕迹处，可以为妙悟也。（《唐贤三昧集》）

【近】王国维："黄（当作'长'）河落日圆"，此种境界，可谓千古壮观。（《人间词话》）

《九月九日忆山东兄弟》

【宋】胡仔：子美《九日蓝田崔氏庄》云："明年此会知谁健，醉把茱萸仔细看。"王摩诘《九日忆山东兄弟》云："遥知兄弟登高处，遍插茱萸少一人。"朱放《九日与杨凝崔淑期登江上山会有故不得往因赠之》云："那得更将头上发，学他年少插茱萸?"此三人，类各有所感而作，用事则一，命意不同，后人用此为九日诗，自当随事分别用之，方得为善用故实也。(《苕溪渔隐丛话·后集》卷六)

【明】顾璘：真意所发，切实故难。(《批点唐音》)

【明】吴逸一：口角边说话，故能真得妙绝，若落冥搜，便不能如此自然。(《唐诗正声》)

【明】蒋仲舒：在兄弟处想来，便远。(《唐诗广选》)

【明】唐汝询：己既思亲，亲亦念我。下联想象其情，"少一人"者，己不在也。按摩诘作此，时年十七，词义之美，虽《陟岵》不能加。史以孝友称维，不虚哉！(《唐诗解》卷二十六)

【明】周敬：自有一种至情，言外可想。(《删补唐诗选脉笺释会通评林·盛七绝上》)

【明】徐充："倍"字佳，"少一人"正应"独"字。(《删补唐诗选脉笺释会通评林·盛七绝上》)

【明】徐增：前说思亲，后说兄弟思我。闻维作此诗时，年始十七，真是夙慧，尤见至性。读此诗而不下泪者，其人不孝友……每逢佳节，不但我倍思亲，而兄弟亦倍思我。此是佛转法轮法，非精于佛乘不能也。(《而庵说唐诗》卷十一)

【清】叶羲昂：诗不深苦，情自霭然。叙得真率，不用雕琢。(《唐诗直解》)

【清】王谦：圣叹曾言，唐人作诗每用"遥"字，如"遥知远林际""遥知兄弟登高处"，皆用倩女离魂法也，极有远致。(《碛砂唐诗纂释》)

【清】吴瑞荣：右丞七绝，飘逸处如释仙仗履，古藻处如轩昊衣冠，其所养者深矣。(《唐诗笺要》)

【清】沈德潜：即《陟岵》诗意，谁谓唐人不近《三百篇》耶？(《唐诗别裁》)

【清】张谦宜：不说我想他，却说他想我，加一倍凄凉。(《纟见斋诗谈》)

【清】宋宗元：至情流露，岂是寻常流连光景者。(《网师园唐诗笺》)

【清】孙洙：孝友之思，蔼然言外。(《唐诗三百首》卷五)

【清】刘宏煦、李德举：从对面说来，己之情自已，此避实击虚法。又曰：起二语拙，直是童年之作。(《唐诗真趣编》)

【近】朱宝莹：三、四句与白居易"共看明月应垂泪，一夜乡心五处同"意境相似。(《诗式》)

【近】俞陛云：杜少陵诗"忆弟看云白日眠"，白乐天"一夜乡心五处同"，皆

寄怀群季之作，此诗尤万口流传。诗到真切动人处，一字不可移易。(《诗境浅说》)

【今】刘拜山：写兄弟登高相忆，情景历历如绘。而此情景又出自我之独自凝想，则我思兄弟之深，不必再着一言，已加倍写出，此透过一层写法也。(《千首唐人绝句》)

《送元二使安西》

【宋】苏轼：旧传《阳关》三叠，今歌者每句再叠而已，若通一首又是四叠，皆非是。每句三唱以应三叠，则丛然无复节奏。有文勋者，得古本《阳关》，每句皆再唱，而第一句不叠，乃知唐本三叠如此。乐天诗云："相逢且莫推辞醉，听唱《阳关》第四声。"第四声者，"劝君更尽一杯酒"也，以此验之，若第一句再叠，则此句为第五声，今为第四声，则第一句不叠审矣。(《仇池笔记·阳关三叠》)

【宋】刘辰翁：更万首绝句，亦无复近，古今第一矣。又曰：此即《阳关三叠》词也，意味悠长。(《王孟诗评》)

【明】李东阳：作诗不可以意徇辞，而须以辞达意。辞能达意，可歌可咏，则可以传。王摩诘"阳关无故人"之句，盛唐以前所未道。此辞一出，一时传诵不足，至为三叠歌之。后之咏别者，千言万语，殆不能出其意之外，必如是方可谓之达耳。(《麓堂诗话》)

【明】敖英：唐人别诗，此为绝唱。(《唐诗绝句类选》)

【明】胡应麟："数声风笛离亭晚，君向潇湘我向秦""日暮酒醒人已远，满天风雨下西楼"，岂不一唱三叹，而气韵衰飒殊甚。"渭城朝雨"自是口语，而千载如新。(《诗薮·内编》卷六)

【明】吴逸一：语由信笔，千古擅长，既谢光芒，兼空追琢。太白、少伯，何遽胜之。(《唐诗正声》)

【明】陆深：王摩诘"渭城朝雨"之诗，谓之《阳关三叠》，相传已久而歌叠不传。或曰凡三歌之。恐或不然。或曰：首歌全句，次歌五字，又次歌尾三字，句凡三歌，谓之三叠，亦未必其果然否？(《诗话》)

【明】唐汝询：朝雨洗尘，柳堪折矣。杯酒易竭，故人难逢，能不强饮耶？唐人饯别之诗以亿计，独《阳关》擅名，非谓其真切有情乎？凿混沌者皆下风也。(《唐诗解》卷二十六)

信手拈出，乃为送别绝唱，作意者正不能佳。(《删补唐诗选脉笺释会通评

林·盛七绝上》）

【明】陆时雍：语老情深，遂为千古绝调。如岑参《送殷寅》："清淮无底绿江深，宿处津亭枫树林。驷马欲辞丞相府，一樽须尽故人心。"同此一意，相去远矣。故诗以老练为佳。（《唐诗镜》卷十）

【明】蒋一梅：片言之悲，令人魂断。（《删补唐诗选脉笺释会通评林·盛七绝上》）

【明】周珽：敖子发云："渭城客舍，别之地也；朝雨柳色，别之景也；末二句，别之情也。"按阳关在中国之外，安西又在阳关之外，行役之远，莫过于此。故谓西出阳关，乃蛮夷之域，必无故人，求今日饮酒叙别，不可复得，安能不劝尽一杯耶？（《删补唐诗选脉笺释会通评林·盛七绝上》）

【明】顾可久：惜别意悠长不露。（《唐王右丞诗集注说》）

【明】邢昉：风韵超凡，声情刺骨，自尔百代如新，更无继者。（《唐风定》）

【明】徐增：此诗之妙，只有一个真，真则能动人。后维偶于路旁，闻人唱此诗，为之下泪，后人送行多唱此，谓之《阳关三叠》。（《而庵说唐诗》卷十一）

【明】黄生：先点别景，次写别情，唐人绝句多如此。毕竟以此首为第一，惟其气度从容，风味隽永，诸作无出其右故也。失粘须将一二倒过，然毕竟移动不得，由作者一时天机凑泊，宁可失粘而语势不可倒转，此古人神境，未易到也。（《唐诗摘抄》卷四）

【清】钱良择：刘梦得诗云"更与殷勤唱《渭城》"，白居易诗云"听唱《阳关》第四声"，皆谓此曲也。相传其调最高，倚歌者笛为之裂。（《唐音审体》）

【清】何焯：首句藏行尘，次句藏折柳，两面皆画出，妙不露骨。从休文"莫言一杯酒，明日难重持"变来。（《笺注唐贤绝句三体诗法》）

【清】焦袁熹：古今绝调。"渭城朝雨浥轻尘"下面决不是遇着个高僧，遇着个处士，此钩魂摄魄之说。第三、第四句不可连读。落句冷水一涕，却只是冲口道出，不费寻思。（《此木轩论诗汇编》）

【清】袁枚：折"柳"相赠，出"关"而"故人"难逢，能不强饮耶？第三句失粘，又名折腰体，此二首第三句与第四句点题。（《诗学全书》卷一）

【清】沈德潜：阳关在中国外，安西更在阳关外。言阳关已无故人矣，况安西乎！此意须微参。（《重订唐诗别裁集》卷十九）

【清】吴瑞荣：不作深语，声情沁骨。（《唐诗笺要》）

【清】宋顾乐：送别诗要情味俱深，意境两尽，如此篇真杰作也。（《万首唐人绝句选》）

【清】赵翼：人人意中所有，却未有人道过，一经说出，便人人如其意之所欲出，而易于流播，遂足传当时而名后世。如李太白"今人不见古时月，今月曾经照古人"，王摩诘"劝君更尽一杯酒，西出阳关无故人"，至今犹脍炙人口，皆是先得人心之所同然也。（《瓯北诗话》卷十一）

【清】张谦宜：（"劝君"二句）凡情真以不说破为佳。（《纲斋诗谈》卷五）

【清】王士禛：七言（绝）……昔李沧溟推"秦时明月汉时关"一首压卷，余以为未允。必求压卷，则王维之《渭城》、李白之《白帝》、王昌龄之"奉帚平明"、王之涣之"黄河远上"，其庶几乎！而终唐之世，绝句亦无出四章之右者矣。（《带经堂诗话》）

【清】刘宏煦、李德举：只体贴友心，而伤别之情不言自喻。用笔曲折。刘仲肩曰：是故人亲厚话。（《唐诗真趣编》）

【清】朱庭珍：王右丞"渭城朝雨"三绝句，俱盛传一时，熟于歌妓之口。此皆卓然可传之篇，不愧享大名于古今者也。（《筱园诗话》卷四）

《山居秋暝》

【明】周敬、陈继儒：周珽曰：月从松间照来，泉由石上流出，极清极淡，所谓洞口胡麻，非复俗指可染者。"浣女""渔舟"，秋晚情景；"归"字、"下"字，句眼大妙；而"喧""动"二字属之"竹""莲"，更奇入神。（《唐诗选脉会通评林》）

【明】钟惺："竹喧""莲动"细极！静极！（《唐诗归》）

【明】吴乔：右丞之"明月松间照，清泉石上流"，极是天真大雅，后人学之，则为小儿语也。（《围炉诗话》卷二）

【清】叶矫然：第七句颇费解，予揣诗意，以众芳摇落之辰，悲感易生，自达人观之，春荣秋歇，乃天之道，随意处之，则王孙无芳草之怨，而自可留，亦招隐之意也。盖此诗前六句信口不假思索，到结故作蕴藉语，俾轻浅人不得效颦，此诗人身份也。（《龙性堂诗话初集》）

【清】章燮：此诗所谓不着一字，尽得风流者，最为难学，后生不知其难，往往妄步，遂成浅俗。（《唐诗三百首注疏》卷四）

【清】黄生：尾联见意格。右丞本从工丽入，晚岁加以平淡，遂到天成，如

"明月松间照，清泉石上流"，此非复食烟火人能道者。今人不察其渐老渐熟乃造平淡之故，一落笔便想作此等语，以为吾以王、孟为宗，其流弊可胜道哉！（《唐诗矩》）

【清】王士祯：如王、裴《辋川》绝句，字字入禅。他如"雨中山果落，灯下草虫鸣"，"明月松间照，清泉石上流"，以及太白"却下水晶帘，玲珑望秋月"，常建"松际露微月，清光犹为君"，浩然"樵子暗相失，草虫寒不闻"，刘眘虚"时有落花至，远随流水香"，妙谛微言，与世尊拈花，迦叶微笑，等无差别。通其解者，可语上乘。（《带经堂诗话》）

【清】沈德潜：中二联不宜纯乎写景。如"明月松间照，清泉石上流。竹喧归浣女，莲动下渔舟"，景象虽工，讵为模楷？（《说诗晬语》）

【清】卢麰、王溥：三、四佳在景耳，景佳则语虽率直，不伤于浅。然人人有此景。人人不能言之，以是知修辞之不可废也。（《闻鹤轩初盛唐近体读本》）

【清】张文荪：语气若不经意，看其结体下字何等老练，切勿顺口读过。（《唐贤清雅集》）

【近】高步瀛：随意挥写，得大自在。（《唐宋诗举要》卷四）

【今】施蛰存："随意春芳歇"，这"随意"二字向来无人注解，大家都忽略了。其实这个语词的意义和现代用法不同，它是唐宋人的口语，相等于现代口语的"尽管"。（《唐诗百话》）

◎ 孟浩然

《春晓》

【宋】刘辰翁：风流闲美，正不在多。以诗近词，太以纤丽故。（《王孟诗评》）

【明】顾璘：此篇真景实情，人说不到。高兴奇语，唯吾孟公。（《唐诗广选》）

【明】唐汝询：首句破题，二句即景。下联有惜春意。昔人谓诗如参禅，如此等语，非妙悟者不能道。（《唐诗解》卷二十二）

【明】钟惺：（"夜来风雨声，花落知多少"）通是猜境，妙，妙！（《唐诗归》卷十）

【明】陆时雍：喁喁恢恢，绝得闺中体气，宛是六朝之余，第骨未峭耳。（《唐诗镜》卷十一）

【明】周敬；二十字清声婉约。(《删补唐诗选脉笺释会通评林·盛五绝》)

【明】周珽：晓景喧媚，莫卜夜无寂寞。惜春心绪，有说不出之妙。(《删补唐诗选脉笺释会通评林·盛五绝》)

【明】徐增：春气着人，睡最难醒，不知不觉，而便至晓矣。卯时阳气方开，鸟属阳，放群鸟皆鸣，此时尚未起身，何得下"处处"二字？此盖从枕上闻出来的，无处不是鸟声，枕上一一闻道。此句装得妙，做此二句，便煞住笔。复停，想到昨夜去，又到花上来，看他用笔不定，瞻之在前，忽然在后矣。或问余曰：何故不写夜来在前？余曰：汝何不看题中"晓"字，"处处闻啼鸟"下，若再连一笔，便不算晓矣。故特转到晓之前，下"夜来"二字。"风雨声"紧跟"闻"字。花不耐风雨，闻过风雨声，故一心关花上。花落多少，顷刻起身看便知，何须忖量。而不知天一晓，则鸟便啼。闻鸟啼，即想花落，此在一刹那中。稍一迟，则日出天大亮矣，于"晓"字便隔寻丈。其作"晓"字，精微有若此。(《而庵说唐诗》卷七)

【清】玉遮："知多少"，正是"不觉晓"妙处。(《唐诗选》)

【清】吴瑞荣：朦胧臆想，构此幻境。"落多少"可以不说，又不容不说，诚非妙悟不能有此。(《唐诗笺要》)

【清】李锳：亦具一气流转之妙。(《诗法易简录》)

【今】刘永济：此古今传诵之作。佳处在人人所常有，唯浩然能道出之。闻风雨而惜落花，不但可见诗人清致，且有屈子"哀众芳之零落"(按：屈原《离骚》作"哀众芳之芜秽")之感也。(《唐人绝句精华》)

【今】刘拜山：前半写春绪方浓，后半写春光将尽。意伤春逝，非惜落花。而措语婉曲，含蕴无尽。(《千首唐人绝句》)

◎ 李白

《蜀道难》

【唐】殷璠：白性嗜酒，志不拘检，常林栖十数载，故其为文章，率皆纵逸。至如《蜀道难》等篇，可谓奇之又奇，然自骚人以还，鲜有此体调也。(《河岳英灵集》卷上)

【唐】姚合：李白《蜀道难》，盖为无成归。尔今称意行，所历安觉危。(《送李

馀及第归蜀》)

【唐】孟棨：李太白初自蜀至京师，舍于逆旅，贺监知章闻其名，首访之。既奇其姿，复请所为文。出《蜀道难》以示之。读未竟，称叹者数四，号为谪仙。解金龟换酒，与倾尽醉。期不间日，由是称誉光赫。(《本事诗·高逸》)

【唐】王定保：李太白始自西蜀至京，名未甚振，因以所业贽谒贺知章。知章览《蜀道难》一篇，扬眉谓之曰："公非人世之人，可不是太白星精邪？"(《唐摭言》卷七)

【宋】严羽：("噫吁嚱"三句)提"蜀道难"，篇中三致意。用"噫吁嚱"三字起，非无谓，后人学袭，便成恶道。("地崩"二句)天工人力，四语尽之。("又闻"至"难于上青天")此中着二语，本《阳关三叠》。("连峰"句)有"扪参历井"，白此不必。("枯松"句)一幅好画。("磨牙"二句)雄语说难佳。("锦城"二句)只此十个字，是一篇之主。(结尾三句)言尽意无尽。又载明人批：蜀道本险，此只是就题直赋，更不必曲为解说。磊落豪肆，真前此所未有。然所以佳处，则正缘构法严密，此乃所谓真太白，不然便恐汗漫无收拾。又曰：起三句，陡然狂呼，振起一篇精神。暗哑叱咤，千山皆靡，非太白力量，后面如何应得转。又曰：("西当"四句)大概以文入诗是太白偏技，然要不可为常物说。("连峰去天"四句)一说高、木、水、石，更不乱下语。("锦城"二句)两语小收。(结尾三句)三重语是篇法，大概相顾盼处最跌荡有态。(严羽评《李太白诗集》)

【宋】刘辰翁：妙在起伏。其才放肆，语次崛奇，自不待言。(《唐诗品汇》卷二十六)

【元】范德机：七言长古篇法……归题乃篇末一、二句缴上起句，又谓之"顾首"，如《蜀道难》《古别离》《洗兵马行》是也。(《木天禁语》)

【明】谢榛：江淹有《古离别》，梁简文、刘孝威皆有《蜀道难》。及太白作《古离别》《蜀道难》，乃讽时事。虽用古题，体格变化，若疾雷破山，颠风簸海，非神于诗者不能道也。(《四溟诗话》卷一)

九言体……惟太白长篇突出两句，殊不可及，若"上有六龙回日之高标，下有冲波逆折之回川"是也。(《李诗选注》卷二)

【明】胡震亨：《蜀道难》自是古曲，梁、陈作者，止言其险，而不及其他。白则兼采张载《剑阁铭》"一人荷戟，万夫趑趄，形胜之地，匪亲弗居"等语用之，为特险割据与羁留佐逆者著戒。惟其海说事理，故苞括大，而有合乐府讽世立教本

旨。若第取一时一人事实之，反失之细而不足味矣，诸解者恶足语此！（《唐音癸签·诂笺六》）

【明】朱谏：起四句此白用乐府《蜀道难》之题而敷其义。先之以发叹曰"噫吁嚱"者，不一叹而足也。曰"危"曰"高"者，不一辞而止也，此二句总序以发。（"蚕丛"八句）此言蜀国自有国以来，至秦时乃得通道于中国也。夫天之生民，必立之君。蚕丛、鱼凫，蜀之先君开国者也。开国以来，以迄于今，则有四万八千余岁，虽与秦而接壤，然山川修阻，绝不往来，各国其国，人烟未尝得相通也。秦塞之外，有太白之山，鸟道四百余里，横绝于峨眉之颠，盖鸟可度，而人不得以度也。秦惠王之时，则以金牛欺蜀王，蜀使五丁凿山开道以迎牛，地崩山摧，而五丁死矣，然后路得稍通，架天梯，连石栈，钩索贯引，攀缘跻拔，乃可以与中国相往来也。（"上有"八句）承上言蜀虽有金牛之迹，可通中国，然其险峻总是畏人。山标之特起者，上碍日车，六龙以之而回辔；回川之旋逆者，倒折反冲，波流盘桓而不去。峰峦之高者，黄鹤飞而不能度；岩崖之险者，猿猱欲度而难援。青泥之岭，屈曲而上；百步之间，而有九折。左萦右绕，出于岩峦之下，何峻险也！仰逼象纬，以手抚膺，坐而长叹。蜀道之难，有如此哉！（"问君"十五句）此设为问之词，言蜀道之险如此，君游于此，何时还乎？盖畏途之巉岩不可以跻拔，游者宜暂时而不宜久。但见悲鸟之鸣于古木，子规之啼于空山。蜀道难行，鸟声悲怨，闻者多愁而易老矣。其山之高也，连峰去天不盈一尺，枯松依崖而倒挂，湍瀑交流而乱鸣。近人亦且畏之，况远道之人乎？嗟尔远人胡为来此，自取辛苦恐惧也！（"剑阁"十一句）承上言蜀地之险如此，剑阁之间尤为要害。若使一人荷戟，当关而立，虽有万人亦不敢进。是剑阁乃全蜀之门户，得失安危所由系也。使守关者苟非朝廷素所亲信之人，或一旦怀不轨之心，据险以叛，呼吸之间，变为虎狼，皆敌国也。故至险之地当择守地之官，不可不慎。且至险之中又有至毒之物，长蛇猛虎，吮血杀人，尤所当避。是锦城之地，殷富繁华，虽云可乐，然倚险则易于为乱，毒物又多而伤人，宜暂处而不宜久居，不如还家之为乐也。嗟尔远道之人来游此者，胡不及早而言旋乎！又曰：首二句以难辞而发其端，末二句以叹辞而结其意，首尾相应，而关键之密也。白此诗极其雄壮，而铺叙有条，起止有法，唐诗之绝唱者。杜子美谓其长句之好，盖亦意醉而心服之者欤！（《李诗选注》卷二）

【明】胡应麟：乐府则太白擅奇古今……《蜀道难》《远别离》等篇，出鬼入神，惝恍莫测。（《诗薮·内编》卷二）

太白《蜀道难》……无首无尾，变幻错综，窈冥昏默，非其才力学之，立见颠踣。（《诗薮·内编》卷三）

【明】桂天祥：辞旨深远，雄浑飘逸，杜子美所不可到。欧阳子以《庐山高》方之，殊为晒。（《批点唐诗正声》）

【明】郝敬：太白长歌，森秀飞扬，疾于风雨，本其才性独诣，非由人力。人所不及在此，诗教大坏亦在此。后生学步，奋猛亢厉之音作，而温柔敦厚之意尽。露才扬己，长傲负气，辞人所以多轻薄，由来远已。嗟乎！西日东流，又岂人力哉！但可谓之唐体而已矣。（《批选唐诗》）

【明】陆时雍：《蜀道难》近赋体，魁梧奇谲，知是伟大。（《唐诗镜》）

【明】周珽："一夫当关"四句，设意外之忧；"朝避猛虎"四句，指前见之恐，见变生肘腋，地终不可居。总言蜀道之难也。劈空落想，窍凿幽发，应使笔墨生而混沌死。（《唐诗选脉会通评林》）

【明】许学夷：屈原《离骚》本千古辞赋之宗，而后人摹仿盗袭，不胜厌饫……至《远别离》《蜀道难》《天姥吟》，则变幻恍惚，脱尽蹊径，实与屈子互相照映。（《诗源辩体》）

【明】邢昉：变幻神奇，仙而不鬼，长吉魔语，视之何如？亘百代无能仿象，才涉意即入长吉魔中矣。通篇奇险，不涉旁意，不参平调，其胜《天姥》《鸣皋》以此。（《唐风定》）

【明】顾炎武：李白作《蜀道难》，乃为房、杜之危也，此宋人穿凿之论。李白《蜀道难》之作，当在开元、天宝间，时人共言锦城之乐，而不知畏途之险，异地之虞，即事成篇，别无寓意。及玄宗西幸，升为南京，则又为诗曰："谁道君王行路难，六龙西幸万人欢。地转锦江成渭水，天回玉垒作长安。"一人之作，前后不同如此，亦时为之矣。（《日知录》卷二十六）

【明】徐增："尔来四万八千岁"，此云总非实据也。人言文人无实语，而不知文章家妙在跌宕；每说到已甚，太白用此，正跌宕法也。"蜀道之难，难于上青天"再一提，此句妙有关锁，上来笔气纵横，逸宕不如此，则散无统束矣。"锦城虽云乐"：上面说到蜀如此可惊、可畏，而忽下一"乐"字，妙极。"不如早还家"：此虽是乐，不可久居，"不如早还家"之句尤乐也。文势至此甚紧，必须一放，方得宽转，所谓"一张一弛，文武之道"也。"蜀道之难，难于上青天"，复提此句为结束，妙篇中凡三见，与《庄子·逍遥游》叙鲲鹏同。吾尝谓作长篇古诗，须读《庄

子》《史记》。子美歌行纯学《史记》，太白歌行纯学《庄子》。故两先生为歌行之双绝，不诬也。(《而庵说唐诗》)

【清】应时：(首四句)此唤法。("西当"四句)好形胜！天工人力，四语尽之。("扪参"句)奇语。("其险也"二句)文章中顿挫之法。("剑阁"三句)上言险难行，此言险不足恃，意不相蒙，此文章家断续之法。("锦城"二句)二语为篇中之主。总评：才气挥霍，顿宕不休，如南海明珠，随地倾出万斛也。(《李诗纬》卷一)

【清】田雯：太白以纵横之才，俯视一切。《蜀道难》等篇，长短句奇而又奇，可谓极才人之致。然亦惟青莲自为之，他人不敢学，亦不能学也。沧溟谓"太白往往于强弩之末，间杂长语，英雄欺人耳"。此言论诗极当，而以之诋太白，无乃太过耶！(《古欢堂杂著》)

【清】翁方纲：(七言古)又有长短句者，唐惟李太白多有之，然不必学。如《蜀道难》……效之而无其才，洵难免沧溟"英雄欺人"之诮。(《王文简古诗平仄论》)

【清】朱之荆：倏起倏落，忽虚忽实，真如烟水杳渺，绝世奇文也。(《增订唐诗摘抄》)

【清】贺裳：《蜀道难》一篇，真与河岳并垂不朽。即起句"噫吁嚱！危乎高哉！"七字，如累棋架卵，谁敢并于一处？至其造句之妙，"连峰去天不盈尺，枯松倒挂倚绝壁。飞湍瀑流争喧豗，砯崖转石万壑雷"。每读之，剑阁、阴平如在目前。又如"一夫当关，万夫莫开。所守或匪亲，化为狼与豺"。不惟刘璋、李势恨事如见，即孟知祥一辈，亦逆揭其肺肝。此真诗之有关系者，岂特文词之雄！纷纷为明皇、为房杜，讥严武、讥章仇兼琼，俱无烦聚讼。(《载酒园诗话又编》)

【清】钱良择：篇中三言蜀道之难，所谓一唱三叹也。突然以嗟叹起，嗟叹结，创格也。(《唐音审体》)

【清】焦袁熹：《蜀道难》，旧题也。太白为之，加奇肆耳。此千古绝调也。后人妄意学步，何其不知量也。……"连峰去天不盈尺"，无理之极，俗本作"连峰入烟几千尺"，有理之极。无理之妙，妙不可言；有理之不妙，其不妙亦不可胜言。举此一隅，即是学诗家万金良药也。(《此木轩论诗汇编》)

【清】沈德潜："其险也如此，嗟尔远道之人胡为乎来哉！"总束三语，千钧笔力。"锦城虽云乐，不如早还家"是其主意。恐蜀地有发难之人，则乘舆危也，故望其早还帝都也。通篇结穴……笔阵纵横,如虬飞蠖动,起雷霆于指顾之间。任华、卢仝辈仿之,适得其怪耳。太白所以为仙才也。(《重订唐诗别裁集》卷六)

【清】乔亿:太白诗"蜀道之难,难于上青天"句,凡三叠。管子曰:"使海于有蔽,渠弥于有渚,纲山于有牢。"穀梁氏曰:"梁山崩,壅遏河三日不流。"一篇之中,三番叙述,愈见其妙,所谓"闭户造车,出门合辙"者也。(《剑溪说诗》卷上)

【清】宋宗元:("地崩"二句)造语奇险。("问君"句)玩此,为明皇幸蜀作无疑。("其险"句)兜来何等力量。("磨牙"二句)高文险语,动魄惊心。("不如"句下)主意在此。(《网师园唐诗笺》)

【清】方东树:"朝避猛虎"四句,同屈原《招魂》。收句主意。(《昭昧詹言》卷十二)

《行路难》

【明】胡震亨:《行路难》,叹世路艰难及贫贱离索之感。古辞亡,后鲍照拟作为多,白诗似全学照。(《李诗通》)

【清】应时:太白纵作失意之声,亦必气概轩昂,若杜子则不然。(《李诗纬》卷一)

【清】丁谷云:气似古诗,词调是乐府,然去鲍参军远矣。(《李诗纬》卷一)

【清】爱新觉罗·弘历(敕编):冰塞雪满,道路又难甚矣。而日边有梦,破浪济海,尚未决志于去也。后有二篇,则畏其难而决去矣。此盖被放之初,述怀如此,真写得"难"字意出。(《唐宋诗醇》)

【近】刘咸炘:"停杯""长风"二联振动易学,"欲渡"四句排宕则不易,后人但学"停杯"以为豪。渡河、登太行,济世也。冰雪,譬小人,犹《四愁诗》之水深雪雰也。溪上梦日边,身在江湖,心存魏阙也。(《风骨集评》)

【今】裴斐:道路交错,若无所之,实谓无路可走,所以才盼望乘风破浪远济沧海,去和神仙打交道了(沧海,传说神仙所居之北海仙岛,见《海内十洲记》)。"济沧海"比起"垂钓碧溪"来,其与世决绝之意是更彻底了。这自然是激愤之语,不可当真,但可见诗人悲感之深。悲感至极而以豪语出之,这正是典型的李白风格,而有人竟说这证明了诗人的"乐观"和"信心"云云,直可入笑林矣。(《李白诗歌赏析集》)

《静夜思》

【宋】刘辰翁：自是古意，不须言笑。（《唐诗品汇》卷三十九）

【宋】严羽：前句生二句，二句生四句，却一意说出，不由造作。又载明人批：眼前意道得极妙，此乃是真太白。（严羽评《李太白诗集》）

【宋】谢枋得：直书衷曲，不着色相。（《唐诗品汇》卷三十九）

【元】范梈：五言短古不可明白说尽，含糊则有余味，如此篇是也。（《李杜诗选》卷二）

【明】吴逸一：百千旅情，妙复使人言说不得。天成偶语，讵由精炼得之？（《唐诗正声》）

【明】朱谏：《静夜思》，亦乐府之曲名也，静夜见月而思故乡情也。乐府之所谓"思"者，不知何事，李白则以思乡言之。旧注不存其题意，今则无所考矣。（《李诗选注》）

【明】高棅：乐府体。老炼着意作，反不及此。（《批点唐诗正声》）

【明】郭濬：悄悄冥冥，千里旅情，尽此十字（指三、四二句）。（《增定评注唐诗正声》）

【明】胡应麟：太白五言，如《静夜思》《玉阶怨》等，妙绝古今，然亦齐梁体格。（《诗薮·内编》卷六）

【明】钟惺：忽然妙境，目中口中凑泊不得，所谓不用意得之者。（《唐诗归》卷十六）

【明】唐汝询：摹写静夜之思，字字真率，正济南所谓不用意得之者。（《唐诗解》卷二十一）

【明】蒋仲舒：举头、低头，写出踌躇踯躅之态。（《李诗选》卷二）

【明】徐增：客中无事之夜，于床前数尺地，忽见一片之光。寒月色白，故疑是霜，意以为天晓矣。乃举头上望，见月之方高，始知其月光。首句是光，此句是月。见床前光是无意，望月是有心。月方高，正在夜中，床前雪白，性急又睡不去，始知身在他乡，故"低头思故乡"也。因疑则望，因望则思，并无他念，真"静夜思"也。（《而庵说唐诗》卷七）

【明】杨逢春：首先从月光说起，写月尚写得一半，二再下一衬，是题前蓄势，留虚步之法。三、四恰好转折到望月思归，曲曲描写，情态通真，传神之笔。又曰：

只写一句，已含思乡意。盖思乡念切，清夜不寐，忽离忽合，故于床前见月光也。（《唐诗偶评》）

【清】应时：（首句）即见思乡。（三、四）二句逼肖旅人。总评：余味无穷。（《李诗纬》）

【清】朱之荆：思乡诗最多，终不如此四语真率而有味。此信口语，后人复不能摹拟，摹拟便丑，语似极率，回环尽致。（《增订唐诗摘抄》）

【清】王尧衢：此诗如不经意而得之自然，故群服其神妙。他本作"看月光"，"看"字误。如用"看"字，则"望"字有何力？"举头望明月"，先是无心中见月光，尚未举头也。因"疑"而有"望"，遂举头而有见，明月高如许，方省是身在他乡也。"低头思故乡"，因"望"而有"思"，惟"见"故"低头"。他乡此月，故乡亦此月，静夜思之，真有情不自禁者。（《古唐诗合解》卷四）

【清】沈德潜：旅中情思，虽说明却不说尽。（《重订唐诗别裁集》卷十九）

【清】沈寅、朱崑：一种踟蹰踯躅之意，有言不能言者。（《李诗直解》）

【清】爱新觉罗·弘历（敕编）：《诗薮》谓古今翰林大家，得三人焉：陈思之古、拾遗之律、翰林之绝，皆天授，而非人力也，要是确论。至所云唐五言绝多法齐梁，体制自别。此则气骨甚高，神韵甚穆，过齐梁远矣。（《唐宋诗醇》）

【清】黄叔灿：即景即情，忽离忽合，极质直却自情至。（《唐诗笺注》）

【清】俞樾：李太白诗"床前明月光"云云，王昌龄"闺中少妇不知愁"云云，此两诗体格不伦而意实相准，夫闺中少妇本不知愁，方且凝妆而上翠楼，乃忽见陌头杨柳色，则"悔教夫婿觅封侯"矣，此以见春色之感人者深也。"床前明月光"，初以为地上之霜耳，乃举头而见明月，则低头而思故乡矣。此以见月色之感人者深也。盖欲言其感人之深，而但言如何相感，则虽深仍浅矣。以无情言情则情出，从无意写意则意真，知此者可以言诗乎！（《湖楼笔谈》）

【清】章燮：举头望明月，低头思故乡，则不能安睡矣。一夜萦思，踌躇月下，静中情形，描出如画。（《唐诗三百首注疏》）

【近】俞陛云：且举头、低头，联属用之，更见俯仰有致。（《诗境浅说（附续编）》）

【今】刘永济：清李重华《贞一斋诗说》谓："五言绝发源《子夜歌》，别无妙巧，取其天然。二十字如弹丸脱手方妙。"李白此诗绝去雕采，纯出天真，犹是《子夜》民歌本色，故虽非用乐府古题，而古意盎然。（《唐人绝句精华》）

【今】刘拜山：瞥然见之，疑其是霜，遂有天寒客久之感，旋虽审其是月，而乡愁已动，仰望俯思，不能自已矣。捕捉诗心，传神刹那，故为高唱。（《千首唐人绝句》）

《赠汪伦》

【明】高棅：好句好意，放之又放，达之又达。只"桃花"之情，千载无人可到，何云非诗之清者耶？（《批点唐诗正声》）

【明】谢榛：诗有四格：曰兴，曰趣，曰意，曰理。太白《赠汪伦》曰："桃花潭水深千尺，不及汪伦送我情。"此兴也。（《四溟诗话》）

【明】梅鼎祚、屠隆：诗不必深，一时雅致。（《李杜二家诗钞评林》）

【明】唐汝询：太白于景切情真处，信手拈来，所以调绝千古。后人效之，如"欲问江深浅，应如远别情"，语非不佳，终是栉卷杞柳。（《唐诗解》）

【明】周敬：不雕不琢，天然成响，语从至情发出，故妙。（《唐诗选脉会通评林》）

【明】周珽：上则百尺无枝，下则清浑无影，此诗之谓与？着意摩拟，便丑。（《唐诗选脉会通评林》）

【明】黄生：直将主客姓名入诗，老甚，亦见古人尚质，得以坦怀直笔为诗。若今左顾右忌，畏首畏尾，其诗安能进步古人耶？"请君试问东流水，别意与之谁短长？"意亦同此，所以不及此者，全得"桃花潭水"四字衬映入妙耳。（《唐诗摘抄》）

【清】于源：赠人之诗，有因其人之姓借用古人，时出巧思；若直呼其姓名，似径直无味矣。不知唐人诗有因此而入妙者，如"桃花流水深千尺，不及汪伦送我情""旧人惟有何戬在，更与殷勤唱渭城""平生不解藏人善，到处逢人说项斯"，皆脍炙人口。（《镫窗琐话》）

【清】焦袁熹："桃花潭水深千尺"，掩下句看是甚么？却云"不及汪伦送我情"，何等气力，何等斤两，抵过多少长篇大章！又只是眼前口头语，何曾待安排雕饰而出之？此所以为千秋绝调也。（《此木轩论诗汇编》）

【清】沈德潜：若说汪伦之情比于潭水千尺，便是凡语，妙境只在一转换间。（《唐诗别裁》）

【清】黄叔灿：相别之地，相别之情，读之觉娓娓兼至，而语出天成，不假炉

炼，非太白仙才不能。"将"字、"忽"字，有神有致。(《唐诗笺注》)

【清】宋宗元：深情赖有妙语达之。(《网师园唐诗笺》)

【清】李锳：言汪伦相送之情甚深耳，直说便无味，借桃花潭水以衬之，便有不尽曲折之意。(《诗法易简录》)

【清】袁枚：唐时汪伦者，泾川豪士也，闻李白将至，修书迎之，诡云："先生好游乎？此地有十里桃花；先生好饮乎？此地有万家酒店。"李欣然至。乃告云："'桃花'者，潭水名也，并无桃花；'万家'者，店主人姓万也，并无万家酒店。"李大笑，款留数日，赠名马八匹，官锦十端，而亲送之。李感其意，作《桃花潭》绝句一首。(《随园诗话》)

【近】朱宝莹：首句从"李白欲行"起，下一"将"字，则已在舟中而尚未行也，此就题起格。二句岸上有"踏歌声"，汪伦送李白也，伏下"送我"二字之根，承首句起。三句"桃花潭水深千尺"，兴下"情"字；三句转变，虽系兴字诀，却实接也。四句言汪伦之情更深于桃花潭水；虽深至千尺而不及汪伦之情之深，非为潭水言，特借以形容汪伦之情。"深千尺"三字已写足，下句拍上，更得势。所谓四句发之如顺流之舟者，于此可悟矣。(《诗式》)

《黄鹤楼送孟浩然之广陵》

【宋】陆游：八月二十八日访黄鹤楼故址，太白登此楼送孟浩然诗云："孤帆远映碧山尽，唯见长江天际流。"盖帆樯映远山尤可观，非江行久不能知也。(《入蜀记》卷五)

【宋】严羽：从《湘灵鼓瑟》诗脱胎，亦具孟骨。(严羽评《李太白诗集》)

【宋】洪迈：不必作苦语，此等语如朝阳鸣凤。(《唐人万首绝句选评》)

【明】吴逸一：燕公《送梁六》之作，直以落句见情，便不能与青莲此诗争雄。(《唐诗正声》)

【明】敖英：末二句写别时怅望之景，而情在其中。(《唐诗绝句类选》)

【明】朱谏：赋也。按此诗词气清顺而有音节，情思流动而绝尘埃。如轻风晴云，淡荡悠游于太虚间，不可以形迹而模拟者也。白于浩然可谓知己，率尔而发，莫非佳句，譬之伯乐遇子期，而后有高山流水之操也。(《李诗选注》卷九)

【明】唐汝询：黄鹤，分别之地；扬州，所往之乡；烟花，叙别之景；三月，纪别之时。帆影尽则目力已极，江水长则离思无涯，怅望之情俱在言外。(《唐诗

解》卷二十五）

"孤帆"即是说人。（《汇编唐诗十集》）

【明】陈继儒：送别诗之祖，情意悠渺，可想不可说。（《唐诗选脉会通评林》）

【明】徐增：黄鹤楼在武昌县，白于此楼上送孟浩然。首便下"故人"二字，扼定浩然，便牢固得势。"西"字好，遂紧照扬州，以扬州在武昌之东。此时浩然意在扬州，故云"西辞黄鹤楼"也。扬州乃烟花之地，三月又烟花之时。下者，从上而下，武昌在上流故也。"孤帆"是浩然所乘之舟之帆。远影，浩然已挂帆，而目犹在楼上伫望。"碧空尽"，渐至帆影不见了。既不见了，浩然所挂之帆影是黄鹤楼之东，而白却回转头去，望黄鹤楼之西，唯见长江之水从天际只管流来，而已有神理在内。诗中用字须板，用意须活，板则不可移动，活则不可捉摸也。（《而庵说唐诗》卷六）

【明】黄生：不见帆影，惟见长江，怅望之情，尽在言外。又曰：（前）两句错综，硬装句。（后两句）景中见情，意在言外。两呼两应格，一呼二应，三呼四应。此为各应法。（《唐诗摘抄》卷四）

【明】潘耒：起句题中"送"字，二句题中"之"字。"烟花三月"，佳时也；扬州，胜地也。"之"又顺流也，宜其速矣。然后接下二句。下二句，此别后之景，于送时先想见之，愈愁。（《李太白诗醇》卷三）

【清】沈寅、朱崑：此诗赋别时之景而情在其中也。言我故人孟君西辞黄鹤楼之地而行矣，当春景烟花之时，三月而下扬州。我送之江干，跂予望之，孤帆远影，碧空已尽，帆没而不见矣，唯见长江飞流无际，故人已远，予情犹为之怅怅耳。（《李诗直解》）

【清】应时：（首二句）叙事有致。（末句）收得"送"意。总评：不言情却使人情深。（《李诗纬》）

【清】朱之荆："黄鹤楼"三字下得好，三、四望远情景，但从首句生出。"烟花三月"四字插入轻婉；三月，时也；烟花，景也。第三句只接写"辞"字、"下"字。（《增订唐诗摘抄》）

【清】黄叔灿："下扬州"着以"烟花三月"，顿为送别添毫。"孤帆远映"句，以目送之，"尽"字妙。"唯见"句再托一笔。（《唐诗笺注》）

【清】爱新觉罗·弘历（敕编）：语近情遥，有"手挥五弦，目送飞鸿"之妙。（《唐宋诗醇》卷六）

【清】吴烶：首二句将题面说明，后二句写景，而送别之意已见言表。孤帆远影，以目送也；长江天际，以心送也。极浅极深，极淡极浓，真仙笔也。（《唐诗选胜直解》）

【近】俞陛云：送行之作多矣，莫不有南浦销魂之意。太白与襄阳，皆一代才人而兼密友，其送行宜累笺不尽。乃此诗首二句仅言自武昌之扬州，后二句叙别意，言天末孤帆，江流无际，止寥寥十四字，似无甚深意者。盖此诗作于别后。襄阳此行，江程迢递，太白临江送别，直望至帆影向空而尽，惟见浩荡江流，接天无际，尚怅望依依，帆影尽而离心不尽。十四字中，正复深情无限，曹子建所谓"爱至望苦深"也。（《诗境浅说（附续编）》）

【今】刘永济：此诗写别情在三、四句。故人之舟既远，则帆影亦在碧空中消失，此时送别之人所见者，"长江天际流"而已。行者已达而送者犹伫立，正所以见其依恋之切，非交深之友，不能有此深情也。善写情者，不贵质言，但将别时景象有感于心者写出，即可使诵其诗者发生同感也。（《唐人绝句精华》）

【今】富寿荪："孤帆"二句，传伫立怅望之神，不言别情而别情弥挚，通首措语俊逸，缀景阔大，一片神行，含蕴无穷，宜其扬名千古。（《千首唐人绝句》）

《渡荆门送别》

【宋】严羽：（"山随"句）此二句意象浑漠，下联不称，不若作淡语度去为妙。又载明人批："山""江"联气象开阔。"下"字、"生"字可不用，用之作两层解亦自佳。此法唯太白有之，盖亦自《选》来。（严羽评《李太白诗集》）

【明】杨慎：太白《渡荆门》诗："仍归故乡水，万里送行舟。"《送人之罗浮》诗："尔喜之罗浮，余还愁峨眉。"又《淮南卧病书怀寄蜀中赵征君蕤》："国门遥天外，乡路远山隔。朝忆相如台，夜梦子云宅。"皆寓怀乡之意。（《升庵诗话·太白怀乡句》）

【明】胡应麟："山随平野尽，江入大荒流"，太白壮语也；杜"星垂平野阔，月涌大江流"，骨力过之。（《诗薮·内编》卷四）

【明】李维桢：文字特立不群，奇甚。又曰：气概何等雄壮。（《唐诗隽》）

【明】唐汝询：此自蜀入楚，渡荆门而赋其形胜如此。白本蜀人，江亦发源于蜀，故落句有水送行舟之语，盖言人不如水之有情也。题中"送别"二字，疑是衍文。（《唐诗解》卷三十三）

【明】陆时雍：诗太近人，其病有二，浅而近人者率也，易而近人者俗（一作"熟"）也。如《渡荆门送别》诸诗不免此病。（一作"如此与《江夏别宋之悌》《访戴天山道士》是也"）（《唐诗镜》卷二十）

【明】周敬：三、四雄壮，好形胜。（《删补唐诗选脉笺释会通评林·盛五律》）

【明】唐孟庄：语太浮，韵度不乏。（《删补唐诗选脉笺释会通评林·盛五律》）

【明】王夫之：明丽杲如初日。结二语得象外之圜中，飘然思不穷，唯此当之。泛滥钻研者，正由思穷于本分耳。（《唐诗评选》卷四）

【清】沈寅、朱崑：此荆门送别，赋其景而起故乡之思也。言渡荆门而游楚国也。目中所见，则山随平野邈旷之中而尽，江入大荒空阔之处而流。月色之下，圆飞天镜；云气之生，象结海楼。当此之时，送别江干，仍怜故乡之水，万里随舟以送行也。今见水若见故乡矣，得无念乎！（《李诗直解》）

【清】应时：太白之情多于景中生出，此作其尤者也。（《李诗纬》卷三）

【清】丁龙友：胡元瑞谓："山随平野"一联，此太白壮语也。子美诗"星垂平野阔，月涌大江流"二语，骨力过之。似之。岂知李是昼景，杜是夜景。又李是行舟暂视，杜是停舟细视，可概论乎！（《李诗纬》卷三）

【清】吴昌祺：此在楚而渡江送别。前四句渡荆门也。五、六即景。结言水远，正言心远。此送友东行，不必疑为衍文。（《删订唐诗解》卷十六）

【清】沈德潜：诗中无送别意，题中二字可删。（《重订唐诗别裁集》卷十）

【清】爱新觉罗·弘历（敕编）：颔联与杜甫之"星垂平野阔，月涌大江流"句法相类，亦气势均敌。胡震亨（当作"胡应麟"）以杜为胜，亦故为低昂耳。（《唐宋诗醇》卷六）

【清】黄叔灿："山随"一联，何等境界！唐人集中不可多得之语。然从上二句说来，尚有送别情在。"飞天镜"，"结海楼"，语亦奇辟。海楼即蜃楼。结二语因荆门而思故乡之水，言虽相隔万里，而舟行可达，故送人而怀思矣。（《唐诗笺注》）

【清】卢粦：三、四写形势确不可易，复尔苍亮，五、六亦是平旷所见语，语复警异。观此结，太白允是蜀人，语亦有情，未经人道。（《闻鹤轩初盛唐近体读本》）

【清】翁方纲：太白云"山随平野尽，江入大荒流"，少陵云"星垂平野阔，月涌大江流"，此等句皆适与手会，无意相合。固不必谓相为倚傍，亦不容区分优劣也。（《石洲诗话》卷一）

【清】管世铭：太白"山随平野尽，江入大荒流"，摩诘"江流天地外，山色有无中"，少陵"星垂平野阔，月涌大江流"，意境同一高旷，而三人气韵各别。（《读雪山房唐诗钞》）

【清】陈世镕：太白高处，如绛云在霄，卷舒无迹，天然凑泊，不可思议。明人乃标举"山随平野尽，江入大荒流"等句，以为极则，所谓"鹍鹏已翔乎寥廓，罗者犹视乎薮泽"也。（《求志居唐诗选》）

【清】梅成栋：包举宇宙气象。（《精选五七言律耐吟集》）

【清】胡本渊：（"山随"二句下）炼句雄阔，与杜匹敌。（《唐诗近体》）

【近】高步瀛：语言偶傥，太白本色。（《唐宋诗举要》）

《闻王昌龄左迁龙标遥有此寄》

【宋】谢枋得：首句托兴，次句赋事。末二句写情。（《李太白诗醇》卷二）

【宋】严羽：无情生情，其情远。（严羽评《李太白诗集》）

【明】胡应麟：太白七绝如"杨花落尽子规啼"……等作，读之真有挥斥八极，凌属九霄意。贺监谓为"谪仙"，良不虚也。（《诗薮·内编》卷六）

【明】敖英：曹植《怨诗》："愿作东北风，吹我入君怀。"又齐瀚《长门怨》："将心寄明月，流影入君怀。"而白诗兼裁其意，撰成奇语。（《唐诗绝句类选》）

【明】唐汝询：当花鸟将尽之时，适闻君有此行，于是因明月而寄此愁心，欲其随风而直至君所也。寄心明月，如曰寄言浮云，或以明月直指昌龄，何异指鹿为马。（《唐诗解》卷二十五）

【明】桂天祥：太白绝句，篇篇只与人别，如《寄王昌龄》《送孟浩然》等作，体格无一分相似，音节、风格万世一人。（《李诗选》）

【明】毛先舒：太白"杨花落尽"与乐天"残灯无焰"体同题类，而风趣高卑，自觉天壤。（《诗辩坻》卷三）

【明】黄生：趣。一写景，二叙事，三、四发意。此七绝之正格也。若单说愁，便直率少致；衬入景语，无其理而有其趣。又曰：（第三句）情中见景，痴语见趣。（《唐诗摘抄》卷四）

【清】应时：凄清之气动人。（首二句）虽直叙，已见意。（末二句）无情中生出。（《李诗纬》）

【清】潘耒：前半言时方春尽，已可愁矣。结句承次句。心寄与月，月又随风，

幻甚。（《李太白诗醇》卷二）

【清】朱之荆：即景见时，以景生情。末句直硬，见真情。（《增订唐诗摘抄》）

【清】沈德潜：即"将心寄明月，流影入君怀"意。出以摇曳之笔，语意一新。（《重订唐诗别裁集》卷二十）

【清】黄叔灿："愁心"二句，何等缠绵悱恻。而"我寄愁心"，犹觉比"隔千里兮共明月"意更深挚。（《唐诗笺注》）

【清】李锳：三、四句言此心之相关，直是神驰到彼耳。妙在借明月以写之。（《诗法易简录》）

【清】施补华：深得一"婉"字诀。（《岘佣说诗》）

【今】富寿荪：首句寓飘泊之感，次句见贬地荒远，三、四极写关怀之切。通首一气旋折，全以神行。而语挚情真，复饶远韵，故推绝唱。（《千首唐人绝句》）

《望庐山瀑布》

【宋】苏轼：帝遣银河一派垂，古来唯有谪仙词。飞流溅沫知多少，不为徐凝洗恶诗。（《戏徐凝瀑布诗》）

【宋】葛立方：徐凝《瀑布》诗云："千古犹疑白练飞，一条界破青山色。"或谓乐天有赛不得之语，独未见李白诗耳。李白《望庐山瀑布》云："飞流直下三千尺，疑是银河落九天。"故东坡云："帝遣银河一派垂，古来惟有谪仙词。"以余观之，银河一派，犹涉比类，未若白前篇云："海风吹不断，江月照还空"，凿空道出，为可喜也。（《韵语阳秋》）

【宋】严羽：亦是眼前喻法，何以使后人推重？（《李太白诗醇》）

【明】高棅：刘云：奇夐不复可道。又云：以为银河，犹未免俗耳。（《唐诗品汇》）

【今】刘永济：李白集中所写山水，皆气象奇伟雄丽之景，足见其胸次宏阔，亦与山水同。较之王、裴辋川唱和诗作，别具一番境界。大小虽殊，而诗人观物之精细与胸怀之澄澈，能以一己之精神面貌融入景物之中，则无不同。（《唐人绝句精华》）

【今】刘拜山：结句空中落笔，直撮瀑布之神，兼传"望"字之理。乃知夸张比拟之词，必似此神理俱全，方臻上乘。《艺苑雌黄》讥石致若"燕南雪花大于掌，冰柱悬檐一千丈"为豪而畔理，信然。（《千首唐人绝句》）

《望天门山》

【宋】陆游:(出姑孰)至大信口泊舟。盖自此出大江,须风便乃可行,往往连日阻风。两小山夹江,即东梁、西梁,一名天门山。李太白诗云:"两岸青山相对出,孤帆一片日边来。"……皆得句于此。(《入蜀记》)

【宋】严羽:自然清遒。又载明人批:景本奇,道得意亦快。但第二句微拙。(严羽评《李太白诗集》)

【明】郭濬:说尽目前山水,将孤帆一片影出"望"字,诗中有画。(《增定评注唐诗正声》)

【明】李攀龙、袁宏道:指点景物如画。(《唐诗训解》)

【明】朱谏:此李白自宜城下金陵时,由江中所见也。(《李诗选注》)

【明】唐汝询:上三句写天门之景。落句言己之来游时,盖初去京华而适楚,故有"日边"之语。(《唐诗解》卷二十五)

【明】周珽:以山"相对",照应"中断";以水"流回",照应"江开",意调出自天然。将"孤帆一片"影出"望"字,诗中有画。(《删补唐诗选脉笺释会通评林·盛七绝中》)

【明】黄生:语无深意,写景通真。(末句)意在言外。(《唐诗摘抄》卷四)

【清】叶羲昂:一幅绝好画意。(《唐诗直解》)

【清】吴昌祺:"日边",或东或西皆可,不必指京师。(《删订唐诗解》卷十三)

【清】爱新觉罗·弘历(敕编):对结另是一体。词调高华,言尽意不尽,不得以半律讥之。又曰:此及"朝辞白帝"等作,俱极自然,洵属神品,足以擅场一代。(《唐宋诗醇》)

【清】黄叔灿:此天然图画境界,正难有此大手笔写成。(《唐诗笺注》)

【清】宋顾乐:此等诗真可谓"眼前有景道不得"也。(《唐人万首绝句选》)

【今】刘拜山:此写天门上游东望之景。前半写近望,后半写远望。从两山夹峙中遥见日边孤帆,又是"开"字神理。(《千首唐人绝句》)

《独坐敬亭山》

【宋】严羽:与寒山一片石语,惟山有耳;与敬亭山相看,惟山有目。不怕聋聩杀世上人。古人胸怀眼界,直如此孤旷。(严羽评《李太白诗集》)

【明】朱谏：言我独坐之时，鸟飞云散，有若无情而不相亲者，独有敬亭之山，长相看而不相厌也。（《李诗选注》）

【明】蒋仲舒：（上联）便是独坐境界。（《唐诗广选》）

【明】胡应麟：绝句最贵含蓄。青莲"相看两不厌，只有敬亭山"，亦太分晓。钱起"始怜幽竹山窗下，不改清阴待我归"，面目尤觉可憎。宋人以为高作，何也？（《诗薮·内编》卷六）

【明】钟惺：胸中无事，眼中无人。又曰：说出矣，说不出。（《唐诗归》卷十六）

【明】谭元春："只有"二字，人皆用作萧条零落，沿袭可厌。惟"相看两不厌"之下接以"只有敬亭山"，则此二字竟是意象所结，岂许俗人浪识？（《唐诗归》卷十六）

【明】钟惺、谭元春：唐云："不厌"妙矣，"两不厌"尤妙。（《唐诗归折衷》）

【明】唐汝询：鸟飞云去，似有厌时，求不相厌者，惟此敬亭耳。模写独坐之景，非深知山水趣者不能道。（《唐诗解》卷二十一）

【明】严羽：（明人批）"飞""去"皆有厌意。时想有厌之者，故借以归德于山耳。（严羽评《李太白诗集》）

【明】徐用吾：此所谓"天然去雕琢"者。（《精选唐诗分类评释绳尺》）

【明】潘耒：不同鸟与云之易舍，是人不厌山；不同鸟与云之暂对，是山不厌人。故谓之"两"。然山无情，人有情，止成"独坐"而已。（《李太白诗醇》）

【明】黄生：贤者自表其节，不肯为世推移也。（《唐诗摘抄》卷二）

【明】黄周星：有此一诗，敬亭遂千古矣。（《唐诗快》）

【明】杨逢春：首二"鸟飞""云去"，都是烘托"独"字，言在山中之物都已尽去，若厌而之他者，而我独不然也。三、四实写"独"字，偏扯山伴说，转于"独"中说出不独来。"相""两"字下得奇，如云我向山，山亦向我，我不厌山，山亦不厌我也。写爱山之情，十分真挚乃尔。（《唐诗偶评》）

【清】应时：只论气概，固当首推。（首二句）目中无人。（末二句）虽寄感，却自有乐致。（《李诗纬》卷四）

【清】吴昌祺："鸟飞""云去"，正言"独坐"也。（《删订唐诗解》卷十一）

【清】吴烺：山间之所有者，鸟与云耳，今则"飞尽"矣，"去闲"矣。独坐之际，对之郁然而深秀者，则有此山。陶靖节诗"悠然见南山"，即此意也。加"不

厌"二字，方醒得"独坐"神理。言浅意深，人所不能道。(《唐诗选胜直解》)

【清】朱之荆：鸟飞云远，言其独坐也。末句"独"字更醒。(《增订唐诗摘抄》)

【清】爱新觉罗·弘历（敕编）：宛然"独坐"神理。胡应麟谓"绝句贵含蓄，此诗太分晓"，非善说诗者。(《唐宋诗醇》卷八)

【清】黄叔灿："尽"字、"闲"字，是"不厌"之魂。"相看"下着"两"字，与敬亭山对若宾主，共为领略，妙。(《唐诗笺注》)

【清】李锳：首二句已绘出"独坐"神理。三、四句偏不从"独"处写，偏曰"相看两不厌"，从"不独"处写出"独"字，倍觉警妙异常。即顺笔点出敬亭，是何等法力！(《诗法易简录》)

【清】宋顾乐：命意之高不待言，气格亦内外俱作。五绝中有数之作。(《唐人万首绝句选》)

【清】刘宏煦、李德举：鸟尽天空，孤云独去，青峰历历，兀坐怡然。写得敬亭山竟如好友当前，把臂谈心，安有厌倦？且敬亭以外，又安有投契若此者？然此情写之不尽，妙以"两不厌"三字了之。为"独坐"二字传神，性灵结撰，无复笔墨痕迹。(《唐诗真趣编》)

【今】刘永济：首二句独坐所见，三、四句独坐所感。曰"两不厌"，便觉山亦有情。而太白之风神，有非尘俗所得知者，知者其山灵乎？(《唐人绝句精华》)

【日】碛允明：山上独坐幽寂之际，但鸟与云可爱也，然皆去而不留……鸟、云琐琐之物，何足问焉？二物不相厌者，只有我与敬亭山耳。以山为有情，妙境无极。(《笺注唐诗选》)

《早发白帝城》

【明】焦竑：盛弘之谓白帝至江陵甚远。春水盛时，行舟朝发暮至。太白述之为韵语，惊风雨而泣鬼神矣。(《删补唐诗选脉笺释会通评林·盛七绝中》)

【明】杨慎：盛弘之《荆州记》巫峡江水之迅云："朝发白帝，暮到江陵，其间千二百里，虽乘奔御风，不以疾也。"杜子美诗："朝发白帝暮江陵，顷来目击信有征。"李太白："朝辞白帝彩云间，千里江陵一日还。两岸猿声啼不住，轻舟已过万重山。"虽同用盛弘之语，而优劣自别，今人谓李、杜不可以优劣论，此语亦太愦愦。又曰：太白娶江陵许氏，以江陵为不远，盖室家所在。(《升庵诗话》卷七)

【明】胡应麟：太白七言绝，如"杨花落尽子规啼""朝辞白帝彩云间""谁家

玉笛吹飞声""天门中断楚江开"等作，读之真有挥斥八极，凌属九霄意。贺监谓为谪仙，良不虚也。(《诗薮·内编》卷六)

【明】郭濬："已过"二字，便见瞬息千里。点入"猿声"，妙，妙。(《增定评注唐诗正声》)

【明】李攀龙、袁宏道：笔势迅如下峡。(《唐诗训解》)

【明】唐汝询：白帝居江之上流，舟从云间而下，故能瞬息千里。(《唐诗解》卷二十五)

【明】谭元春：忽然。写得出。(《唐诗归》)

【明】严羽：(明人批)浑是快调。次句点醒有力。"猿""山"入得天然，一闻一见。"彩云"借衬亦佳，见高意。又曰：写奇险之境偏不惊张，说得有神有韵，所以妙绝。(严羽评《李太白诗集》)

【明】周敬：脱洒流利，非实历此境说不出。(《删补唐诗选脉笺释会通评林·盛七绝中》)

【明】徐增：公孙述据蜀时，井中见白龙，僭号白帝，城在鱼腹。早发舟，辞白帝城，地甚高，故曰"彩云间"。夔州至江陵，计一千二百里，"一日还"，早发白帝，暮抵江陵矣。峡长七百里，两岸连山，猿最多。猿夜啼，啼不住，是言早。"舟已过"，是言迅疾也。无他意。(《而庵说唐诗》卷十)

【明】黄生：一、二即"朝发白帝，暮宿江陵"语，运用得妙。以后二句证前二句，趣。(《唐诗摘抄》卷四)

【清】沈寅、朱崑：此咏峡江之水溜而舟行神速也。清晨之时，每多霞彩，舟于此时而辞白帝之城，暮至江陵，千里之遥，一日而还。虽乘奔御风，无此疾也。两岸猿声，啼犹未住，是声尚在也，轻舟疾飞，已过万重之山矣。此千里所以一日也。(《李诗直解》)

【清】张揔：汉仪曰：境之所到，笔即追之，有声有情，腕疑神助，此真天才也。(《唐风怀》)

【清】应时：等闲道出，却使人揣摩不及。(《李诗纬》卷四)

【清】丁谷云：此是神来之调。(《李诗纬》卷四引)

【清】朱之荆：意止于前二句，下二句又是从上二句绘出。插"猿声"一句，布景着色之法。第三句妙在能缓，第四句妙在能疾。一作"须更过却万重山"，便呆。不但呆，且与"一日"字重。(《增订唐诗摘抄》)

【清】沈德潜：写出瞬息千里，若有神助。入"猿声"一句，文势不伤于直。画家布景设色，每于此处用意。（《重订唐诗别裁集》卷二十）

【清】爱新觉罗·弘历（敕编）：顺风扬帆，瞬息千里。但道得眼前景色，便疑笔墨间亦有神助。三、四设色托起，殊觉自在中流。（《唐宋诗醇》卷七）

【清】宋宗元：（首二句）一片化机。（三、四句）烘托得妙。（《网师园唐诗笺》）

【清】李锳：通首只写舟行之速，而峡江之险，已历历如绘，可想见其落笔之超。（《诗法易简录》）

【清】宋顾乐：读者为之骇极，作者殊不经意，出之似不着一点气力。阮亭推为三唐压卷，信哉！（《唐人万首绝句选》）

【清】桂馥：但言舟行快绝耳，初无深意。而妙在第三句，能使通首精神飞越，若无此句，将不得为才人之作矣。晋王廙尝从南下，旦自寻阳，迅风飞帆，暮至都。廙倚舫楼长啸，神气俊逸，李诗即此种风概。（《札朴》卷六）

【清】施补华：太白七绝，天才超逸，而神韵随之。如"朝辞白帝彩云间，千里江陵一日还"，如此迅捷，则轻舟之过万重山不待言矣，中间却用"两岸猿声啼不住"一句垫之，无此句，则直而无味；有此句，则走处仍留，急语仍缓，可悟用笔之妙。（《岘佣说诗》）

【近】朱宝莹：绝句要婉曲回环，删繁就简，句绝而意不绝。大抵以第三句为主，而第四句接之。有实接，有虚接。承接之间，开与合相关，反与正相依，顺与逆相应，一呼一吸。如此诗三句"啼不住"三字，与四句"已过"二字。盖言晓猿啼犹未歇，而轻舟已过万山，状其迅速也。（《诗式》）

【近】俞陛云：四渎之水，唯长江最为迅急。以万山紧束，地势复高，江水若建瓴而下，舟行者帆橹不施，疾于飞鸟。自来诗家，无与咏者，惟太白此作，足以状之。诵其诗，若身在三峡舟中，峰峦城廓，皆掠舰飞驰。诗笔亦一气奔放，如轻舟直下。惟蜀道诗多咏猿啼，李诗亦言两岸猿声，今之蜀江，猿声绝少，闻猿玃皆在深山，不在江畔，盖今昔之不同也。（《诗境浅说》）

【今】刘永济：此诗写江行迅速之状，如在目前。而"两岸猿声"句，虽小小景物，插写其中，大足为末句生色。正如太史公于叙事紧迫中，忽入一二闲笔，更令全篇生动有味。而施均父谓此诗"走处仍留，急语仍缓"，乃用笔之妙。（《唐人绝句精华》）

《月下独酌》

【宋】吴开：太白"举杯邀明月，对影成三人"。又云："独酌劝孤影。"此意亦两用也。然太白本取渊明"挥杯劝孤影"之句。（《优古堂诗话》）

【宋】刘辰翁：（"对影"句下）古无此奇。（末句下）凡情俗态终以此，安得不为改观。（《唐诗品汇》卷六）

【宋】黄裳：人惟不足，所以有声，始求其言，尤生于不足使然而使者也。及俄而舞，乃出于不知，自然而然者也。泯三不足，混一不知，入乎太德，而为一乐，不亦至乎！谪仙之歌，未尝不继以舞。世俗之见，以为太白牵于纵逸之才思而已，此知谪仙之小者也，故明于诗后。（《书李太白对月诗后》）

【宋】严羽：饮情之奇，于孤寂时觅此伴侣，更不须下酒物。且一叹一解，若远若近，开开阖阖，极无情，极有情。如此相期，世间岂复有可相亲者耶？（严羽评《李太白诗集》）

【明】朱谏：赋也。《独酌》四诗，极具情趣，而文辞清丽，音节铿锵，出于天成。盖自白胸中流出，故言又亲切而有味也。脱然物表，起于万古。但其论道言圣贤处，有所未至耳。推类至义之尽，而失于拘且泥者，非所以评诗人也。又曰：言在月下独酌，与月相对成影，则己与月与影成三人矣。彼二人者，月与影也。本是无情之物，假合交欢，相随相期，永不相忘也。又言：李白此诗，化无为有，浮云生于太虚之中，悠扬变态，倏忽东西，而文彩光辉，自然发越，人皆见之，可仰而不可及也。白之诗，其神矣乎！（《李诗选注》卷十二）

【明】严羽：（明人批）此乃太白前无古人者，然亦只可偶一出之，要非大雅。后人类指此种为太白，大误。又曰："成三人"，妙绝。"不解饮"，随身作翻意，好。"零乱"实"徘徊"，略牵强。"交欢""分散""永结"，收拾意完。首尾最为纯净。（严羽评《李太白诗集》卷一）

【明】谭元春：奇想、旷想。（"对影成三人"）妙在实作三人算。（"永结无情游，相期邈云汉"）要知实实有情，如此伴侣，尽不寂寞。（《唐诗归》卷十五）

【清】爱新觉罗·弘历（敕编）：千古奇趣，从眼前得之。尔时情景，虽复潦倒，终不胜其旷达。陶潜云："挥杯劝孤影"，白意本此。（《唐宋诗醇》卷八）

【清】孙洙：题本独酌，诗偏幻出三人，月影伴说，反复推勘，愈形其独。（《唐诗三百首》卷一）

【清】沈德潜：脱口而出，纯乎天籁，此种诗人不易学。（《唐诗别裁集》卷二）

【清】章燮：（首四句）先出月，后出影，以月影二字交互迭见，此连珠体。天上之月，杯中之影，独酌之人，映成三人也。从寂静中做得如此热闹，真仙笔也。（《唐诗三百首注疏》卷一）

【清】李家瑞：李诗"举杯邀明月，对影成三人"，东坡喜其造句之工，屡用之。予读《南史·沈庆之传》："我每履田园，有人时与马成三，无人时则与马成二。"李诗殆本此。然庆之语不及李诗之妙耳。（《停云阁诗话》）

【今】武原：这首诗的感情行进过程极富于曲折变化，这种变化，正是由潦倒和旷达交错而成的。总起来看，前八句是起伏相间，一抑一扬；"花间"二句潦倒，"举杯"二句旷达；"月既"二句又潦倒，"暂伴"二句又旷达。"我歌"四句，极写与月、影交欢之乐，不仅旷达，而且俊逸；"永结"二句，更将想象引向高远，显示了"飘然思不群"的风致。（《李诗咀华——李白诗名篇赏析》）

【今】傅庚生：花间有酒，独酌无亲；虽则无亲，邀与影，乃如三人；虽如三人，月不解饮，影徒随身；虽不解饮，聊可为伴，虽徒随身，亦得相将。及时行乐，春光几何？月徘徊，如听歌；影零乱，如伴舞。醒时虽同欢，醉后各分散；聚时似无情，情深得永结；云汉邈相期，相亲慰独酌。此诗一步一转，愈转愈奇，虽奇而不离其宗。青莲奇才，故能尔尔，恐未必苦修能接耳。（《中国文学欣赏举隅》）

【今】林东海：这首诗以乐写愁，以闹写寂，以物为友，以群写独，把带有稚气的童话构思与非常老练的反衬手法结合在一起，在艺术上获得巨大的成功，因而成为古今传诵的佳作。（《李白诗歌赏析集》）

◎ 杜甫

《石壕吏》

【明】桂天祥：语似朴俚，实浑然不可及。风人之体于斯独至，读此诗泣鬼神矣。（《批点唐诗正声》）

【明】陆时雍：其事何长，其言何简！"吏呼一何怒，妇啼一何苦"二语，便当数十言写矣。文章家所谓要会，以去形而得情，去情而得神故也。末四语酸楚殊甚。（《唐诗镜》卷二十一）

……少陵五古，材力作用，本之汉、魏居多。第出手稍钝，苦雕细琢，降为唐音。夫一往而至者，情也；苦摹而出者，意也。若有若无者，情也；必然必不然者，意也。意死而情活，意迹而情神，意近而情远，意伪而情真。情意之分，古今所由判矣。少陵精矣刻矣，高矣卓矣，然而未齐于古人者，以意胜也。假令以《古诗十九首》与少陵作，便是首首皆意；假令以《石壕》诸什与古人作，便是首首皆情，此皆有神往神来，不知而自至之妙。（《诗镜总论》）

【明】许学夷：子美《石壕吏》与《新安》《新婚》《垂老》《无家》等作不同。《石壕吏》效古乐府而用古韵，又上、去二声杂用，另为一格。但声调总与古乐府不类，自是子美之诗。（《诗源辩体》卷十九）

杨用修云："宋人以子美能以韵语纪时事，谓之'诗史'，鄙哉！夫六经各有体，若《诗》者，其体、其旨，与《易》《书》《春秋》判然矣。《三百篇》皆意在言外，使人自悟。杜诗含蓄蕴藉者盖亦多矣，宋人不能学之；至于直陈时事，类于讦讪，乃其下乘末脚，而宋人拾以为己宝，又撰出'诗史'字以误后人。如诗可兼史，则《尚书》《春秋》可以并省矣。"愚按：用修之论虽善，而未尽当。夫诗与史，其体、其旨固不待辩而明矣。即杜之《石壕吏》《新安吏》《新婚别》《垂老别》《无家别》《哀王孙》《哀江头》等，虽若有意纪时事，而抑扬讽刺，悉合诗体，安得以史目之？至于含蓄蕴藉虽子美所长，而感伤乱离，耳目所及，以述情切事为快，其亦变《雅》之类耳，不足为子美累也。（《诗源辩体》卷十九）

【明】邢昉：述情陈事，琐屑近俚，翻极高古。此种皆法《孔雀东南飞》，绝得其奥妙。（《唐风定》）

【明】周珽：一篇苦情实状难读。末四语酸楚更甚。唐祚不几岌岌乎！（《删补唐诗选脉笺释会通评林·盛五古》）

【明】吴山民：起二句劲。吏怒、妇啼，何等光景。"三男戍"，死其二，惨；"惟有乳下孙"，危；"出入无完裙"，可伤。"急应河阳役"二句，语非其心，强作硬口。"夜久语声"二句，泣鬼神语。结句尤难为情。（《删补唐诗选脉笺释会通评林·盛五古》）

【明】徐增：一篇述老妪意，只要藏过老翁。用意精细，笔又质朴，又妙在一些不露子美身分。（《而庵说唐诗》）

【明】黄生："惟有"句，明室中更无男人也。"有母"句，特带说耳。心虚口硬，形情口角，俱出纸上。曰"独与老翁别"，则老妪之去可知矣，此下更不添一

语，便是古诗气韵、乐府节奏。（《杜诗说》卷一）

【明】王嗣奭：此首易解，而言外意人未尽解。此老妇盖女中丈夫，至今无人识得。"吏夜捉人"，老翁走，此妇出门，便见胆略，而胸中已有成算。老翁之逃，妇教之也，吏呼则真，而妇啼一半妆假，前致辞未必尽真也。三男亡其二男，存者偷生而不敢归，家下惟一乳孙，母恋子故未去，然无完裙，不堪偕汝去，宁使老妪随至河阳执炊，不敢辞也。吏虽怒，而到此亦心软矣。非不知有老翁在，而姑带老妇以覆上官，必且代妇致辞而纵之使归，所谓"备晨炊"，设词也，吏不知也。此妇当仓卒之际，而智如镞矢，勇如贲育，辩似仪秦，既全其夫，又安其孤幼。（《杜臆》）

【清】浦起龙：《石壕吏》，老妇之应役也。丁男俱尽，役及老妇，哀哉！首尾各四句叙事，中二段叙言。"老翁"首尾一见，中间在老妇口中，偏以个个诉出，显其独匿老翁，是此诗作意处。起有猛虎攫人之势。前云"逾墙走"，后云"与翁别"，明系此翁为此妇所匿。盖翁不匿，则老亦不免；妇出应，则身犹可脱也。偏云"力衰""备炊"，偏不告哀祈免，其胆智俱不可及，此意《杜臆》语焉而不详。至所事之惨苦，更不待言。"河阳役"与《新安吏》之"守王城"，同一役也。河阳在东都东甚迩。仇氏分作两处，误矣。"三吏"夹带问答叙事，"三别"则纯托送者、行者之词。（《读杜心解》卷一）

【清】施闰章：近阅旧刻本，作"老妇出门首"，则"走"音同韵；既立门首，则张皇顾望，情势跃然，不言"看"而意在其中矣。只六句连换三韵，与"青青河畔草"诗同体。（《蠖斋诗话》）

【清】张谦宜：含蓄二字，诗文第一妙处。如少陵前、后《出塞》，"三吏""三别"，不直刺主者，便是含蓄。机到神流，乃造斯境。（《𦈢斋诗谈》卷一）

"三吏""三别"，乃乐府变调，倾吐殆尽，而不妨其厚，爱人之意深也，此用意妙诀。（《𦈢斋诗谈》卷四）

【清】吴冯拭：此一百二十字，即一百二十点血泪。举一石壕，而唐家百二十州，何处非石壕！举一石壕之吏，而民间十万虎狼，又何一非此吏！即所见以例其余，为当时痛哭而道也。（《青城说杜》）

【清】仇兆鳌：首叙征役驱迫之苦。此诗各四句转韵，村、人与门叶古八真韵。二段，备叙老妇诉吏之词，公盖宿于其家也。"三男"以下，言行者之惨。"新战死"，指邺城之败。"室中"以下，言居者之苦。《新安吏》，驱民守东都；《石壕吏》，驱民守河阳也。末结老翁潜归之状。妇随吏诉官，故其媳泣声，吏驱妇夜去，故其夫晓回。前途别，乃公与之别，非妇与翁别也。此章，首乞求各四句。中三段，各八句。古者有兄弟，始遣一人从军。今驱尽壮丁，及于老翁。诗云"三男戍""二男死""孙方乳""媳无裙""翁逾墙""妇夜往"，一家之中，父子兄弟，祖孙姑媳，惨酷至此。民不聊生极矣。当时唐祚亦岌岌乎哉！（《杜少陵集详注》卷七）

【清】李因笃：急弦则响悲，促节则意苦，最近汉、魏。（《唐宋诗举要》卷一）

【清】杨伦：古乐府化境。（《杜诗镜铨》卷五）

【近】陈景寔：杜工部《石壕吏》诗："暮投石壕村，有吏夜捉人。老翁逾墙走，老妇出门看。"写实诗也。《草堂诗笺》《唐宋诗醇》均作"出门看"，他本以韵不叶，改之。苏涧公本、《杜诗详注》俱作"出看门"，《唐诗合解》又作"出门迎"，海盐刘氏更作"出门首"，以叶"走"字韵，各有理由。然以当时情理推想，定是"出门看"无疑也。且刘向《列女颂》，"人"读如延切，吴迈远《长相思》诗，"看"读丘虔切，古韵亦叶。况此篇音节既美，声韵无阻，即读"人"字、"看"字本音，未尝不可。《三百篇》谁为之韵耶！适口而已矣。（《观尘因室诗话》初集）

【近】王闿运：此用乐府体，亦开一法门。（《手批唐诗选》）

【近】高步瀛：此诗子美用古韵也。《唐韵》村魂韵、人真韵、看寒韵古韵皆可相通。后人不明古韵，纷纷改之，非也。又曰：结与翁别为起二句之去路，此一定章法，非独结老翁前归而已。（《唐宋诗举要》卷一）

《茅屋为秋风所破歌》

【宋】王安石：吾观少陵诗，为与元气侔。力能排天斡九地，壮颜毅色不可求……惜哉命之穷，颠倒不见收。青衫老更斥，饿走半九州。瘦妻僵前子仆后，攘攘盗贼森戈矛。吟哦当此时，不废朝廷忧。尝愿天子圣，大臣各伊周。宁令吾庐独破受冻死，不忍四海赤子寒飕飕。伤屯悼屈止一身，嗟时之人我所羞……（《杜甫画像》）

【宋】黄彻：老杜《茅屋为秋风所破歌》云："自经丧乱少睡眠……吾庐独破受冻死亦足！"乐天《新制布裘》云："安得万里裘……天下无寒人。"……皆伊尹身任一夫不获之辜也。或谓子美诗意，宁苦身以利人；乐天诗意，推身利以利人。（《䂬溪诗话》）

【明】李沂："安得广厦千万间"，发此大愿力，便是措大想头，申凫盟此语最

妙。他人定谓是老杜比稷、契处矣。(《唐诗援》)

【明】许学夷:《茅屋为秋风所破歌》,亦为宋人滥觞,皆变体也。(《诗源辩体》卷十九)

【明】王嗣奭:"广厦万间""大庇寒士",创见故奇,袭之便觉可厌……"呜呼"一转,固是曲终余意,亦是通篇大结。(《杜臆》)

【明】黄生:中段叙屋漏事入骨,若前比兴,后述怀,在公直家常语耳。(《杜诗说》卷十一)

【明】陆时雍:子美七言古诗气大力厚,故多局面可观。力厚,澄之使清;气大,束之使峻:斯尽善矣。(《唐诗镜》)

【清】吴农祥:因一身而思天下,此宰相之语,仁者之怀也。中间夹说无衣受冻,故结兼言之。针线之密,不可及也。(《杜诗集评》卷五)

【清】浦起龙:起五句完题,笔亦如飘风之来,疾卷了当。"南村"五句,述初破不可耐之状,笔力恣横。单句缩住黯然。"俄顷"八句,述破后拉杂事,停"风"接"雨",忽变一境;满眼"黑""湿",笔笔写生。"自经丧乱",又带入平时苦趣,令此夜彻晓,加倍烦难。末五句,翻出奇情,作矫尾厉角之势。宋儒曰:包与为怀。吾则曰:狂豪本色。结仍一笔兜转,又复飘忽如风。《楠树》篇峻整,《茅屋》篇奇矞,彼从拔后追美其功而惜之,此从破后究极其苦而矫之,不可轩轾。(《读杜心解》卷二)

【清】蒋弱六:此处(指"自经"句以下)若再加叹息,不成文矣。妙竟推开自家,向大处作结,于极潦倒中却有兴会。(《杜诗镜铨》卷八)

【清】邵长蘅:此老襟抱自阔,与蝼蚁辈迥异。又曰:诗亦以朴胜,遂开宋派。(《杜诗镜铨》卷八)

【清】爱新觉罗·弘历(敕编):极无聊事,以直写见笔力。入后大波轩然而起,叠笔作收,如龙掉尾,非仅见此老胸怀。若无此意,则诗亦可不作。(《唐宋诗醇》)

【清】何焯:元气淋漓,自抒胸臆,非出外袭也。"自叹息"三字,直贯注结处。("风雨"句)"风"字带收前半。(《义门读书记》)

【清】宋宗元:"安得"三句,因屋破而思广厦之庇,转说到"独破"不妨,想见"胞与"意量。末二句,有意必尽,惟老杜用笔喜如此。(《网师园唐诗笺》)

【清】施补华:后段胸襟极阔,然前半太觉村朴,如"南村群童欺我老无力,忍能对面为盗贼"四语,及"骄儿恶卧踏里裂"之语,殊不可学。(《岘佣说诗》)

《春望》

【宋】司马光：古人为诗，贵于意在言外，使人思而得之，故言之者无罪，闻之者足以戒也。近世诗人，唯杜子美最得诗人之体。如"国破山河在，城春草木深。感时花溅泪，恨别鸟惊心"。山河在，明无余物矣；草木深，明无人矣。花鸟，平时可娱之物，见之而泣，闻之而悲，则时可知矣。他皆类此，不可遍举。（《温公续诗话》）

【元】方回：此第一等好诗，想天宝至德以至大历之乱，不忍读也。（《瀛奎律髓》卷三十二）

【元】赵汸："烽火"句，应"感时"；"家书"句，应"恨别"。但下句又因上句而生。发白更短，愁乱思家所致。（《杜少陵集详注》卷四）

【明】唐汝询：此禄山陷京师，子美在贼而作。国破无余，所存者山河耳。城者，民人所居，当春而多草木，则无嚼类矣。花鸟所以消愁，今遇之而溅泪惊心，情绪可知也。盗多烽火，音书隔绝。日搔首其发，至于短不胜簪，非无聊之极耶！（《唐诗解》卷三十四）

【明】陆时雍：语语气浑。（《唐诗镜》）

【明】王嗣奭：落句方思济世，而自伤其志。簪，朝簪也。公诗有"归朝日簪笏"之句。（《杜臆》）

【明】胡应麟：唐五言（律）多对起，沈、宋、王、李，冠裳鸿整，初学法门，然未免绳削之拘。要其极至，无出老杜，如"国破山河在，城春草木深"……浓淡深浅，动夺天巧，百代而下，当复无继。（《诗薮·内编》卷五）

【明】吴乔："国破山河在，城春草木深"，言无人、物也。"感时花溅泪，恨别鸟惊心"，花鸟乐事而溅泪惊心，景随情化也。"烽火连三月，家书抵万金"，极平常语，以境苦情真，遂同于六经中语之不可动摇。（《围炉诗话》卷二）

【明】黄生：簪，搔头具也。鲍照诗："白头零落不胜簪。"此诗诸家竞选，反以为熟减价，兼语意亦少含蕴。有怪予不收此作者，以卢纶《长安春望》七言一律示之。（《杜诗说》卷十二）

【明】吴乔："烽火连三月，家书抵万金。"极平常语，以境苦情真，遂同于《六经》中语之不可动摇。（《围炉诗话》）

【清】邵长蘅：全首沉痛，正不易得。（《五色批本杜工部集》）

【清】查慎行：杜诗后人引作故实者，如"万金""屋乌"之类，不必更寻出处也。（《杜诗集评》）

【清】李因笃：此诗之妙，前贤已悉言之，然正取景色相涵，不呆为情事刻语也。（《杜诗集评》）

【清】吴庆百：促节急拍，自道苦肠，人皆知此怀，不能道出。（《杜诗集评》）

【清】吴昌祺：从"搔首"透一步，而不复言明忧闷。（《删订唐诗解》）

【清】浦起龙：温公说是诗有人、物散亡，意在言外之叹。赵汸说是诗明照应相生、引伸作法之端。其实词旨显浅，不须疏解。（黄）鹤云："三月"，季春三月也。按：自禄山祸起，至此已一年余，鹤说良是。但如此则不成句法矣。考史：上年之春，潼关虽未破，而寇警不绝。此云"连三月"者，谓连逢两个三月。诗作于季春，故云然耳。（《读杜心解》卷三）

【清】纪昀：语语沉着，无一毫做作，而自然深至。（《瀛奎律髓刊误》）

【清】黄叔灿："搔更短""不胜簪"，总不肯寻常下一语。（《唐诗笺注》）

【清】张谦宜："烽火连三月，家书抵万金"，侧串乃见其妙。（《䌷斋诗谈》）

【清】沈德潜："溅泪""惊心"，转因花、鸟，乐处皆可悲也。（《重订唐诗别裁集》卷十）

【清】施补华："感时花溅泪，恨别鸟惊心"，"无风云出塞，不夜月临关"，是律句中加一倍写法。（《岘佣说诗》）

【清】吴汝纶：字字沉着，意境直似《离骚》。（《唐宋诗举要》卷四）

【近】王闿运：此等悲壮句，杜所独擅。（《手批唐诗选》）

【近】陈衍：老杜五律，字调似初唐者，以"国破山河在"一首为最。（《石遗室诗话》）

《望岳》

【宋】范温：《望岳》诗云："齐鲁青未了。"《洞庭》诗云：吴楚东南坼，乾坤日夜浮。"语既高妙有力，而言东岳与洞庭之大，无过于此。后来文士极力道之，终有限量，益知其不可及。（《潜溪诗眼》）

起句之超然者也。（《唐诗品汇》卷八五）

【宋】刘辰翁："齐鲁青未了"五字雄盖一世，"青未了"语好，"夫如何"跌荡，非凑句也。"荡胸"语，不必可解，登高意豁，自见其趣。（《删补唐诗选脉笺释会

通评林·盛五古》)

【明】董其昌：顷见岱宗诗赋六本，读之既尽，为区检讨用孺言曰："总不如一句。"检讨请之，曰："齐鲁青未了。"(《画禅室随笔》)

【明】钟惺：("夫如何")三字得"望"之神。定用望岳语景作结，便弱便浅。此诗妙在起，后六句不称。如此结，自难乎其称，又当设身为作者想之。(《唐诗归》)

【明】郭濬：他人游泰山记，千言不了，被老杜数语说尽。(《删补唐诗选脉笺释会通评林·盛五古》)

【明】周珽：只言片语，说得泰岳色气凛然，为万古开天名作。句字皆能泣鬼神而裂鬼胆。(《删补唐诗选脉笺释会通评林·盛五古》)

【明】王嗣奭："齐鲁青未了""荡胸生云""决眦入鸟"，皆望见岱岳之高大，揣摩想象而得之，故首用"夫如何"，正想象光景，三字直管到"入归鸟"，此诗中大开合也。"荡胸生层云"，状襟怀之浩荡也；"决眦入归鸟"，状眼界之宽阔也。想象登岳如此，非实语，不可以句字解也。公盖身在岳麓，神游岳顶，所云"一览众山小"者，已冥搜而得之矣。结语不过借证于孟(按：孟子曰："孔子登东山而小鲁，登泰山而小天下。"——《孟子·尽心上》)，而照应本题耳，非真须再登绝顶也。集中《望岳》诗三见，独此辞愈少，力愈大，直与泰岱争衡。(《杜臆》)

【明】黄周星：只此五字("齐鲁青未了")，可以小天下矣，何小儒存乎见少也。"割"字奇，"入"字又奇，然"割"字人尚能用，"入"字人不能用。(《唐诗快》)

【清】卢世㴶：公初登东岳，似稍紧窄，然而旷甚。后望南岳，似稍错杂，然而肃甚。固不必登峰造极，而两岳真形，已落子美眼底。及观《又登后园山脚》云："昔我游山东，忆戏东岳阳。穷秋立日观，矫首望八荒。"则是业升岱宗之巅，而流览无际矣，乃绝不另设专题，以铺张游概，亦以《望岳》一首，已领其要，故不必再拈也。试思他人千言万语，有加于"齐鲁青未了"乎！(《杜诗胥钞余论·论五言古诗》)

【清】金圣叹："岳"字已难着语，"望"字何处下笔？试想先生当日有题无诗时，何等惨淡经营！一字未落，却已使读者胸中、眼中隐隐隆隆具有"岳"字、"望"字。盖此题非此三字("夫如何")亦起不得，而此三字非此题，亦用不着也……(首句下)此起二语，皆神助之句。凡历二国，尚不尽其青，写"岳"奇绝，写"望"亦奇绝。五字何曾一字是"岳"？何曾一字是"望"？而五字天造地设，恰是"望岳"二字。("齐鲁"句下）二句写"岳"。岳是造化间气所特钟，先生望"岳"，直算到未有岳以前，想见其胸中咄咄！"割昏晓"者，犹《史记》云"日月所相隐辟为光明也"。一句写其从地发来，一句写其到天始尽，只十字写"岳"遂尽。("造化"二句下）翻"望"字为"凌"字已奇，乃至翻"岳"字为"众山"字，益奇也。（末二句下）如此作结，真有力如虎。（《杜诗解》）

【清】田雯：余问聪山：老杜《望岳》诗"夫如何""青未了"六字，毕竟作何解？曰：子美一生，唯中年诸诗静练有神，晚则颓放。此乃少时有意造奇，非其至者。（《古欢堂杂著》）

【清】仇兆鳌：此望东岳而作也。诗用四层写意：首联，远望之色；次联，近望之势；三联，细望之景；末联，极望之情。上六实叙，下二虚摹。岱宗如何，意中遥想之词；自齐至鲁，其青未了，言岳之高远。拔地而起，神秀之所特钟；矗天而峙，昏晓于此判割。二语奇峭。杜句有上因下因之法。荡胸由于曾云之生，上二字因下；决眦而见归鸟入处，下三字因上。上因下者，倒句也；下因上者，顺句也。末即"登泰山而小天下"之意。又曰：少陵以前，题咏泰山者，有谢灵运、李白之诗，谢诗八句，上半古秀，而下却平浅；李诗六章，中有佳句，而意多重复。此诗遒劲峭刻，可以俯视两家矣。《龙门》（指《游龙门奉先寺》）及此章，格似五律，但句中平仄未谐，盖古诗之对偶者。而其气骨峥嵘，体势雄浑，能直驾齐梁以上。（《杜少陵集详注》卷一）

【清】汪师韩：诗至少陵，谓之集大成，然不必无一字一句之可议也。读其全集，求痕觅瑕，亦何可悉数！即如"岱宗夫如何，齐鲁青未了"，起轻佻失体。（《诗学纂闻·杜诗字句之疵》）

【清】佚名：夫望岳与登岳不同。登岳即须细详岳麓中之奇特、巉岩、岸伟，不可端倪。若望岳，则又不得若是，必须就其涵盖体统处，写其挺出物表，有一语胜人千百之奇，如此诗起句"岱宗夫如何"，有似古金石铭刻语，又如屈子《天问》，古穆浑噩……寥寥之数语，足尽岱宗之奇，所谓龙文百斛，健笔独扛者也。（《杜诗言志》卷一）

【清】沈德潜："齐鲁青未了"五字，已尽泰山。《重订唐诗别裁集》卷二）

【清】浦起龙：公《望岳》诗三首，此望东岳也。越境连绵，苍峰不断，写岳势只"青未了"三字，胜人千百矣。"钟神秀"，在岳势前推出；"割昏晓"，就岳势上显出。"荡胸""决眦"，明逗"望"字。末联则以将来之凌眺，剔现在之遥观，

是透过一层收也。杜子心胸气魄，于斯可观，取为压卷，屹然作镇，岂惟镵剡年月云尔。（《读杜心解》卷一）

【清】杨伦："割"字奇险。（"阴阳"句）言阴阳之气为昏晓所分也。徐增曰："山后为阴，日光不到故易昏；山前为阳，日光先临故易晓。"（"决眦"句）薛梦符曰："言登览之远，撼决其目力入归鸟之群也。"（《杜诗镜铨》卷一）

【清】陈讦：岳在望中，无可实写，只可从望中虚摹。起句即领"望"字之神。次句摹"望"字，句奇语确，紧贴齐鲁，不脱岱宗。三、四、五、六均空际着笔。七、八空际用意，借"小鲁""小天下"挽到岱宗，仍切"望"字，点滴不漏。（《读杜随笔》上卷一）

【清】延君寿：予尝谓：读《北征》诗与荆公《上仁宗书》，唐、宋有大文章。后人敛衽低首，推让不遑，不敢复言文字矣。此言出，人必谓震其长篇大作耳，不知"齐鲁青未了"才五字，《读孟尝君传》才数行，今人越发不能。古人手段，纵则长河落天，收则灵珠在握，神龙在霄，不得以大小论。（《老生常谈》）

【清】李少白：子美《望岳》一古，通首健举，而"决眦入归鸟"之句，更体贴入微，状出苍茫景象。（《竹溪诗话》卷二）

【清】施补华：《望岳》一题，若入他人手，不知作多少语，少陵只以四韵了之，弥见简劲。"齐鲁青未了"五字，囊括数千里，可谓雄阔。后来唯退之"荆山已去华山来"七字足以敌之。（《岘佣说诗》）

【清】吴汝纶：（"造化"二句）此十字气象旁魄，与岱宗相称。（"荡胸"二句）奇情，写望岳之神。（末二句）抱负不凡。（《唐宋诗举要》）

【今】萧涤非：全诗没有一个"望"字，但句句写向岳而望。距离是自远而近，时间是从朝至暮，并由望岳悬想将来的登岳。（《唐诗鉴赏辞典》）

【今】傅光：《望岳》之"阴阳割昏晓"句，旧注有谓阴阳为日月者，有谓阴阳为山后山前者，有谓为阴阳之气者，皆觉费解……盖泰山坐北南向。泰山脚下，可见东西两面山峦对峙，犹神斧之分割。至斜阳西下，则东面山峦西侧，不见日光，郁郁葱葱，犹黄昏之状；而西面山峦东侧，光照尚强，明丽非常，灿若初晓。此即公诗"阴阳割昏晓"之谓也。此景惟黄昏时分乃可得之，而此诗有"决眦入归鸟"一句，足证杜公望岳正黄昏之时。（《百家唐宋诗新话》）

《登高》

【宋】罗大经：杜陵诗云："万里悲秋常作客，百年多病独登台。"盖万里，地之远也；秋，时之凄惨也；作客，羁旅也；常作客，久旅也；百年，齿暮也；多病，衰疾也；台，高迥处也；独登台，无亲朋也。十四字之间含八意，而对偶又精确。（《鹤林玉露》乙编卷五）

【宋】杨万里："词源倒流三峡水，笔阵独扫千人军""无边落木萧萧下，不尽长江滚滚来"，前一联蜂腰，后一联鹤膝。（《诚斋诗话》）

全以"萧萧""滚滚"唤起精神，见得连绵，不是赘语。（《唐诗广选》）

【宋】刘克庄："无边落木萧萧下，不尽长江滚滚来。万里悲秋常作客，百年多病独登台。"此二联不用故事，自然高妙，在樊川《齐山九日》七言之上。（《后村诗话》新集卷二）

【宋】刘辰翁：（"无边"二句）句自雄畅。（"艰难"二句）结复郑重。（《唐诗品汇》卷八十四）

【元】方回：此诗已去成都分晓，旧以为在梓州作，恐亦未必。当考公病而止酒是何年也。长江滚滚，必临大江耳。（《瀛奎律髓》卷十六）

【明】李东阳："无边落木萧萧下，不尽长江滚滚来。万里悲秋常作客，百年多病独登台。"景是何等景，事是何等事！宋人乃以《九日蓝田崔氏庄》为律诗绝唱，何耶？（《麓堂诗话》）

【明】王慎中：起、结皆臃肿逗滞，节促而兴短，句句实，乃不满耳。（《五色批本杜工部集》）

【明】胡应麟：杜"风急天高"一章五十六字，如海底珊瑚，瘦劲难名，沉深莫测，而精光万丈，力量万钧。通章章法、句法、字法，前无古人，后无来学。微有说者，是杜诗，非唐诗耳。然此诗自当为古今七言律第一，不必为唐人七律第一也。（元人评此诗云："一篇之内，句句皆奇；一句之中，字字皆奇。"亦有识者）又曰：若"风急天高"，则一篇之中，句句皆律；一句之中，字字皆律。而实一意贯串，一气呵成。骤读之，首尾若未尝有对者，胸腹若无意于对者；细绎之，则锱铢钧两，毫发不差，而建瓴走坂之势，如百川东注于尾闾之窟。至四句用字，又皆古今人必不敢道、决不能道者，真旷代之作也。然非初学士所当究心，亦匪浅识者所能共赏。又曰：此篇结句似微弱者，第前六句既极飞扬震动，复作峭快，恐未合张

弛之宜，或转入别调，反更为全首之累。只如此软冷收之，而无限悲凉之意，溢于言外，似未为不称也。(《诗薮·内编》卷五)

【明】胡震亨：无论结语腘重，即起处"鸟飞回"三字，亦勉强属对，无意味。(《唐音癸签》卷十)

【明】张綖：少陵诗有二派。一派立论宏阔，如此篇"万里悲秋常作客，百年多病独登台"及"二仪清浊还高下，三伏炎蒸定有无"等作，其流为宋诗，本朝庄定山诸公祖之；一派造语富丽，如"珠帘绣柱围黄鹄，锦缆牙樯起白鸥""鱼起细浪摇歌扇，燕蹴飞花落舞筵"等作，其流为元诗，本朝杨孟载诸公祖之。(《杜工部诗通》)

【明】陆深：杜格高，不尽合唐律。此篇声韵，句句可歌，与诸作又别。(《删补唐诗选脉笺释会通评林·盛七律》)

【明】吴山民：次联若大海奔涛，四叠字振起之。三联"常""独"二字，何等骨力！(《删补唐诗选脉笺释会通评林·盛七律》)

【明】王夫之：尽古来今，必不可废。结句生僵，不恶。要亦破体特断，不作死板语。(《唐诗评选》)

【明】黄生：前景后情，自是杜诗常格。起联转联，并三折句，工整有力。结联宜稍放松，始成调法。今更板对两句，通体为之不灵。《九日》《恨别》《野望》诸诗，并不得登甲集，皆以起结欠灵故也。(《杜诗说》卷九)

【清】查慎行：对起有飒沓之势，结句亦对。(《初白庵诗评》)

七律八句皆属对，创自老杜。前四句写景，何等魄力！(《瀛奎律髓汇评》)

【清】李因笃：高调古质，吴冠正声。(《杜诗集评》)

【清】吴农祥：八句对，一气折旋，意含百炼而成，句用千回而就。此诗唯胡元瑞知其奇绝。他人苛细，皆不知也。(《杜诗集评》)

【清】朱瀚：律贵匀稳，亦须著一、二得力字面，即通体生动，如武帝《秋风词》、荆轲《易水歌》，神采全在"风"字，此作亦尔。起手二字，是其得力处。惟"风急"故猿啸哀绝，鸟飞却回，落木为之萧萧，长江为之滚滚，此传神法。"艰难"应"作客"，"霜鬓"则又年老，何堪萍转！"潦倒"应"多病"，止酒倍加寂寞，何以消愁！此进步法。胡元瑞谓结联为软冷，此隔靴之见。(《杜诗七言律解意》)

【清】陈式：此诗读者亦谓五、六备极顿挫，不知此诗一句有一句之顿挫；合看两句，有两句之顿挫；合看通篇，有通篇之顿挫。顿挫为公独得之妙，此诗政当

于字字顿挫求之。(《问斋杜意》卷十七)

【清】吴昌祺：太白过散，少陵过整，故此诗起太实，结亦滞。(《删订唐诗解》)

【清】胡以梅：对起对结，浑厚悲壮，大家数。此在夔州所作，江山境界，能助诗神。"风急天高"，极得"登高"之神情。(《唐诗贯珠串释》)

【清】张谦宜：《登高》通体用紧调，雄健严肃，七律第一格。通体紧调最不易学，其声色气象齐到处，正是养得足。(《𬘓斋诗谈》卷四)

【清】赵臣瑗："悲秋""多病"，公盖隐以宋玉、马卿自况。"常作客"，根"万里"二字来，"独登台"，倒结出题面，只是常调，无足异者。妙在一结。客久则"艰难"备尝，病多而"潦倒"为甚。发无可白，酒不能倾，当此凭高极目之时，真有不觉百端之交集者。诸家独赏"万里""百年"之精确，而反嫌结语卑弱，其又足为定论乎哉！(《山满楼笺注唐诗七言律》卷二)

【清】浦起龙：此辍饮独登之总慨也。望中所见，意中所触，层层清，字字响。胡应麟谓古今七律第一。(《读杜心解》卷四)

【清】何焯："百年""万里"，恨为后人作佣。(《唐诗偶评》)

远客悲秋，又以老病止酒，其无聊可知。千绪万端，无首无尾，使人无处捉摸，此等诗如何可学！"风急天高猿啸哀"，发端已藏"独"字……"潦倒新停浊酒杯"，顶"百年多病"，结凄壮，止益登高之悲，不见九日之乐也，前半先写登高所见，第五插出"万里作客"，呼起"艰难"，然后点出"登台"在第六句中，见排奡纵横。(《义门读书记》)

【清】沈德潜：八句皆对。起二句，对举之中仍复用韵，格奇变。昔人谓两联俱可截去二字，试思"落木萧萧下""长江滚滚来"，成何语耶？好在"无边""不尽""万里""百年"。(《重订唐诗别裁集》卷十三)

结句意尽语竭，不必曲为之讳。(《杜诗偶评》卷四)

【清】爱新觉罗·弘历(敕编)：气象高浑，有如巫峡千寻，走云连风，诚为七律中稀有之作。后人无其骨力，徒肖之于声貌之间，外强而中干，是为不善学杜者。(《唐宋诗醇》卷十六)

【清】范大士：对起，用迭架法。通首都是对仗，而以浩气往来。只觉悲凉，不嫌呆板。(《历代诗发》)

【清】杨伦：("风急"四句)登高所见，四句俱分俯仰说。("万里"二句)登高所感。两句中包无限意。("艰难"二句)久客则"艰苦"备尝，痛多则"潦倒"日

甚。下二句亦用分承。时公以肺病断饮。又曰：高浑一气，古今独步。为杜集七言律诗第一。（《杜诗镜铨》卷十七）

【清】黄叔灿：次联着"无边""不尽"二字，悲壮中更极阔大。盖不如此，振不起下半首。又曰：通首下字皆不寻常。（《唐诗笺注》）

【清】许印芳：七言律八句皆对，首句乃复用韵，初唐人已创此格，至老杜始为精密耳。此诗前人有褒无贬，胡元瑞尤极口称赞，未免过夸，然亦可见此诗本无疵颣也。至于沈归愚评语，今按所选《别裁集》评此诗云："格奇而变，每句中有三层。中四句好在'无边''不尽''万里''百年'。或谓两联俱可截去上二字，试思'落木萧萧下''长江滚滚来'，成何语耶！"归愚之言止此。晓岚称其贬落句为词意并竭，所引未审出于何书。果有是言，勿论所评的当与否，而一口两舌，沈之胸无学识，亦是虚谷一流耳。（《瀛奎律髓汇评》）

【清】宋宗元：上四句登高所见，下四句登高所感。八句皆对，而一气贯串，全以神行。（《网师园唐诗笺》）

【清】方东树：前四句景，后四句情。一、二碎，三、四整，变化笔法。五、六接递开合，兼叙点，一气喷薄而出，此放翁所常拟之境也。收不觉为对句，换笔换意，一定章法也。而笔势雄骏奔放，若天马之不可羁，则他人不及。（《昭昧詹言》卷十七）

【清】李锳：前四句凭空写景，突然而起，层迭而下，势如黄河之水天上来，澎湃潆回，不可端倪。而以五、六句承明作客、登高情事，是何等神力！末二句对结，"苦限"与"新停"对，"苦"字活用。（《诗法易简录》）

【清】施补华：《登高》一首，起二"风急天高猿啸哀，渚清沙白鸟飞回"，收二"艰难苦恨繁霜鬓，潦倒新停浊酒杯"，通首作对而不嫌其笨者。三、四"无边落木"二句，有疏宕之气；五、六"万里悲秋"二句，有顿挫之神耳。又首句妙在押韵，押韵则声长，不押韵则局板。（《岘佣说诗》）

【今】何满子：反复讽诵全诗，结句终究给人一种气力不足之感。但此句之不足为全诗病者，在于它和前七句气脉贯穿，前面三联一气排阖之势犹有充沛的余力足以济穷，足以包容其荏弱，足以维持其全诗的雄浑苍凉之气于不坠。这样，末句在全诗完整的意象上还能尽其构成上的一份功能；它融入整体，然后显得它的存在具有意义。全诗八句四联，句句皆对，又对得圆浑自然，不见斧凿之痕，充分显示了诗人驾驭语言的工力。起句的峭急，续以第二句的略作纡余，前者诉诸听觉，后者诉诸视觉，既有感情节奏上的妙用，又有艺术观照上的对比效果。如无颔联苍茫浩荡的气势，便映带不出颈联"万里""百年"的沉郁悲壮；反之，没有颈联的感慨深厚，也无以与颔联的萧森雄迈相对。至于末联之于全诗，等于两句补语，或如高潮之后的下降，主体既佳，全诗自美。艺术作品也正如人体一样，不能苛求十个指头一般长的。（《历代名篇赏析集成》）

《秋兴八首（其一）》

【宋】赵彦材：盖公于夔州见菊者二年矣，方丛菊之两开，皆是他日感伤之泪也。（《九家集注杜诗》）

【宋】刘辰翁：（"丛菊"句）此七字拙。（《唐诗品汇》卷八十四）

【元】范梈：作诗实字多则健，虚字多则弱，如此诗"丛菊""孤舟"一联，语亦何尝不健。（《杜少陵集详注》卷十七）

【明】王慎中："兼天""接地"四字终不佳。（《五色批本杜工部集》）

【明】胡震亨：七言律压卷，迄无定论。宋严沧浪推崔颢《黄鹤楼》，近代何仲默、薛君采推沈佺期"卢家少妇"，王弇州则谓当从老杜"风急天高""老去悲秋""玉露凋伤""昆明池水"四章中求之……"玉露凋伤"较前二作似匀称，然勌两自薄，况"一系"对"两开"，"一"字甚无着落，为瑕不小。（《唐音癸签》卷十）

【明】王维桢："江间"承峡，"塞上"承山。菊开山际，舟系江中，四句错综相应。（《杜律颇解》）

【明】王嗣奭：前联言景，后联言情，而情不可极，后七首皆胞孕于（五、六）两言中也。又约言之，则"故园心"三字尽之矣。发兴四句，便影时事，见丧乱凋残景象。后四句，乃其悲秋心事。此一首便包括后七首。又曰：余谓"故园心"三字为八篇之纲，诚不易之论，然与名客思归者不同。身本部郎，效忠有地，盖欲归朝宣力，以救世之乱。（《杜臆》卷八）

【明】周甸：江涛在地而曰"兼天"，风云在天而曰"接地"，见汹涌阴晦，触目天地间，无不可感兴也。（《删补唐诗选脉笺释会通评林·盛七律》）

【明】屠隆：杜老《秋兴》诸篇，托意深远，如"江间""塞上"二语，不大悲壮乎！（《删补唐诗选脉笺释会通评林·盛七律》）

【明】蒋一葵：五、六不独"两开""一系"为佳，有感时溅泪，恨别惊心之况。末句掉下一声，中寓千声万声。（《删补唐诗选脉笺释会通评林·盛七律》）

【明】王夫之：笼盖包举一切，皆在"丛菊两开"句，联上景语，就中带出情事，乐之如贯珠者，拍板与句，不为终始也。揵句截然，以句范意，则村巫傩歌一例，以俟知音者。（《唐诗评选》）

【明】杨逢春：首章，八首之纲领也。明写秋景，虚含兴意，实拈夔府，暗提京华。（《唐诗绎》）

【明】顾宸："催刀尺"，制新衣；"急暮砧"，捣旧衣。曰"催"曰"急"，见御寒者有备，客子无衣，可胜凄绝。（《辟疆园杜诗注解》仇注引）

【明】吴乔：《秋兴》首篇之前四句，叙时与景之萧索也。"泪"落于"丛菊"，"心"系于"归舟"，不能安处夔州，必为无贤地主也。结不过在秋景上说，觉得淋漓悲戚，惊心动魄，通篇笔情之妙也。（《围炉诗话》卷四）

【明】黄生：杜公七言律，当以《秋兴》为裘领，乃公一生心神结聚之所在也。八首之中，难为轩轾。"闻道长安"作虽稍逊，然是文章之过渡，岂可废之？"凋伤"二字连用，以字法助句法。巫山巫水，分山、水二项。三、四喻乾坤扰乱，上下失位之象。花如他日，泪亦如他日，非开花也，开泪而已。身在孤舟，心在故园，非系舟也，系心而已，故云云。结处虚点"秋兴"之意，以后数章始得开展。（《杜诗说》卷八）

【清】钱谦益："玉露凋伤"一章，秋兴之发端也。江间、塞上，状其悲壮；丛菊、孤舟，写其凄紧。末二句结上生下。江间汹涌，则上接风云；塞上阴森，则下连波浪，此所谓悲壮也。丛菊两开，储别泪于他日；孤舟一系，儆归心于故园，此所谓凄紧也。以节则杪秋，以地则高城，以时则薄暮。刀尺苦寒，急砧促别。末句标举兴会，略有五重，所谓嵯峨萧瑟，真不可言。公孙白帝城，亦英雄割据之地，此地闻砧，尤为凄断。《上白帝城》诗云："老去闻悲角"，意亦如此。又曰："丛菊两开"，即公《客舍》诗"南菊再逢人病卧"；"孤舟一系"，即公《九日》诗"系舟身万里"。（《钱注杜诗》卷十五）

【清】朱鹤龄：公至夔已经二秋，时舣舟以俟出峡。故再见菊开，仍陨他日之泪；而孤舟乍系，仍动故园之心。（《杜少陵集详注》）

【清】金圣叹：若谓玉树斯零，枫林叶映，虽志士之所增悲，亦幽人之所寄托，奈何流滞巫山巫峡，而举目江间，但涌兼天之波浪；凝眸塞上，惟阴接地之风云。真为可痛可悲，使人心尽气绝。此一解总贯八首，直接"佳人拾翠"末一解，而叹息"白头吟望苦低垂"也。"波浪兼天涌"者，自下而上一片秋也；"风云接地阴"

者，自上而下一片秋也。（《杜诗解》卷三）

前解从秋显出境来，后解从境转出人来，此所谓"秋兴"也。（《金圣叹选批杜诗》）

【清】李因笃：首篇时地在目，景情相涌，不旁借一语，清雄圆健，更为杰出。（《杜诗集评》）

【清】吴农祥：惊心动魄，不可以句求，不可以字摘。后人言"兼天""接地"之太板，"两开""一系"之无谓，岂不知工中有拙，拙中有工者也。（《杜诗集评》）

【清】浦起龙："秋"为寓"夔"所值，"兴"自"望京"发慨，八诗总以"望京华"作主，在次章点眼，钱氏所谓"截断众流"句也。说者俱云：前三章主夔，后五章乃及长安，大失作者之旨，且于八章通体结构之法，全未窥见。首章，八诗之纲领也。明写"秋"景，虚含"兴"意，实拈"夔府"，暗提京华。（按：同前杨逢春评）首句拈"秋"，次句拍"夔"。"江间""塞上"，紧顶"夔"；"浪涌""云阴"，紧顶"秋"，尚是纵笔写。五、六则贴身起"兴"，"他日""故园"四字，包举无遗。言"他日"，则后七首所云"香炉""抗疏""弈棋""世事""青琐""珠帘""旌旗""彩笔"无不举矣；言"故园"，则后七首所云"北斗""五陵""长安""第宅""蓬莱""曲江""昆明""渼陂"无不举矣。舍蜀而往，仍然逗留。历历前尘，屡洒花间之泪；悠悠去国，暗伤客子之心。发兴之端，情见乎此。第七仍收"秋"，第八仍收"夔"，而曰"处处催"，则旅泊孤寒之况，亦吞吐句中，真乃无一剩字。（《读杜心解》卷四）

【清】何焯：中四句，虚实蹉对。"江间波浪兼天涌"二句，虚含第二首"望"字。"丛菊两开他日泪"二句，虚含"望"之久也。（《义门读书记》）

【清】沈德潜：首章乃八章发端也。"故园心"与四章"故国思"隐隐注射。（《重订唐诗别裁集》卷十四）

【清】黄叔灿：起联陡然笔落，气象横空，着眼在"气萧森"三字。（《唐诗笺注》）

【清】张谦宜：其一"秋"起"秋"结，"丛菊"二句，兴也。（《䌷斋诗谈》卷四）

【清】佚名：此第一首，从"秋"字上笼盖而起，下历举"兴"之所由生。看他开口一句，将造物神奇一笔写出。（《杜诗言志》）

【清】李锳：末二句写出客子无家之感，紧顶"故园心"作结，而能不脱"秋"字，尤佳。（《诗法易简录》）

【清】方东树：起句秋，次句地，亦兼秋。三、四景，五、六情。情景交融，兴会标举。起句下字密重，不单侧佻薄，可法，是宋人对治之药。三、四沉雄壮阔。五、六哀痛。收别出一层，凄紧萧瑟。(《昭昧詹言》)

【清】杨伦："江间""寒上"，状其悲壮；"丛菊""孤舟"，写其凄紧。末二句结上生下，故以"夔府孤城"次之。("寒衣处处"二句下) 言外寓客子无衣之感。(《杜诗镜铨》)

《咏怀古迹五首（其三）》

【宋】刘克庄：《昭君村》云："画图省识春风面，环佩空归月夜魂。"亦佳句。(《后村诗话》新集卷二)

【宋】刘辰翁：("群山"二句) 起得磊落。(《唐诗品汇》卷八十四)

【宋】陈德公：三、四笔老峭而情事已尽。后半沉郁，结最缠绵。开口气象万千，全为"明妃""村"三字作势，而下文"紫台""青冢"亦俱托起矣。且"赴""尚有""独留"字字相生，不同泛率，故是才大而心细。(《闻鹤轩初盛唐近体读本》)

【明】张綖：时肃宗以少女宁国公主下嫁回纥，临别之语，闻者心酸，公故借明妃之事以哀之。(《杜工部诗通》)

【明】胡震亨："群山万壑赴荆门"，当似生长英雄起句，此未为合作。(《杜诗选》)

【明】唐汝询：此经昭君村而咏其事，言我登历山水以入荆门，适睹明妃生长之村庄犹在。因思其人，生则去紫台而就朔漠，没则留青冢以向黄昏也。吾想其初为延寿所误，画图非真，帝罕识其面，然妃意竟不忘君，故既殁而魂犹归国也。且妃以汉人而琵琶犹作胡语，正以投弃于胡而写其怨恨于曲耳。夫明妃以色而被捐，子美以才而见逐，其不遇一也。故借以发怨慕于君之意。(《唐诗解》卷四十一)

【明】徐常吉："画图"句，言汉恩浅。不言"不识"，而言"省识"，婉转。(《删补唐诗选脉笺释会通评林·盛七律》)

【明】郭濬：悲悼中，难得如此风韵。五、六分承三、四，有法。(《删补唐诗选脉笺释会通评林·盛七律》)

【明】周珽：写怨境愁思，灵通清回，古今咏昭君无出其右。(《删补唐诗选脉笺释会通评林·盛七律》)

【明】陈继儒：怨情悲响，胸中骨力，笔下风电。（《删补唐诗选脉笺释会通评林·盛七律》）

【明】王嗣奭：因昭君村而悲其人。昭君有国色，而入宫见妒；公亦国士，而入朝见嫉，正相似也，悲昭以自悲也……"月夜"当作"夜月"，不但对"春风"，而且与夜月俱来，意味迥别。（《杜臆》卷八）

【明】王夫之：只是现成意思，往往点染飞动，如公输刻木为鸢，凌空而去。首句是极大好句，但施之于"生长明妃"之上，则佛头加冠矣。故虽有佳句，失所则为疵颣。平收，不作论赞，方成诗体。（《唐诗评选》卷四）

【明】黄周星：昔人评"群山万壑"句，颇似生长英雄，不似生长美人，固哉斯言！美人岂劣于英雄耶？（《唐诗快》）

【明】吴乔：子美"群山万壑赴荆门"等语，浩然一往中，复有委婉曲折之致。温飞卿《过陈琳墓》诗，亦委婉曲折，道尽心事，而无浩然之气。是晚不及盛之大节，字句其小者也。（《围炉诗话》卷四）

【明】杨逢春：此因村而咏明妃，申怨情也。以"怨恨"二字作骨。（《唐诗绎》）

【明】黄生：一、二见明妃生长之地，便与泛作《昭君怨》者有别。"赴"字上，以之成句，句亦工。起势槎枒咙岈，咏昭君作如此起调更工。三句承上，叙及入宫，又叙及出塞，只七字说尽，在他人必对一联矣。三妙难见，四妙易知；五妙难解，六妙易知。五承三,六承四。五有两层意思，言昭君临行，天子始知其美，若按图索骏，徒为画工所欺，岂省识之耶！以"岂省"为"省"，从《毛诗》出。中二联皆流水对，以出手庄重不觉。"论"字即仄声"写"字，"怨恨"者，怨己之远嫁，恨汉之无恩也。必后世琵琶所传之曲，非华夏正声，故七、八云云。此诗寓意在"画图省识"句。盖如入宫而主不见知，与士怀忠而上不见察，其事一也。公之咏古迹而及昭君也，抑其所以自咏欤？（《杜诗说》卷八）

【清】金圣叹：咏明妃，为千古负材不偶者，十分痛惜。"省"作"省事"之省，若作实字解，何能与"空归"对耶？（《杜诗解》）

【清】朱鹤龄：画图之面，本非真容，不曰不识，而曰"省识"盖婉词，月夜魂归，明其终始不忘汉宫也。（《杜诗镜铨》卷十三引）

【清】贺裳：（"一去"四句）生前寥落，死后悲凉，一一在目。（《载酒园诗话又编》）

【清】陶开虞：风流摇曳，此杜诗之极有韵致者。（《杜诗镜铨》）

【清】李因笃：序事如天马行空，光采焕发，而毫无形迹，可称神化之篇。只序明妃始终，无一语涉议论，然意俱包括在内，诸家总不能及。细阅公此篇，凡代明妃作怨望思归者，犹堕议论，未离小家数。（《杜诗集评》卷十一）

【清】朱瀚：起处见钟灵毓秀而出佳人，有几许珍惜；结处言托身绝域而作胡语，含许多悲愤。曲中诉论，正指《昭君怨》诗，不作后人词曲。又曰：此诗"连"字即"（关山）无极"意。"青冢"句，即"芜绝"意（江淹《别赋》："望君王兮何期，将芜绝兮异域。"）。庾信《昭君词》："胡风入骨冷，夜月照心明。方调琴上曲，变入胡笳声。""琵琶"句，乃融化其语，"连"字写出塞之景，"向"字写思汉之心，笔下有神。（《杜诗解意七言律》）

【清】胡以梅：五、六须两句相串读，有深味。（《唐诗贯珠串释》）

【清】仇兆鳌：此怀昭君村也。上四，记叙遗事，下乃伤吊之词。生长名邦，而殁身塞外，比足该举明妃始末。五、六承上作转语，言生前未经识面，则殁后魂归亦徒然耳。唯有琵琶写意，千载留恨而已。（《杜少陵集详注》卷十七）

【清】吴瞻泰：发端突兀，是七律中第一等起句，谓山水逶迤，钟灵毓秀，始产一明妃。说得窈窕红颜，惊天动地。（《杜诗提要》卷十二）

【清】赵臣瑗：只此二十八字（按：指中四句），已将古往今来无数才人不遇、壮士无成、忠臣抱屈之两行眼泪，都从红颜薄命中，一一掩映而出。（《山满楼笺注唐诗七言律》卷二）

【清】浦起龙：因村而咏明妃，悯怨思也。结语"怨恨"二字，乃一诗之归宿处。起笔珍重，著遗村说，另为一截。中四，述事申哀，笔情缭绕。"一去"，怨恨之始也；"独留"，怨恨所结也。"画图识面"，生前失宠之怨恨可知；"环佩归魂"，死后无依之怨恨何极！末即借"出塞"声点明。"省识"只在画图，正谓不"省"也。（《读杜心解》卷四）

【清】杨伦：（首句）从地灵说入，多少郑重。（《杜诗镜铨》卷十三）

【清】爱新觉罗·弘历（敕编）：破空而来，文势如天骥下坂，明珠走盘，咏明妃者，此为第一。欧阳修、王安石诗，犹落第二乘。（《唐宋诗醇》卷十七）

【清】沈德潜：咏昭君诗，此为绝唱，余皆平平。至杨凭"马驼弦管向阴山"，风斯下矣。（"省识"）犹"略识"，临去一见，略识其面也。（"千载"句）指吊明妃者。（《重订唐诗别裁集》卷十四）

【清】宋宗元：奔腾而来，悲壮浑成，安得不推绝唱！（《网师园唐诗笺》）

【清】李重华：音节一道，难以言传。有略可浅为指示者，亦得因类悟入。如杜律："群山万壑赴荆门"，使用"千山万壑"便不入调，此轻重清浊法也。又如龙标绝句："不斩楼兰更不还"，俗本作"终不还"，便属钝句，此平仄一定法也。（《贞一斋诗说》）

【清】赵翼：古来咏明妃者，石崇诗："我本汉家子，将适单于庭。""昔为匣中玉，今为粪上英。"语太村俗。唯唐人"今日汉宫人，明朝胡地妾"二句，不着议论，而意味无穷，最为绝唱。其次则杜少陵"千载琵琶作胡语，分明怨恨曲中论"，同此意味也。（《瓯北诗话》卷十一）

【清】李锳：起笔亦有千岩竞秀，万壑争流之势。（《诗法易简录》）

【清】吴汝纶：篇末归重琵琶，尤其微旨所寄，若曰虽千载已上之胡曲，苟有知音者聆之，则怨恨分明若面论也，此自喻其寂寞千载之感也。是三章者固一意所贯矣。（《唐宋诗举要》卷五）

【清】袁枚：同一著述，文曰作，诗曰吟，可知音节之不可不讲。然音节一事，难以言传。少陵"群山万壑赴荆门"，使改"群"字为"千"字，便不入调。……字义一也，时差之毫厘，失以千里，其他可以类推。（《随园诗话》）

【近】郭曾炘：琵琶胡语，怨恨谁论？亦隐寓知音寥落之感。（《读杜札记》）

《登岳阳楼》

【宋】唐庚：过岳阳楼，观杜子美诗，不过四十字耳，气象闳放，涵蓄深远，殆与洞庭争雄，所谓富哉言乎者。太白、退之辈率为大篇，极其笔力，终不逮也。杜诗虽小而大，余诗虽大而小。（《唐子西文录》）

【宋】范温：老杜诗凡一篇皆工拙相半……如《望岳》诗云："齐鲁青未了。"《洞庭》诗云："吴楚东南坼，乾坤日夜浮。"语既高妙有力，而言东岳与洞庭之大，无过于此。后来文士极力道之，终有限量，益知其不可及。（《潜溪诗眼》）

【宋】蔡絛：洞庭天下壮观，自昔骚人墨客，斗丽搜奇者尤众。如"水涵天影阔，山拔地形高""回望疑无地，中流忽有山""鸟飞应畏堕，帆远却如闲"皆见称于世。然莫若"气蒸云梦泽，波撼岳阳城"，则洞庭空旷无际，雄壮如在目前。至读杜子美诗，则又不然，"吴楚东南坼，乾坤日夜浮"，不知少陵胸中吞几云梦也。（《金玉诗话》）

【宋】黄鹤：一诗之中，如"吴楚东南坼，乾坤日夜浮"一联，尤为雄伟，虽

不到洞庭者读之，可使胸次豁达。（《杜少陵集详注》卷二十二）

【宋】陆游：今人解杜诗，但寻出处，不知少陵之意，初不如是。且如《岳阳楼》诗："昔闻洞庭水（下略）"，此岂可以出处求哉！纵使字字求得出处，少陵之意益远矣。盖后人元不知杜诗所以妙绝古今者在何处，但以一字亦有出处为工。如《西昆酬唱集》中诗，何曾有一字无出处者，便以为追配少陵，可乎！且今人作诗，亦未尝无出处，渠自不知，若为之笺注，亦字字有出处，但不妨其为恶诗耳。（《老学庵笔记》卷七）

【宋】吴沆：右丞云："……如'吴楚东南坼'，是一句说半天下，至如'乾坤日夜浮'，即是一句说满天下。"（《环溪诗话》）

【宋】刘克庄：杜五言感时伤事，如"亲朋无一字，老病有孤舟"……八句之中，着此一联，安得不独步千古。若全集千四百篇，无此等句为气骨，篇篇都做"圆荷浮小叶，细麦落轻花"道了，则似近人诗矣。（《后村诗话·前集》卷一）

岳阳楼赋咏多矣，须推此篇独步，非孟浩然辈所及。（《后村诗话》）

【元】方回：岳阳楼天下壮观，孟、杜二诗尽之矣。中两联，前言景，后言情，乃诗之一体也。凡圈处是句中眼（按：方氏于"坼""浮"二字旁加圈）。尝登岳阳楼，左序球门壁间大书孟诗，右书杜诗，后人不敢复题。（《瀛奎律髓》卷一）

【元】赵汸：公此诗，同时唯孟浩然临洞庭所赋，足以相敌。后则陈简斋《渡江》及朱文公登定王台所赋，最迫近之。（《杜少陵集详注》卷二十二）

【明】张綖：此诗百代诗人所共推服，无他，以实气对实景，写实情矣。气有馁者，欲不言袭取，终不能欺人。（《杜工部诗通》）

【明】叶秉敬：张祜诗"一宿金山寺（下略）"……四句俱说景，似堆垛而无清味。老杜洞庭只是两句，而下便云"亲朋无一字，老病有孤舟"，方见变化之妙。（《敬君诗话》）

【明】王穉登：句律浑朴。"吴楚"二句移不去，"坼"与"浮"，句中眼也。时吐蕃入寇。（《唐诗选》）

【明】胡应麟："气蒸云梦泽，波撼岳阳城"，浩然壮语也，杜"吴楚东南坼，乾坤日夜浮"气象过之。又曰：盛唐"昔闻洞庭水"第一。（《诗薮》）

【明】唐汝询：此登楼览景，伤沦落也。言洞庭之水昔尝闻之矣。今登岳阳之楼，始见其广，彼东南乃吴楚之分境，日夜之间视天地若浮，极天下之形胜也。今我临此，而亲朋无一字相问，老病唯孤舟为家，又况吐蕃内侵，戎马在北，故凭轩

之际，伤己哀时，不觉涕泗之下也。（《唐诗解》卷三十四）

【明】钟惺：洞庭诗，人只写其景之奇耳，不知登临时少此情思不得。又曰：寻不出佳处，只是一气。（《唐诗归》）

【明】陆时雍："吴楚东南坼，乾坤日夜浮"，自宋人推尊，至今六七百年矣。余直不解其趣。"吴楚东南坼"，此句原不得景，但虚形之耳。安见得洞庭在彼，东南吴楚遂坼为两也？且将何以咏江也？至"乾坤日夜浮"，更是虚之极，以之咏海庶可耳。其意欲驾孟浩然而过之，譬于射，仰天弯弓，高则高矣，而失过的矣。（《唐诗镜》）

【明】王嗣奭：只"吴楚"二句，已尽大观，后来诗人，何处措手！后面四句只写情，才是自家诗，所谓诗本性情者也。（《杜臆》卷九）

【明】王夫之：起二句得未曾有，虽近情而不俗。"亲朋"一联情中有景，为元气，为雄浑壮健，皆不知诗者，从耳食不以舌食之论。（《唐诗评选》）

情、景虽有在心、在物之分，而景生情，情生景，哀乐之融，荣悴之迎，互藏其宅。天情物理，可哀而可乐，用之无穷，流而不滞，穷且滞者不知尔。"吴楚东南坼，乾坤日夜浮"，乍读之若雄豪，然而适与"亲朋无一字，老病有孤舟"相为融浃。（《姜斋诗话》）

【明】冯舒：因登楼而望洞庭，乃云"昔闻洞庭水，今上岳阳楼"，是倒入法。三、四"吴楚""乾坤"，则目之所见，心之所思，已不在岳阳矣，故直接"亲朋""老病"云云。落句五字总收上七句，笔力千钧。（《瀛奎律髓汇评》）

【明】徐增："昔闻"颇乐，今见何悲！昔正治平，今有"戎马"；昔尚年少，今成"老病"。治平可待，老病无及矣，悲夫。（《而庵说唐诗》）

【明】黄生：前后两截。前写登楼之景，后述登楼之怀，一、二交互，言昔闻洞庭水有岳阳楼，今上岳阳楼望洞庭水，遂直接三、四云云。吴在东，楚在南，而湖坼其间。三、四并极力形容之语，然三语巧，四语浑，必四先成，三觅对耳。亲朋无一字相遗，老病有孤舟相伴，各藏后二字，名"歇后句"。题是"登岳阳楼"，诗中便要见出登楼之人是何身分，对此景、作此诗是何胸次。如此诗，方与洞庭、岳阳气势相敌，后人不达此旨，游历所至，胡乱题写，真苍蝇之声耳。（《唐诗摘抄》卷一）

王粲《登楼赋》："凭轩槛以遥望。"张载诗："登崖远望涕泗交。"因是海内名处，故起语云："昔闻洞庭水。"……觉乾坤日夜浮于水上，其为宇内大观，信不虚矣。但凭轩北望，国难方殷，虽念切归朝，其如衰病飘零，亲朋见弃，其能免于涕泗之横流乎！后半开一步，以"凭轩"字绾合。……前半写景如此阔大，转落五、六，身世如此落寞，诗境阔狭顿异。结语凑泊极难，不图转出"戎马关山北"五字，胸襟、气象，一等相称，宜使后人阁笔也。写大景妙在移不动，然徒能写景，而不能见作者身份，譬如一幅大山水，不画人物，终难入格。后人学杜，似乎画家，但学山水，不学人物，又况所画并是顽山死水耶！（《杜诗说》卷五）

【清】查慎行：杜作前半首由近说到远，阔大沉雄，千古绝唱。孟作亦在下风，无论后人矣。（《瀛奎律髓汇评》）

【清】何焯：破题笔力千钧。洞庭天下壮观，此楼诚不可负，故有前四句。然我何缘至此哉！故后四句又不禁仲宣之感也。诗至此，面面到矣。（《瀛奎律髓汇评》）

先点"洞庭"，后破"登"字，迎刃之势。（《义门读书记》）

【清】李因笃：八句似各一意，全篇仍自浑然，相贯相承，故为绝调。（《瀛奎律髓汇评》）

高立云霄，纵怀身世，其中包涵万象，摆薄二仪，却紧照洞庭岳阳，一语移动不得。（《五色批本杜工部集》）

【清】俞犀月：三、四极开阔，五、六极黯淡，正于开阔处俯仰一身，凄然欲绝。岳阳之胜在洞庭，第一句安顿极好。（《五色批本杜工部集》）

【清】许印芳：一、二点题。三、四承"闻水"写景，"乾坤"句已为五、六伏脉。五、六承"上楼"言情，与"乾坤"句消息相通，神不外散。七句申明五、六伤感之故，亦倒点法。八句扣住登楼总收上文。法律精细如此，学者宜细心研究，勿徒夸其气象雄浑也。又引无名氏：中四句与孟工力悉收，而颈联尤老。起、结辣豁。孟只身世之感，而此抱家国无穷之悲，事境尤大云。（《五色批本杜工部集》）

【清】陆辛斋：前四句一气读，故自傲兀。（《杜诗集评》）

【清】吴昌祺：起手凌空而上。襄阳三、四人所能及，此则不可及矣……五、六空接而不弱，冠古之笔。（《删订唐诗解》）

【清】张谦宜："吴楚东南坼，乾坤日夜浮"，十字写尽湖势，气象甚大。一转入自己心事，力与之敌。（《絸斋诗谈》卷四）

【清】仇兆鳌：上四写景，下四言情。"昔闻""今上"，喜初登也。包吴楚而浸乾坤，此状楼前水势，下则自身漂泊之感，万里乡关之思，皆动于此矣。（《杜少陵集详注》卷二十二）

【清】浦起龙：不阔则狭处不若，能狭则阔境愈空。然玩三、四，亦已暗逗辽远漂流之象。又曰：孟诗结语似逊。（《读杜心解》卷三）

【清】沈德潜：三、四雄跨今古，五、六写情黯淡，著此一联，方不板滞。孟襄阳三、四语实写洞庭，此只用空写，却移他处不得，本领更大。（《重订唐诗别裁集》卷十）

【清】宋宗元："吴楚"二句雄伟，雅与题称。此作与襄阳《临洞庭》诗同为绝唱，宜方虚谷大书球门，后人更不敢题也。（《网师园唐诗笺》）

【清】延君寿：如工部之《岳阳楼》第五句"亲朋无一字"，与上文全不相连，然人于异乡登临，每有此种情怀。下接"老病有孤舟"，倘无"舟"字，则去题远矣。"戎马关山北"，所以"亲朋无一字"也，以此句醒隔句"凭轩涕泗流"。（《老生常谈》）

【清】徐筠亭：孟襄阳诗"气蒸云梦泽，波撼岳阳城"，杜少陵诗"吴楚东南坼，乾坤日夜浮"，力量气魄已无可加，而孟则继之曰"欲济无舟楫，端居耻圣明"，皆以索漠幽渺之情，摄归至小。两公所作，不谋而合。可见文章有定法。若更求博大高深之语以称之，必无可称而力蹶无完诗矣。（《浪迹丛谈》）

《绝句》（两个黄鹂鸣翠柳）

【宋】程大昌：诗思丰狭，自其胸中来，若思同而句韵殊者，皆象其人，不可强求也。张祜送人游云南，固尝张大其境矣，曰"江连万里海，峡入一条天"。至老杜则曰"窗含西岭千秋雪，门泊东吴万里船"，又曰"路经滟滪双蓬鬓，天入沧浪一钓舟"，以较祜语，雄伟而又优裕矣。（《演繁露》卷四）

【宋】曾慥：子美诗云："两个黄鹂鸣翠柳，一行白鹭上青天。窗含西岭千秋雪，门泊东吴万里船。"东坡《题真州范氏溪堂诗》云："白水满时双鹭下，绿槐高处一蝉吟。酒醒门外三竿日，卧看溪南十亩阴。"善用杜老诗意也。（《高斋诗话》）

【宋】范季随：杜少陵诗云："两个黄鹂鸣翠柳，一行白鹭上青天。"王维诗云："漠漠水田飞白鹭，阴阴夏木啭黄鹂。"极尽写物之工。（《陵阳先生室中语》）

【明】杨慎：绝句四句皆对，杜工部"两个黄鹂"一首是也。然不相连属，即是律中四句也。绝句者，一句一绝，起于《四时咏》："春水满四泽，夏云多奇峰，秋月扬明辉，冬岭秀孤松"是也。或以为陶渊明诗，非。杜诗"两个黄鹂鸣翠柳"实祖之。（《升庵诗话》卷十一）

【明】胡应麟：杜之律，李之绝，皆天授神诣。然杜以律为绝，如"窗含西岭千秋雪，门泊东吴万里船"等句，本七言律壮语，而以为绝句，则断锦裂缯类也。李以绝为律，如"十月吴山晓，梅花落敬亭"等句，本五言绝妙境，而以为律诗，则骈拇枝指类也。（《诗薮》）

【明】顾元庆：长江万里，人言出于岷山，而不知元从雪山万壑中来。山亘三千余里，特起三峰，其上高寒多积雪，朝日曜之，远望日光若银海。杜子美草堂正当其胜处，其诗曰"窗含西岭千秋雪"。（《夷白斋诗话》）

【明】王嗣奭：此四诗盖作于入居草堂之后，拟客居此以终老，而自叙情事如此。其三，是自适语，草堂多竹树，境亦超旷，故鸟鸣鹭飞，与物俱适，窗对西山，古雪相映，对之不厌，此与拄笏看爽气者同趣。门泊吴船，即公诗"平生江海心，夙昔驻扁舟"是也。公盖尝思吴，今安则可居，乱则可去，去亦不恶，何适如之！（《杜臆》）

【清】李因笃：化古人"白鹭一一飞上天"为整调，余则配足之耳。（《杜诗集评》卷十五）

【清】吴农祥：极熟诗，却用意陶铸者。（《杜诗集评》卷十五）

【清】爱新觉罗·弘历（敕编）：虽非正格，自是绝唱。（《唐宋诗醇》）

◎ 白居易

《卖炭翁》

【唐】韩愈：旧事：宫中有要，市外物，令官吏主之。与人为市，随给其直。贞元末，以宦者为使，抑买人物，稍不如本估。末年不复行文书，置"白望"（意即在市场上左右望，看中东西出价不高于本金而强买之人）数百人于两市并要闹坊，阅人所卖物，但称"宫市"，即敛手付与，真伪不复可辨，无敢问所从来，其论价之高下者，率用百钱物买人直数千钱物，仍索进奉门户并脚价钱。将物诣市，至有空手而归者。名为"宫市"而实夺之。尝有农夫以驴负柴至城卖，遇宦者称"宫市"取之，才与绢数尺，又就索门户，仍邀以驴送至内。农夫涕泣，以所得绢付之，不肯受。曰："须汝驴送柴至内。"农夫曰："我有父母妻子，待此然后食。今以柴与汝，不取直而归，汝尚不肯，我有死而已。"遂殴宦者。街吏擒以闻，诏黜

此宦者，而赐农夫绢十匹。然"宫市"亦不为之改易。（《顺宗实录》）

【清】爱新觉罗·弘历（敕编）：直书其事，而其意自见，更不用著一断语。（《唐宋诗醇》）

【清】袁枚：意深词浅，思苦言甘。寥寥千载，此妙谁探？（《续诗品》）

【今】陈寅恪：宫市者，乃贞元末年最为病民之政，白乐天《新乐府》中有此一篇。且其事又为乐天所得亲有见闻者，故此篇之摹写，极生动之致也。……更有可论者，此篇径直铺叙，与史文所载者不殊，而篇末不著己身之议论，微与其他诸篇有异，然其感慨亦自见也。（《元白诗笺证稿》）

《琵琶行》

【唐】李忱（唐宣宗）：缀玉联珠六十年，谁教冥路作诗仙。浮云不系名居易，造化无为字乐天。童子解吟长恨曲，胡儿能唱琵琶篇。文章已满行人耳，一度思卿一泫然。（《吊白居易》）

【宋】洪迈：白乐天《琵琶行》一篇，读者但羡其风致，敬其词章，至形于乐府，咏歌之不足，遂以为真为长安故倡所作。予窃疑之。唐世法网虽于此为宽，然乐天尝居禁密，且谪官未久，必不肯乘夜入独处妇人船中，相从饮酒，至于极弹丝之乐，中夕方去，岂不虞商人者他日议其后乎？乐天之意，直欲摅写天涯沦落之恨耳。（《容斋五笔卷十·琵琶行海棠诗》）[按：曾慥《类说》（卷二十二）引《荆湖近事》：李守愚闻人诵白傅《琵琶行》，笑曰："此妇本长安倡女，嫁茶商在外，而居易辄于夜间移船就之，听其琵琶以佐欢，得非奸状显然耶？"与洪氏说近似。陈寅恪《元白诗笺证稿》有云："移船相近邀相见"之"船"，乃"主人下马客在船"之"船"，非"去来江口守空船"之"船"。盖江州司马移其客之船，以就浮梁茶商外妇之船，而邀此长安故倡从其所乘之船出来，进入江州司马所送客之船中，故能添酒重宴。否则江口茶商外妇之空船中，恐无如此预设之盛筵也。]

【宋】朱熹：白乐天《琵琶行》云："嘈嘈切切错杂弹，大珠小珠落玉盘。"云云，这是和而淫。至"凄凄不似向前声，满座重闻皆掩拉"，这是淡而伤。（《朱子语类》）

【宋】何汶：《禁脔》云……乐天题琵琶曰："银瓶乍破水浆迸，铁骑突出刀枪鸣。"又曰："四弦一声如裂帛。"此皆曲尽万物之情状。若音声不可把玩，如石火电光，而人之才力能攫取之，然此但得其情状，非能写其不传之妙载？如山谷《题芦

雁图》，则妙绝矣。（《竹庄诗话》卷十）

【宋】刘克庄：《舞剑器行》，世所脍炙绝妙好诗也……余谓此篇与《琵琶行》，一如壮士轩昂赴敌场，一如儿女恩怨相尔汝，杜有建安、黄初气骨，白未脱长庆体耳。（《后村诗话新集》卷一）

【宋】戴复古：浔阳江头秋月明，黄芦叶底秋风声。银龙行酒送归客，丈夫不为儿女情。隔船琵琶自怨思，何预江州司马事？为渠感激写歌行，一写六百十六字。白乐天，白乐天，生平多为达者语，到此胡为不释然。弗堪谪宦便归去，庐山正接柴桑路。不寻黄菊伴渊明，忍泣青衫对商妇？（《琵琶行》）

【明】钟惺：（"冰泉冷涩"二句下）以此说曲罢，情理便深。（"门前冷落"二句下）唤醒人语，不怕说得败兴。（"同是天涯"二句下）止此，妙，亦似多后一段。（《唐诗归》）

【明】唐汝询：此宦游不遂，因琵琶以托兴也。言当清秋明月之夜，闻琵琶哀怨之音，听商妇自叙之苦，以动我逐臣久客之怀，宜其泣下沾襟也。《连昌》纪事，《琵琶》叙情，《长恨》讽刺，并长篇之胜。而高、李弗录，今采而笺释之，俾学者有所观法焉。（《唐诗解》卷二十）

"饮无管弦"，埋琵琶话头。一篇之中"月"字五见，"秋月"三用，各自有情，何尝厌重！"声沉欲语迟"，"沉"字细，若作"停"字便浅，"欲语迟"，形容妙绝。"未成曲调先有情"，"先有情"三字，一篇大机括。"弦弦掩抑"，下四语总说，情见乎辞。"大弦"以下六语，写琵琶声响，曲尽其妙，"冰泉冷涩"四语，传琵琶之神。"银瓶"二语，已歇而复振，是将罢时光景。"唯见江心秋月白"，收用冷语，何等有韵！"自言本是京城女"下二十二句，商妇自诉之词，甚夸，甚戚，曲尽青楼情意。"同是天涯沦落人"二句，钟伯敬谓"止此，妙，亦似多后一段"。若止，乐天本意，何处发舒！惟从"沦落人"转入迁谪，何等相关！香山善铺叙，繁而不冗，若百衲衣手段，如何学得？（《删补唐诗选脉笺释会通评林·中七古》）

【明】陆时雍：乐天无简练法，故觉顿挫激昂为难。（《唐诗镜》）

作长篇须得崩浪奔窗，蓦涧腾空之势，乃知乐天只一平铺次第。（《唐诗选脉会通评林》）

【明】许学夷：乐天七言古，《长恨》《琵琶》及《新乐府》虽成变体，然尚有唐人音调。至《一日日一年年》及《达哉乐天行》，则全是宋人声口，始为之变矣。（《诗源辩体》卷二十八）

【明】杨慎：白乐天"枫叶荻花秋瑟瑟"，此句绝妙。枫叶红，荻花白，映秋色碧也。瑟瑟，珍宝名，其色碧，故以"瑟瑟"影指"碧"字。读者草草，不知其解也。今以问人，辄答曰："瑟瑟者，萧瑟也。"此解非是。何以证之？乐天又有《暮江曲》云："一道残阳照（铺）水中，半江瑟瑟半江红。"此"瑟瑟"岂萧瑟哉！正言残阳照江，半红半碧耳。乐天有灵，必惊予为千载知音矣。（《升庵诗话·瑟瑟》）

白居易诗："千呼万唤始出来。"始字不如"才"字。诗人有作者未工而后人改定者胜，如此类多有之。使作者复生，亦必心服也。（《古诗文宜改定字》）

【明】李沂：初唐人喜为长篇，大率以词彩相高而乏神韵。至元、白，去其排比，而仍蹑其拖沓。惟《连昌宫词》直陈时事，可为龟鉴。《琵琶行》情文兼美，故特取之。（《唐诗援》）

【明】郝敬：以诗代叙，记情兴，曲折婉转，《连昌宫词》正是伯仲。（《批选唐诗》）

【明】徐增：此篇铺叙甚佳，语多情至，顿挫之法颇有。若较子美之陡健，相去远矣。滥觞从此始。"琵琶声停欲语迟"，"欲语迟"，宛然妇人行径矣。"枫叶荻花秋瑟瑟"，人知是写景，不知是写秋。古人作长篇，法有详略。此篇纯用详法，此乐天短处也。"未成曲调先有情"，司马迁谪，复当别离，此乐天之情也；嫁与商人，不得遂意，此妇人之情也，大家暗暗相关。……"其间旦暮闻何物"，作问辞，句法变，方无直下之弊。"春江花朝秋月夜，往往取酒还独倾。"要知乐天不是单对妇人自叙，还有所送之客在此，正是眼光向客处，此二句妙甚。（《而庵说唐诗》卷三）

【明】黄周星：乐天诗如《长恨歌》《琵琶行》皆所谓老妪解颐者也。然无一字不深入人情。不但入情，而且刺心透髓，即少陵、长吉歌行皆不能及。所以然者，少陵、长吉虽能为情语，然犹兼才与学为之，凡诗语一夹才学，终隔一层，便不能刺透心髓。乐天之妙，妙在全不用才学，一味以本色真切出之，所以感叹最深，由是观之，则老妪解颐，谈何容易！（《唐诗快》卷七）

【清】吴景旭：《博雅》："瑟瑟，碧珠也。"《杜阳杂编》："有瑟瑟幕，其色轻明虚薄，无与为比。"《唐语林》："卢昂有瑟瑟枕，宪宗估其值曰：'至宝无价。'"《水经注》："水木明瑟。"韦庄诗："留得溪头瑟瑟波，泼成纸上猩猩色。"据此，则升庵之说益信。盖乐天诗言色，公干诗言声，用意各别，安得强证为"萧瑟"之"瑟"也！若卢照邻"风横天而瑟瑟，云覆海而沉沉"，乃与公干同意。（《历代诗话》

卷五十)

【清】宋征璧：元、白体格不必论，若《琵琶行》，颇尽情事。又杨升庵曰："白居易'千呼万唤始出来'，不如易以'才'字。"予意诗以声调而工，若"才出来"，则不中宫商矣。升庵强作解事。(《抱真堂诗话》)

【清】田雯：余尝谓白香山《琵琶行》一篇，从杜子美《观公孙大娘弟子舞剑器行》得来。"临颍美人在白帝，妙舞此曲神扬扬。与余问答既有以，感时抚事增惋伤。"杜以四语，白成数行，所谓演法也。凫胫何短，鹤胫何长，续之不能，截之不可，各有天然之致。不惟诗也，文亦然。(《古欢堂杂著》卷三)

【清】严元照：予向读吴梅村《琵琶行》，喜其浏漓顿挫，谓胜白文公《琵琶行》，久而知其谬也。白诗开手便从江头送客说到闻琵琶，此直叙法也。吴诗先将琵琶铺陈一段，便成空套。(《蕙櫋杂记》)

【清】吴瑞荣：香山每有所作，令老妪能解则录之，故格调局而不高。此篇以清壮发其悲情，写实追空，听词似泣。王元美、李于鳞虽不见收，要不失为佳制。(《唐诗笺要后集》卷五)

【清】黄子云：香山《琵琶行》，婉折周详，有意到笔随之妙。笔中句亦警拔。音节靡靡，是其一生短处，非独是诗而已。(《野鸿诗的》)

【清】沈德潜：写同病相怜之意，恻恻动人。诸本"此时无声胜有声"，既"无声"矣，下二语如何接出？宋本"无声复有声"，谓住而双弹也，古本可贵如此。(《重订唐诗别裁集》卷八)

【清】爱新觉罗·弘历（敕编）：满腔迁谪之感，借商妇以发之，有同病相怜之意焉。比兴相纬，寄托遥深，其意微以显，其音哀以思，其辞丽以则。《十九首》云："清商随风发，中曲正徘徊。一弹再三叹，慷慨有余哀。"及杜甫《观公孙大娘弟子舞剑器行》，与此篇同为千秋绝调，不必以古近、前后分也。(《唐宋诗醇》卷二十二)

【清】宋宗元：（"醉不成欢"二句下）为下二段伏线。（"此时无声"句下）即"声暂歇"时言。（"唯见江心"句下）应首段，作一束。（"绕船月明"句下）映上重作一束，为文章留顿法。（"同是天涯"二句下）双收上二段，转到自己。（"其间旦暮"句下）自叙踪迹，与起处相应。此诗及《长恨歌》，诸家选本率与元微之《连昌宫词》并存。然细玩之，虽同是洋洋大篇，而情辞斐亹无伦，元词之远不逮白歌，即此与李亳州之《悲善才》并为闻琵琶作，而亦有仙凡之判，固不但以人品

高下为去取也。(《网师园唐诗笺》)

【清】赵翼：盖其得名在《长恨歌》一篇……有《琵琶行》一首助之。此即无全集，而二诗已自不朽。又曰：《琵琶行》亦是绝作，然身为本郡上佐，送客到船，闻邻船有琵琶女，不问良贱，即呼使奏技，此岂居官者所为？岂唐时法令疏阔若此耶？盖特香山借以为题，发抒其才思耳。然在鄂州，又有《夜闻歌者》一首云（诗略）。则闻歌觅人，竟有其事，恬不为怪矣。(《瓯北诗话》卷四)

【清】马位：乐天"转轴拨弦三两声，未成曲调先有情"与谪仙"楚歌吴语娇不成，似能未能最有情"异曲同工。(《秋窗随笔》)

【清】施补华：《琵琶行》较有情味。然"我从去年"一段又嫌繁冗，如老妪向人谈旧事，叨叨絮絮，厌渎而不肯休也。(《岘佣说诗》)

【清】陈廷焯："商人重利轻别离"，白香山沉痛语也。江开之《菩萨蛮·商妇怨》云："嫁郎如未嫁，长是凄凉夜。情少利心多，郎如年少何？"俚极笨极，真是点金成铁。(《白雨斋词话》卷七)

【近】佚名：结以两相叹感收之。此行似江潮涌雪，余波荡漾，有悠然不尽之妙，凡作长题，步步映衬，处处点缀，组织处，悠扬处，层出不穷。笔意鲜艳无过白香山者。(《精选评注五朝诗学津梁》)

【今】陈寅恪：既专为此长安故倡女感今伤昔而作，又连绾己身迁谪失路之怀，直将混合作此诗之人与此诗所咏之人二者为一体，真可谓"能所"双亡，主宾俱化，专一而更专一，感慨复加感慨，岂微之泛泛之作（指《琵琶歌》）所能企及者乎！(《元白诗笺证稿》)

【今】靳极苍：白氏此处的"瑟瑟"，绝不能解作碧色。因这一句的前一句是"夜送客"。夜间月下，能分清什么红色碧色呢？张若虚《春江花月夜》："月照花林皆似霰。"月照下各种颜色的花林，全像霰一样的白色了，因为月下不可能辨别颜色呀，王弇州尝讥升庵"求之宇宙之外，而失之耳目之前"，这便是一例。这里的"瑟瑟"句，该解为秋天枫叶荻花因夜风而响的声音。"秋"既点明出季节，更主要的是表现作者当时的情绪，奠定着全篇的气氛……作者送别友人，所以心情是萧瑟的，枫叶荻花发出来的"瑟瑟"之声，作者听来是有萧瑟意味的。(《百家唐宋诗新话》)

【今】罗宗强：《序》的中心，落在迁谪上。全诗的感情基调，也是这迁谪引起的凄凉之感。诗的两个主要部分，是写人生沦落。写弹琵琶者坎坷命运的一段，用对比的手法，写出年长色衰之后的悲怆遭遇……写自己遭遇的一段，着重抒发贬谪以来的冷落寂寞与孤独凄寂……这两段描写，在长篇叙事诗的手法上有了发展。两段都采用第一人称叙述自己的身世，叙述又都采用回顾的方式，类于倒叙，各自独立地展示了两个人的遭遇，中间用"我闻"转折，把两条线索贯穿起来，使感情的发展自然衔接，在叙事中自然抒发了"同是天涯沦落人"的凄凉情思。叙事用衬托、铺垫和高度浓缩的故事交代，显得既曲折动人，又干净利索，自然流畅，在叙事艺术上，《琵琶行》在唐诗发展中是一个高峰。《琵琶行》另一成功的地方，是对音乐的描写……把整个演奏过程的旋律变化完美表现出来……与韩愈、李贺比，白居易写乐声更趋于写实，更少幻想变怪的奇异的美，更多真切细腻的感受，这或者是它的魅力所在，它有自己的独特性。（《唐诗小史》）

《草》

【唐】张固：白尚书应举，初至京，以诗谒著作顾况。顾睹姓名，熟视白公，曰："米价方贵，居亦弗易。"乃披卷，首篇曰："咸阳原上草，一岁一枯荣。野火烧不尽，春风吹又生。"即嗟赏曰："道得个语，居即易矣。"因为之延誉，声名大振。（《幽闲鼓吹》）

【宋】吴曾：乐天以诗谒顾况，况喜其《咸阳原上草》云："野火烧不尽，春风吹又生。"予以为不若刘长卿"春入烧痕青"之句语简而意尽。（《复斋漫录》）

【宋】吴开：顾况喜白乐天《送友人原上草》诗："野火烧不尽，春风吹又生。"乃是李太白《瀑布诗》"海风吹不断，江月照还空"意。（《优古堂诗话》）

【宋】范晞文：刘商《柳》诗"几回离别折欲尽，一夜春风吹又长"，不如乐天《草》诗"野火烧不尽，春风吹又生"语简而思畅。或又谓乐天此联不如"春入烧痕青"之句。（《对床夜语》卷三）

【明】唐汝询：上二联写物生之无间，下二联是草色之关情。乐天语尚真率，佳处固自不少，要非入选之诗，独此丰格犹存。姑采以备长庆之一体。（《唐诗解》卷三十八）

【明】许学夷：乐天五言律，如"边角两三枝""离离原上草""烟翠三秋色"等篇，尚为小变；如"巧未能胜拙，忙应不及闲""荣华急如水，忧患大于山""虽过酒肆上，不离道场中""白首谁留住，青山自不归"等句，遂大入议论；如"寒衣补灯下，小女戏床头""莫强疏慵性，须安老大身""病看妻捡药，寒遣婢梳头""佛容为弟子，天许作闲人""百年慵里过，万事醉中休""天供闲日月，人借好园林"等句，则快心自得，宋人门户多出于此。（《诗源辩体》卷二十八）

【明】周珽：首联原物理之循环，次联见生机之不息，三联咏草色之周遍，结联咏物情之系感。（《删补唐诗选脉笺释会通评林·中五绝》）

【明】冯时可：《续古诗》："何意掌上玉，化为眼中砂……晴沙金屑色，春水曲尘波"，自是晚唐色相；至《古原草》诗："野火烧不尽，春风吹又生"，几希初唐乎？（《雨航杂录》）

【明】徐增：前一解，要看"原上"二字；后一解，要看"王孙去"三字。古人作诗，一丝不走。（《而庵说唐诗》）

【清】田雯：刘孝绰妹诗："落花扫更合，丛兰摘复生。"孟浩然诗："林花扫更落，径草踏还生。"此联岂出自刘欤？白乐天《咏原上草送别》诗"野火烧不尽，春风吹又生"一句之意，分为两句，风致亦自不减。古人作诗，皆有所本，而脱化无穷，非蹈袭也。（《古欢堂杂著·原上草诗》）

【清】查慎行：人但知三、四之佳，不知先有"一岁一枯荣"句紧接上，方更精神。试置之他处，当亦索然。（《初白庵诗评》）

【清】谭宗：浑朴。其体当在《十九首》之间。（《近体秋阳》）

【清】纪昀：此乃是未放笔时，后乃愈老愈颓唐矣。（《瀛奎律髓汇评》）

【清】屈复：不必定有深意，一种宽然有余地气象，便不同啾啾细声。此大小家之别。（《唐诗成法》）

【清】沈德潜：此诗见赏于顾况，以此得名者也。然老成而少远神，白诗之佳者，正不在此。（《重订唐诗别裁集》卷二十）

【清】宋宗元：（"野火"二句）天然名句，宜见赏于逋翁。（《网师园唐诗笺》）

【清】李因培："野火烧不尽，春风吹又生。"十字有化机。（《唐诗观澜集》）

【清】顾安：三、四的是好句。五、六虽分"古道""荒城"，而用意实是合掌。结句呆用"王孙"，更庸弱。香山诸体颇称大手笔，此作独枯率窄狭，不能滚动，得非以好句累之乎？（《唐律消夏录》）

【清】范大士：极平淡，亦极新异，宜顾况之倾倒也。（《历代诗发》）

【清】黄叔灿："野火"一联，刻划跳脱，真是名句。若下半首，犹人所能。（《唐诗笺注》）

【清】方南堂：白乐天"野火烧不尽，春风吹又生"，韩退之《拘幽操》，孟东野《游子吟》，是非有得于天地万物之理，古贤圣人之心，焉能至此？可知学问理解，非徒无碍于诗，作诗者无学问理解，终是俗人之谈，不足供士大夫之一笑。（《辍锻录》）

【清】潘德舆：文章各有境界，宜繁而繁，宜简而简，乃各得之。推简者为上，则减字法成不刊典，而文章之妙晦而不出矣。王右丞"黄云断春色"，郎士元"春色临关近，黄云出塞多"，一语化作两语，何害为佳！必谓王系盛唐，能以简胜，此矮人之观也。然李西涯犹谓"南山与秋色，气势两相高"不如"千崖秋气高"，"野火烧不尽，春风吹又生"不如"春入烧痕青"，则为简字诀所误者亦多矣。（《养一斋诗话》卷二）

【近】俞陛云：此诗借草取喻，虚实兼写。起句实赋"草"字，三、四承上"荣枯"而言。唐人咏物，每有仅于末句见本意者，此作亦同之。但诵此诗者，皆以为喻小人去之不尽，如草之兹蔓。作者正有此意，亦未可知。然取喻本无确定，以为喻世道，则治乱循环；以为喻天心，则贞元起伏；虽严寒盛雪，而春意已萌。见智见仁，无所不可。一篇《锦瑟》，在笺者会意耳。五、六句"古道""荒城"，言草所丛生之地；"远芳""晴翠"，写草之状态，而以"侵"字"接"字绘其虚神，善于体物，琢句尤工。末句由草关合人事，远送王孙，与南浦春来，同一魂销黯黯。作咏物诗者，宜知所取格矣。（《诗境浅说》）

《钱塘湖春行》

【明】杨逢春：首领笔，言自孤山北贾亭西行起。下五句历写绕湖行处春景。七、八以行不到之湖东结，遥望犹有余情。（《唐诗绎》）

【清】金圣叹：（前解）先写湖上。横开，则为寺北、亭西；竖展，则为低云、平水。浓点，则为早莺、新燕；轻烘，则为暖树、春泥。写湖上真如天开图画也。（后解）方写春行。花迷、草没，如以戥子称量此日春光之浅深也。（《贯华堂选批唐才子诗》卷五）

【清】毛奇龄：杭州钱塘湖中，有一堤穿于湖心。作志者初称白堤，后称白公堤，谓白乐天为刺史时所筑。及读乐天《杭州春望》诗有云："谁开湖寺西南路，草绿裙腰一道斜。"则并非白筑，未有己所开堤而反曰谁开者，且诗下自注有云："孤山寺路，在湖洲中，草绿时望如裙腰。"是必前有此堤，故注以证己诗，其非初开可知也。是以张祜诗云："楼台映碧岑，一径入湖心。"其诗不知何时作，但乐天出刺杭州在长庆末，而陆鲁望每推张祜为元和诗人，则此堤非长庆后始筑断可知者。尝考此堤为白沙堤。乐天《钱塘湖春行》有云："最美湖东行不足，绿柳阴里白沙堤。"则意此堤本名白沙，或有时去"沙"字，单称白堤。而不幸白字恰与乐天姓合，遂误称白公。观有时去"白"字，单称"沙堤"。如乐天又有诗云："十里沙堤明月中。"是一"沙"一"白"，遂多误称。而不知白堤不得称白公堤，犹沙堤不得称宰相堤也。（《西河文集·诗话三》）

【清】胡以梅：三、四灵活之极，"争"字既佳，而"谁家"更有情。（《唐诗贯珠串释》）

【清】赵臣瑗：何言乎上半首写湖上？察他口气所重，只在"寺北""亭面""几处""谁家"，见其间佳丽不可胜纪，而初不在"水平""云低""早莺""新燕""暖树""春泥"之种种布景设色也。何言乎下半首专写春行？察他口气所重，只在"渐欲迷""才能没""绿杨阴"之一路行来，细细较量春光之浅深，春色之浓淡，而初不在"湖东""白沙堤"几个印板上之衬贴字也。要之，轻重既已得宜，风情又复宕漾，最是中唐佳调。谁谓先生之诗近乎俗哉！（《山满楼笺注唐诗七言律》）

【清】何焯：平平八句，自然清丽，小才不知费多少妆点。（《唐律偶评》）

【清】宋宗元：娟秀无比。（《网师园唐诗笺》）

【清】方东树：章法意匠，与前诗（按：指《西湖留别》）相似。而此加变化。佳处在象中有兴，有人在，不比死句。又曰：句句回旋，曲折顿挫，皆从意匠经营而出。（《昭昧詹言》卷十八）

◎ 刘禹锡

《酬乐天扬州初逢席上见赠》

【唐】白居易：彭城刘梦得，诗豪者也。其锋森然，少敢当者……文之神妙，莫先于诗。若妙于神，则吾岂敢！如梦得"雪里高山头白早，海中仙果子生迟""沉舟侧畔千帆过，病树前头万木春"之句之类，真谓神妙，在在处处应当有灵物护之。（《刘白唱和集解》）

【宋】魏泰："沉舟侧畔千帆过，病树前头万木春"，此皆常语也，禹锡自有可称

之句甚多，顾不能知之耳。（《临汉隐居诗话》）

【明】王世贞：白极重刘……"沉舟侧畔千帆过，病树前头万木春"，以为有神助，此不过学究之小有致者。（《艺苑卮言》卷四）

【明】胡震亨：刘梦得尝爱张文昌"朝衣暂脱见闲身"之句，及自为诗有云"沉舟侧畔千帆过，病树前头万木春"，若不胜宦途迟速荣悴之感，曲为之拟者。嗟乎，人所谜不能真脱朝衣长享闲者，正以此耳。思之能无浩叹！（《唐音癸签》卷二十六）

【明】杨逢春："沉舟"二句，用对托之笔，倍难为情。"今日"二字，方转到"初逢"正位，结出"酬"字意。（《唐诗绎》）

【清】赵执信：诗人贵知学，尤贵知道。东坡论少陵诗外尚有事在，是也。刘梦得诗云："沉舟侧畔千帆过，病树前头万木春。"有道之言也。白傅极推之。余尝举似（示？）阮翁，答曰："我所不解。"（《谈龙录》）

【清】何焯：声泪俱下。（《刘禹锡诗何焯批语考订》）

【清】沈德潜："沉舟"二语，见人事不齐，造化亦无如之何。悟得此者，终身无不平之心矣。（《重订唐诗别裁集》卷十五）

【清】宋顾乐：乐天论诗多不可解。如梦得"雪里高山头白早，海中仙果子生迟""沉舟侧畔千帆过，病树前头万木春"等句最为下劣，而乐天乃极赞叹，以为此等语"在在处处当有神物护持"，谬矣。（《梦晓楼随笔》）

【清】洪亮吉：刘禹锡"怀旧空吟闻笛赋，到乡翻似烂柯人"，白居易"曾犯龙鳞容不死，欲骑鹤背觅长生"，开后人多少法门。即以七律论，究当以此种为法。（《北江诗话》）

【清】王寿昌：以句求韵而尚妥者，……少陵之"桤林碍日吟风叶，笼竹和烟滴露梢"，卢允言之"路绕寒山人独去，月临秋水雁空惊"，刘梦得之"沉舟侧畔千帆过，病树前头万木春"，许郢州之"山翠万重当槛出，水华千里抱城来"，温飞卿之"雕边认箭寒云重，马上听笳塞草愁"之类是也。（《小清华园诗谈》卷下）

【清】胡以梅：此是从蜀赴扬州之作。（《唐诗贯珠》）

【近】俞陛云：梦得此诗，虽秋士多悲，而悟彻菀枯。能知此旨，终身无不平之鸣矣。（《诗境浅说》）

【今】罗宗强："沉舟"一联意蕴十分丰富，既有慨叹，以己为沉舟、为病树，但见他人之春风得意，又有自慰，己虽为沉舟、为病树，而世事仍将按其轨迹运行。沉舟侧畔，自有千帆竞发；病树前头，依旧有万木争春。还有这样一重意思：虽历尽坎坷，仍将振作起来。这些丰富的感情意蕴，很含蓄地回答了白居易诗中对他遭受过多的挫折、满朝冠盖而斯人憔悴（按：杜甫有"冠盖满京华，斯人独憔悴"之语）的同情。全诗的基调并不低沉，心情是比较开朗的。这种性格，这种心情，反映在刘禹锡的许多诗里成为他的诗刚健豪宕的一面。（《唐诗小史》）

《望洞庭》

【后蜀】何光远：刘（禹锡）尚书有《望洞庭》之句，雍使君（陶）有《咏君山》之诗，其如作者之才，往往暗合。刘《望洞庭》诗曰："湖光秋月两相和，潭面无风镜未磨。遥望洞庭山水翠，白银盘里一青螺。"雍《咏君山》诗曰："烟波不动影沉沉，碧色全无翠色深。疑是水仙梳洗处，一螺青黛镜中心。"（《鉴戒录·改桥名》）

【宋】葛立方：诗家有换骨法，谓用古人意而点化之，使加工也……刘禹锡云："遥望洞庭山水翠，白银盘里一青螺。"山谷点化之，则云："可惜不当湖水面，银山堆里看青山。"学诗者不可不知此。（《韵语阳秋》卷二）

【明】谢榛：意巧则浅，若刘禹锡"遥望洞庭山水翠，白银盘里一青螺"是也。（《四溟诗话》卷二）

◎ 杜牧

《赤壁》

【宋】许顗：杜牧之作《赤壁》诗（略）。意谓赤壁不能纵火，为曹公夺二乔置之铜雀台上也。孙氏霸业，系此一战。社稷存亡，生灵涂炭都不问，只恐捉了二乔，可见措大不识好恶。（《彦周诗话》）

【宋】胡仔：牧之于题咏，好异于人。如《赤壁》云："东风不与周郎便，铜雀春深锁二乔。"《题商山四皓庙》："南军不袒左边袖，四老安刘是灭刘。"皆反说其事。至《题乌江亭》，则好异而畔于理。（《苕溪渔隐丛话·后集》卷十五）

【宋】罗大经：周瑜赤壁、谢安淝水、寇莱公澶渊、陈鲁公采石，四胜大略相似。杜牧云："东风不与周郎便，铜雀春深锁二乔。"意亦著矣。谢安围棋别墅，真是矫情镇物，喜出望外，宜其折屐。澶渊之役，毕士安有相公交取鹘仑官家之说，高琼有好唤宰相来吟两首诗之说，则当时策略，亦自可见。"天发一矢胡无酋"，荆公句意与杜牧同。采石之师，若非逆亮暴急嗜杀，自激三军之变，亦未驱攘。是时亮虽遭戕，虏师北归，纪律肃然，无人叛亡。此岂易胜之师乎！朱文公曰："谢安之于桓温，陈鲁公之于完颜亮，幸而捱得他死尔。"要之，吴、晋乃天幸，宋朝真天助也。（《鹤林玉露》甲编卷一）

【宋】方岳：牧之《赤壁》诗（略），许彦周（按：许顗字彦周）不谕此老以滑稽弄翰，每每反用其锋，辄雌黄之，谓孙氏霸业，系此一战，宗庙丘墟皆置不问，乃独含情妖女，岂非与痴人言不应及于梦也？刘禹锡《题蜀王庙》云："凄凉蜀故妓，歌舞魏宫前。"亦是此意，惟增凄感，却不主于滑稽耳。本朝诸公喜为论议，往往不深谕唐人主于性情，使隽永有味，然后为胜。牧之处唐人中，本是好为论议，大概出奇立异，如《四皓庙》（略），如《乌江亭》（略），要之"东风""便"与"春深"数个字，含蓄深窈，与后一诗辽绝矣。（《深雪偶谈》）

【宋】谢枋得：二乔者，汉太尉乔玄二女，姿色逼人……铜雀台，曹操宠妾所居。予自江夏溯洞庭，舟过蒲圻县，见石崖有"赤壁"二字，因登岸访问。父老曰："此正是周郎破曹公之地。"南岸曰赤壁，北岸曰乌林，又曰乌巢有烈火冈，冈上有周公瑾庙。至今土人耕田园者，或得弩箭，镞长一尺有余，或得断枪。想见周郎与曹公大战可畏。此诗磨洗折戟，非妄言也。后二句绝妙。众人咏赤壁，只喜当时之胜，杜牧之诗《赤壁》独忧当时之败。其意曰东风若不助，周郎、黄盖必不以火攻胜曹操，使曹操顺流东下，吴必亡，孙仲谋必虏，大小乔必为俘获。曹操得二乔，必以为妾，置之铜雀台矣。此是无中生有，死中求活，非浅识所到。（《注解章泉涧泉二先生选唐诗》卷三）

【明】何孟春：杜牧之《赤壁》诗："东风不与周郎便，铜雀春深锁二乔。"说天幸不可恃；《乌江》诗："江东子弟多豪俊，卷土重来未可知。"说人事犹可为。同意思，都是要于昔人成败已成定时上翻说为奇耳。（《馀冬诗话》卷上）

【明】朱孟震：赤壁之战，阿瞒以数十万众，火于东吴。而杜紫微云："东风不与周郎便，铜雀春深锁二乔。"此言似辩而理。孙武《火攻篇》亦云："发火有时，举火有日。"盖用火攻策，当察风之有无逆顺，此于水战，尤当审之。（《续玉笥诗谈》）

【明】胡应麟：晚唐绝"东风不与周郎便，铜雀春深锁二乔"，"可怜夜半虚前席，不问苍生问鬼神"，皆宋人议论之祖。间有极工者，亦气韵衰飒，天壤开、宝。然书情，则怆恻易动人；用事，则巧切而工悦俗。世希大雅，或以为过盛唐，具眼

观之，不待其辞毕矣。（《诗薮·内编》卷六）

【明】周珽：此诗评者纷纷，如许彦周（略），似是道学正论。然作诗有翻案法，在擘空架出新意，不涉头巾气为妙。所谓"锁二乔"，非专惜二乔也。意此战不胜，吴之君臣受虏，即室家妻孥，俱不能保，不必论到社稷生灵。末句甚言所关非小可也，正道人所不道，乃妙思入微处。胡云轩曰："赤壁火攻之策虽善，倘非借势于风，胜负未可，人谋，亦天意也。古今咏赤壁之境，罕有及此。"是矣。至落句，或谓其有微疵，或评其不典重，尽属拘腐学究识论。至有谓二乔事，见于战皖城时，牧之用事多不审，益不知诗家播弄圆融之妙矣。盖"东风不与""春深"数字，含蓄深窈，人不识牧之以滑稽耳，辄每每雌黄之。（《删补唐诗选脉笺释会通评林·晚七绝》）

【明】陆时雍：第二语滞色。末语响调。（《唐诗镜》卷五十）

【明】周容：杜牧之咏赤壁诗云："东风不与周郎便，铜雀春深锁二乔。"今古传诵。容少时，大人尝指示曰："此牧之设词也。死案活翻。"及容稍知作诗，复指示曰："如此诗必不可学，恐入轻薄耳，何苦以先贤闺阁，簸弄笔墨！"（《春酒堂诗话》）

【明】吴乔：古人咏史，但叙事而不出正意，则史也，非诗也。出己意，发议论，而斧凿铮铮，又落宋人之病。如牧之《息妫诗》（略）、《赤壁》（略），用意隐然，最为得体……《赤壁》谓天意三分也。许彦周乃曰："此战系社稷存亡，只恐捉了二乔，措大不识好恶。"宋人之不足以言诗如此。（《围炉诗话》卷三）

【明】徐增："折戟沉沙"，言魏、吴昔日相战于此；"铁未销"，见去唐不远，何必要认，乃自将折戟磨洗乎？牧之春秋在此七个字内，意中谓魏武精于用兵，何至大败？周郎才算，未是魏武敌手，又何获此大胜？一似不肯信者，所以要认，仔细看来，果是周郎得胜。虽然胜魏武，不过一时缴倖耳。下二句言周郎当时，亏煞了东风，所以得施其火攻之策，若无东风，则是不与便，见不惟不能胜魏，江东必为魏所破，连妻子俱是魏家的，大乔小乔贮在铜雀台上矣。牧之盖精于兵法者。（《而庵说唐诗》卷十二）

【清】纪昀：（许颧）讥杜牧《赤壁》诗为不说社稷存亡，惟说二乔，不知大乔乃孙策妇，小乔为周瑜妇，二人入魏，即吴亡可知。此诗人不欲质言，故变其词耳。（《四库全书总目》）

【清】贺贻孙：牧之此诗，盖嘲赤壁之功，出于侥幸，若非天与东风之便，则周郎不能纵火，城亡家破，二乔且将为俘，安能据有江东哉！牧之诗意，即彦周伯（霸）业不成意，却隐然不露，令彦周辈一班浅人读之，只从怕捉二乔上猜去，所以为妙。诗家最忌直叙，若竟彦周所谓社稷存亡、生灵涂炭、孙氏霸业不成等意在诗中道破，抑何浅而无味也！惟借"铜雀春深锁二乔"说来，便觉风华蕴藉，增人百感，此政是风人巧于立言处。彦周盖知其一，不知其二者也。（《诗筏》）

【清】贺裳：详味诗旨，牧之实有不满公瑾之意。牧尝自负知兵，好作大言，每借题自写胸怀。尺量寸度，岂所以阅神骏于牝牡骊黄之外？（《载酒园诗话》卷一《宋人议论拘执》）

【清】宋长白：诗中有翻案法。如吕衡州《刘郎浦》诗："谁将一女轻天下，欲换刘郎鼎峙心？"杜紫薇《赤壁》诗："东风不与周郎便，铜雀春深锁二乔。"张文定《歌风台》诗："淮阴反接英彭族，更欲多求猛士为？"郑毅夫《蠡湖口》诗："若论破吴功第一，黄金只合铸西施。"禅宗所谓"杀活自由"，兵法所谓"致人而不致于人"也。拈此四则，以例其余。（《柳亭诗话》卷十八）

【清】王尧衢："折戟沉沙铁未销"，吴、魏鏖兵，赤壁所遗之折戟，沉于沙际，唐去吴日子未远，故其铁尚未消磨。"自将磨洗认前朝"，自将折戟磨洗，一认，信是魏武败于周郎，而前朝之遗迹宛然。夫周郎何以遂能胜魏，似乎难信，所以要认。"东风不与周郎便"，周郎之所以胜魏者，恃有东风之便，所以得成功于火攻。今乃反其说，云假如当日没有东风，则是无便可乘了。"铜雀春深锁二乔"，周郎若无东风之便，不但不能胜魏，恐江东必为魏破，妻子不保，大乔小乔，春深时贮在铜雀台上矣，此以议论行时者。杜牧精于兵法，此诗似有不足周郎处。（《古唐诗合解》卷六）

【清】薛雪：樊川"东风不与周郎便，铜雀春深锁二乔"妙绝千古，言公瑾军功止藉东风之力，苟非乘风力之便以破曹兵，则二乔亦将被虏，贮之铜雀台上。"春深"二字，下得无赖，正是诗人调笑妙语。许彦周……此老专一说梦，不禁齿冷。（《一瓢诗论》）

【清】沈德潜：牧之绝句，远韵远神。然如《赤壁》诗"东风不与周郎便，铜雀春深锁二乔"，近轻薄少年语，而诗家盛称之，何也？（《重订唐诗别裁集》卷二十）

【清】何文焕：夫诗人之词微以婉，不同论言直遂也。牧之之意，正谓幸而成功，几乎家园不保。彦周未免错会。（《历代诗话考索》）

【清】黄叔灿："认"字妙，怀古深情，一字传出。下二句翻案，从"认"字中生出。（《唐诗笺注》）

【清】吴景旭：牧之数诗（指《四皓庙》《乌江亭》及本篇），俱用翻案法，跌入一层，正意益醒。谢叠山所谓"死中求活"也。（《历代诗话》）

【清】何焯："认前朝"，以刺今日不如当年，能尽时人之用也。第三句只言独赖此一战耳，看作东风之助，即说梦矣。上二句极郑重，第四澈头痛说，关系妙在第三句转身，却用轻笔点化。（《唐三体诗》）

【清】秦朝釪：温柔敦厚，诗教也。《国风》《小雅》皆是对君子忧衰念乱，无可如何，而托词以讽，冀其万一有益焉。所谓闻之者足以戒，是亦冀幸万一之词也。……杜牧之"东风不与周郎便，铜雀春深锁二乔"亦如吴门市上恶少年语，此等诗不作可也。（《消寒诗话》）

【清】赵翼：杜牧之作诗，恐流于平弱，故措辞必拗峭，立意必奇辟，多作翻案语，无一平正者。方岳《深雪偶谈》所谓"好为议论，大概出奇立异，以自见其长"也。如《赤壁》（略）、《题四皓庙》（略）、《题乌江亭》（略），此皆不度时势，徒作异论，以炫之耳。其实非确论也。唯《桃花夫人庙》云："细腰宫里露桃新，脉脉无言几度春。至竟息亡缘底事？可怜金谷坠楼人。"以绿珠之死，形息夫人之不死，而词语蕴藉，不显露讥讪，尤得风人之旨耳。皮日休《馆娃宫怀古》云："越王大有堪羞处，只把西施赚得吴。"亦是翻新，与牧之同一蹊径。（《瓯北诗话》卷十一）

【近】佚名：意思翻新，可当《史记》。（《精选评注五朝诗学津梁》）

【今】刘永济：（彦周）此论似正，却不免迂腐，非可谓知言者。大抵诗人每喜以一琐细事来指点大事。即如此诗二乔不曾被捉去，固是一小事；然而孙氏霸权决于此战，正与此小事有关。家国不保，二乔又何能安然无恙？二乔未被捉去，则家国巩固可知。写二乔正是写家国大事。且以二乔立意，可以增加诗之情趣。其非翻案、好异以求滑稽弄辞，断然可知。至叠山所谓"死中求活"，盖论《乌江》诗则合，《乌江》诗谓项羽当可回江东以图再起，乃于无可为之中犹谓有可为，故曰"死中求活"，但不可以论此诗。（《唐人绝句精华》）

【今】沈祖棻：杜牧有经邦济世之才，通晓政治军事，对当时中央与藩镇、汉族与吐蕃的斗争形势，有相当清楚的理解，并曾经向朝廷提出过一些有益的建议。如果说孟轲在战国时代就已经知道"天时不如地利，地利不如人和"的原则，而杜牧却还把周瑜在赤壁战役中的巨大胜利，完全归之于偶然的东风，这是很难想象的。他之所以这样地写，恐怕用意还在自负知兵，借史事以吐其胸中抑郁不平之气。其中也暗含有阮籍登广武战场时所发出的"时无英雄，使竖子成名"那种感叹在内，不过出语非常隐约，不容易看出来罢了。（《唐人七绝诗浅释》）

《山行》

【明】瞿佑：予为童子时，十月朝从诸长上拜南山先垄，行石磴间，红叶交坠。先伯元范诵杜牧"停车坐爱枫林晚，霜叶红于二月花"之句，又在荐桥旧居，春日新燕飞绕檐间，先姑诵刘梦得"旧时王谢堂前燕，飞入寻常百姓家"之句。至今每见红叶与飞燕，辄思之，不但二诗写物咏景之妙，亦先入之言为主也。（《归田诗话》卷五）

【明】何良俊：杜牧之诗："远上寒山石径斜，白云生处有人家。"亦有亲笔刻在甲秀堂贴中。今刻本（生）作"深"，不逮"生"字远甚。（《四友斋丛说》卷三十六）

【明】唐汝询：妙在冷落中寻出佳景。（《唐诗归折衷》）

【明】周珽：人家住在白云生处，霜枫叶色，美似春花，山行之趣自得，当不觉其径之远矣。（《删补唐诗选脉笺释会通评林·晚七绝》）

【明】敖英：次句与卢纶"几家烟火隔松云"同意。（《唐诗绝句类选》）

【明】黄生：次句承上"远"字说，此未上时所见。三、四则既上之景。诗中有画，此秋山行旅图也。（《唐诗摘抄》卷四）

【清】盛传敏：味此诗，似与"老马反为驹，不顾其后"之语同义。（《碛砂唐诗纂释》）

【清】何焯："白云"即是炊烟，已起"晚"字；"白""红"二字，又相映发。"有人家"三字下反接"停车""爱"字方有力。（《唐三体诗》评）

【清】黄叔灿："霜叶红于二月花"，真名句。诗写山行，景色幽邃，而致也豪荡。（《唐诗笺注》）

【清】范大士：结句写得秋光绚烂。（《历代诗发》）

【近】俞陛云：诗人之咏及红叶者多矣，如"林间暖酒烧红叶""红树青山好放船"等句，尤脍炙词坛，播诸图画。唯杜牧诗专赏其色之艳，谓胜于春花。当风劲霜严之际，独绚秋光，红黄绀紫，诸色咸备，笼山络野，春花无此大观，宜司勋特

赏于艳李秾桃外也。(《诗境浅说》)

【今】刘永济：读此可见诗人高怀逸致，霜叶胜花，常人所不易道出者。一经诗人道出，便留诵千口矣。(《唐人绝句精华》)

【今】富寿荪："霜叶红于二月花"，以霜叶与春花比胜，为前人所未道。而于萧条秋色中写出绚烂之景，尤觉动心悦目。加以通首音节、神韵，色彩俱胜，宜其传诵千载。(《千首唐人绝句》)

◎ 李商隐

《马嵬》

【宋】胡仔：《诗眼》云：文章贵众中杰出，如同赋一事，工拙尤易见……马嵬驿，唐诗尤多，如刘梦得"绿野扶风道"一篇，人颇颂之，其浅近乃儿童所能。义山云："海外徒闻更九州，他生未卜此生休。"语既亲切高雅，故不用愁怨、堕泪等字，而闻者为之深悲。"空闻虎旅鸣宵柝，无复鸡人报晓筹"，如亲扈明皇，写出当时物色意味也。"此日六军同驻马，他时七夕笑牵牛"，益奇。义山诗，世人但称其巧丽，至与温庭筠齐名，盖俗学只见其皮肤，其高情远意皆不识也。(《苕溪渔隐丛话》)

……李义山诗，杨大年诸公皆深喜之，然浅近者亦多。……义山又有马嵬诗云："如何四纪为天子，不及卢家有莫愁。"《浑河中》诗云："咸阳原上英雄骨，半是君家养马来。"如此等诗，庸非浅近乎！ (《苕溪渔隐丛话》)

【元】方回：六军、七夕、驻马、牵牛，巧甚。善能斗凑，昆体也。(《瀛奎律髓》)

【明】顾璘：此篇二联虽无兴意，然颇典实，唯起结粗俗，不成风调。(《批点唐音》)

【明】周珽：《侯鲭录》云：有意用事者，有语用事者。李义山"海外徒闻更九州"，其意则用杨妃在蓬莱山，其语则用骆子云"九州之外，更有九州"，如此然后深稳健丽。(《唐诗选脉会通评林》)

【明】陆贻典：义山之高妙，全在用意，不在对偶。(《瀛奎律髓汇评》)

【明】冯班：此篇以工巧为能，非玉谿妙处。(《瀛奎律髓汇评》)

【明】唐汝询：海外九州，事属虚诞，帝乃求妃之神于方外乎？他生未必可期，此生已不可作，帝复废寝思之耶？虎旅鸡人，几于虚设矣。吾想六军皆驻，徒然七夕私盟。五十年天子求保一妇人而不可得，堪为色荒之戒矣。（《唐诗解》）

【明】吴乔：起联如……义山之"海外徒闻更九州，他生未卜此生休"，则势如危峰矗天，当面崛起，唐诗中所少者。叙天下大事，而六、七"马""牛"为对，恰似儿戏，扛鼎之笔也，义山《马嵬》诗一代绝作，惜于结处说破。（《围炉诗话》）

【清】贺裳：中晚唐人好以虚对实，如……李义山"此日六军同驻马，当时七夕笑牵牛"，皆援他事对目前之景。然持戟徘徊，凭肩私语，皆明皇实事，不为全虚，虽借用牵牛，可谓巧心潜发。（《载酒园诗话》）

【清】方世举：有似浅薄而胜刻至者，如《马嵬》，李义山刻至矣，温飞卿浅浅结构，而从容闲雅过之。比之试帖，温是元，李是魁。用力过猛，毕竟面红耳赤，倘遇赵州和尚，必傲醒歇歇去。（《兰丛诗话》）

【清】何焯：纵横宽展，亦复讽叹有味。对仗变化生动，起联才如江海。老杜云："前辈飞腾入，余波绮丽为。"义山足窥此秘。五六倒叙奇特。看温飞卿作，便只是《长恨歌》节要，不见些子手眼。落句专责明皇，识见最高，此推本言之也。（《义门读书记》）

……定翁（谓）此首以工巧为能，非玉谿妙处，吾以为本未尝专示工巧。起联变化之至，超忽。（《李义山诗集辑评》）

【清】胡以梅：起句就方士复命之语发端……"闻"，乃闻方士之言也。"他生"即方士所述贵妃七夕之盟誓。"未卜"乃诗人断词，盖言徒闻其说得玄远，他生之说，亦不确也。此推翻《长恨歌》中之事，因他生引出此生，言他生不可卜，则此生早休矣。三四承明"此生休"。而他生之盟誓在七夕，所以三四专写暮夜，暗中有线。其意有深浅两层：一言当年骊山七夕与今次马嵬之夜，同是夜间，当年必穿针乞巧，多少幽事，即有宵柝，亦非虎贲禁旅，还有鸡人唱筹，皆悠扬情景。今则传柝乃虎旅，鸡人亦苍茫不至矣。更深一层，言贵妃一死，遂成大暮，彼徒心惊于虎旅之柝，永不知鸡人之晓，总有鸡筹，亦不能醒夜台。此申明"休"字之精神，可以飞舞。用"虎旅"亦带贵妃余畏意。"此日"指有虎旅无鸡人之日。六军驻马所以逼杀妃子，却用歇后语止言六军驻马……"四纪"二字即用玄宗幸蜀赦诏之辞。（《唐诗贯珠串释》）

【清】赵臣瑗：上皇思慕贵妃，溺于方士蓬壶之说，以为此生虽则休矣，犹可望之他生，愚之至也，故此诗特用以发端，言方士之说妄也。他生若犹可卜，此生何故早休。此等议论不知提醒世人多少。三四紧承今生休，回思美妇煽席，真是宴安鸩毒，能不为之寒心哉！五六再提，言在当年亦何尝计有此日耳。而"六军""七夕""驻马""牵牛"，信手拈来，颠倒成文，有头头是道之妙。七八感慨作收，以五十年共主不能保一妇人之非命，不可解也。"如何"二字中有无限含蓄，令为人上者自思之。（《山满楼笺注唐诗七言律》）

【清】陆昆曾：承上首，言不但从前不悟，即贵妃殁后，仍然未悟也。何也？夫妇之愿，他生未卜，而此生先休，已可哀矣。又命方士索之四虚上下，仿佛其神于海外，得不谓之大哀乎？三四言途中追念贵妃，每至废寝，然但闻虎旅戒严，不闻鸡人传唱，无复在朝之安富尊荣矣。六军驻马，应上"此生休"意；七夕牵牛，应上"他生未卜"意，结言身为天子，不能庇一妇人，专责明皇，极有识见。（《李义山诗解》）

【清】姚培谦：此首则深叹其至贵妃既死之后，犹复沉迷不悟，故不觉言之反复而沉痛也。首联皆用《长恨传》中事：海外九州，即临邛道士之说；他生夫妇，即长生殿中语。二语已极痛针热喝。下二联，却将"此生休"三字荡漾一番。方其西出都门时，宵柝凄凉，六军不发，遂致陈玄礼等追原祸本，请歼贵妃。追思世世为夫妇之誓，曾几何时！谓宜如酒醒梦觉，悔恨从前，而徒写怨《淋铃》，伤心钿合，曾不思四纪君王，不及民间夫妇，却以何人致之？甚矣色荒之难悟也！（《李义山诗集笺注》）

【清】屈复：谁从海外徒闻乎？徒仿佛其神于海外，如何讲得通？空闻、无复，熟套语。七八轻薄甚，前人论之极详。玉谿诸七律唯《筹笔驿》《马嵬》二首诗法背谬，体格舛错，句亦浅近，意更荒疏。诸家偏选此二首，且极口称之，甚矣，真知之难也。五与三四复，六与二意复。（《玉谿生诗意》）

【清】程梦星：明皇以天子之尊而并不能庇一女子，则其故可知。观"如何"二句，唐史赞所谓"方其励精政事，开元之际，几致太平；及侈心一动，穷天下之欲不足为其乐，溺其所爱，忘其所可戒，至于窜身失国而不悔"，皆隐括于二句之中，而又不露其意，深得风人之旨。《渔隐丛话》乃以浅近讥之，不亦陋乎！（《重订李义山诗集笺注》）

【清】毛奇龄：是诗五六对稍通脱，然首句不出题，不知何指？三四殊庸泛无意。若落句则以本朝列祖皇帝而调笑如此，以视杜诗之忠君恋国，其身分何等。虽

轻薄，不至此矣。有心六义者，盍亦于此际商之？（《唐七律选》）

【清】冯浩：起句破空而来，最是妙境，况承上首，已点明矣，古人连章之法也。次联写事甚警。三联排宕。结句人多讥其浅近轻薄，不知却极沉痛。（《玉谿生诗笺注》）

【清】纪昀：马嵬诗总不能佳，此二诗前一首后二句直率，次一首亦多病痛也。（《玉谿生诗说》）

【清】姜炳璋：八句一气挽搏，魄力甚雄。（《选玉谿生诗补说》）

【清】朱庭珍：玉谿生"此日六军同驻马，当时七夕笑牵牛"，飞卿"回日楼台非甲帐，去时冠剑是丁年"，此二联皆用逆挽句法，倍觉生动，故为名句。所谓逆挽者，倒扑本题，先入正位，叙现在事，写当下景，而后转溯从前，追述已往，以反衬相形。因不用平笔顺拖，而用逆笔倒挽，故名。且施于五六一联，此系律诗筋节关键处。中晚以后之诗，此联多随笔敷衍，平平顺下。二诗能于此一联，提笔振起，逆而不顺，遂倍精采有力，通篇为之添色。是以传诵人口，亦非以马、牛、丁、甲见长，故求工对仗也。然使二联出工部手，则必更神化无迹，并不屑以"此日""当时""回日""去时"字面明点，必更出以浑成，使人言外得之。盖工部以我运法，其用法入化；温、李就法用法，其驭法有痕。此大家所由出名家上也。（《筱园诗话》）

【清】施补华：讽刺语须含蓄。如少陵"落日留王母，微风倚少儿"，太白"汉宫谁第一，飞燕在昭阳"……背刺明皇、杨妃事，何等婉曲！若香山《长恨歌》，微之《连昌宫词》，直是讪谤君父矣。诗品人品，均分高下。义山"如何四纪为天子，不及卢家有莫愁"，尤为轻薄坏心术。（《岘佣说诗》）

【清】何焯：逐层逆叙，势极错综。"此生休"三字倏然落下，非杜诗无此笔力。（《唐三体诗评》）

【清】查慎行：一起括尽《长恨歌》。（《瀛奎律髓汇评》）

【清】沈德潜：（首二句下）用《长恨传》中事。五六语逆挽法，若顺说便平。（《唐诗别裁》）

……温、李擅长固在属对精工，然或工而无意，譬之剪彩为花，全无生韵，弗尚也。义山"此日六军同驻马，当时七夕笑牵牛"，飞卿"回日楼台非甲帐，去时冠剑是丁年"，对句用逆挽法。诗中得此一联，便化板滞为跳脱。（《说诗晬语》）

【清】周咏棠：起得奇，与"群山万壑赴荆门"同妙。（《唐贤小三昧集续集》）

【清】方东树：起句言方士求神不得，乃跌起。三、四就驿舍追想言之，即所谓"此日"也。五、六及收亦是伤于轻利流便，近巧，不可不辨。（《昭昧詹言》）

【近】黄侃：首句言神仙茫昧，次句言轮转荒唐，以此思哀，哀可知矣。中二联皆以马嵬与长安对举，六句笔力尤矫健，不仅属对工巧也。由此振出末二句，言当耽溺声色之时，自以宴安可久，岂悟波澜反复，变起宠胡，仓卒西行，又不能保其娈爱，以视寻常伉俪、偕老山河者，良多愧恶，上校银潢灵妃，尤不可同年而语矣。讽意至深，用笔至细。胡仔以为浅近，纪昀以为多病痛，岂知言者乎？唯"空闻""徒闻"犯复，则夏后之璜，不能无珤也。（《李义山诗偶评》）

【近】张采田：虎鸡马牛四字用典并未并头，原不碍格，归愚之论未允。至末句借莫愁以寓慨，倍觉沉痛，不嫌拟其非伦也。（《李义山诗辨正》）

【近】俞陛云：五六句非但"驻马""牵牛"以本事而成巧对，且用逆挽句法。颈联能用此法，最为活泼。（《诗境浅说（附续编）》）

《嫦娥》

【宋】谢枋得：意谓嫦娥有长生之福，无夫妇之乐，岂不自悔，前人未道破。（《唐诗绝句注解》）

【明】周珽：陆时雍曰：多以意胜。胡次焱曰：此诗盖自道也。上二句纪发想之时，下二句志凝想之意。唐仲言曰：此疑有《桑中》（按：指《诗经·国风·鄘风·桑中》）之思，借嫦娥以指其人，与《锦瑟》同意。盖义山此类作甚多，如《月夕》《西亭》《有感》《昨夜》等作，俱与《嫦娥》篇情思相左右，但不若此沉含更妙耳。（《唐诗选脉会通评林》）

【明】黄生：义山诗中多属意妇人。观《月夕》一首云："草下阴虫叶上霜，朱栏迢递压湖光。兔寒蟾冷桂花白，此夜姮娥应断肠。"玩次句语景，"嫦娥"字似暗有所指，此作亦然。"朱栏迢递""烛影屏风"，皆所思之地之景耳。（《唐诗摘抄》）

【明】敖英：此诗翻空断意，从杜诗"斟酌嫦娥寡，天寒奈九秋"变化而出。（《唐诗绝句类选》）

【明】钟惺：语想俱刻，"夜夜心"三字，却下得深浑。（《唐诗归》）

【清】冯浩：意思藏在上二句，却从嫦娥对面写来，十分蕴藉，非咏嫦娥。（《玉谿生诗集笺注》）

【清】沈德潜：孤寂之况，以"夜夜心"三字尽之。士有争先得路而自悔者，

亦作如是观。(《唐诗别裁集》)

【清】姚培谦：此非咏嫦娥也。从来美人名士，最难持者末路，末二语警醒不少。(《李义山诗集笺注》)

【清】朱鹤龄：此亦刺女道士。首句言其洞房深曲之景，次句言其夜会晓离之情。下二句言其不为女冠，尽堪求偶，无端入道，何日上升也？则心如悬旌，未免悔恨于天长海阔矣。(《重订李义山诗集笺注》)

【清】黄叔灿：此诗似有所为，而借嫦娥以托意。上二句赋其长夜阒寂，借后羿之妃奔入月宫而言，亦翻案语。义山最喜作此等诗，如"金徽却是无情物，不许文君忆故夫""莫讶韩凭为蛱蝶，等闲飞上别枝花""八骏日行三万里，穆王何事不重来"，皆是有意出奇也。(《唐诗笺注》)

【近】俞陛云：嫦娥偷药，本属寓言，更悬揣其有悔心，且万古悠悠，此心不变，更属幽玄之思，词人之戏笔耳。(《诗境浅说（附续编）》)

《锦瑟》

【宋】计有功：或云锦瑟，令狐楚之妾。(《唐诗纪事》)

【宋】洪迈：李商隐诗云："锦瑟无端五十弦"，说者以为锦瑟者，令狐丞相侍儿小名，此篇皆寓言，而不知五十弦所起。(《容斋续笔》)

【宋】黄朝英：山谷道人读此诗，殊不晓其意，后以问东坡。东坡云：此出《古今乐志》，云："锦瑟之为器也，其弦五十，其柱如之，其声也，适、怨、清、和。"案李诗，"庄生晓梦迷蝴蝶"，适也；"望帝春心托杜鹃"，怨也；"沧海月明珠有泪"，清也；"蓝田日暖玉生烟"，和也。一篇之中，曲尽其意。(《缃素杂记》)

【金】元好问：望帝春心托杜鹃，佳人锦瑟怨华年。诗家总爱西昆好，独恨无人作郑笺。(《论诗绝句》)

【明】王世贞：中二联是丽语，作"适""怨""清""和"解甚通。然不解则涉无谓，既解则意味都尽，以此知诗之难也。(《艺苑卮言》卷四)

【明】胡应麟：锦瑟是青衣名，见唐人小说，谓义山有感作者。观此诗结句及晓梦、春心、蓝田、珠泪等，大概"无题"中语，但首句略用锦瑟引起耳。宋人认作咏物，以适、怨、清、和字面，附会穿凿，遂令本意懵然。且至"此情可待成追忆"处，更说不通。学者试尽屏此等议论，只将题面作青衣，诗意作追忆读之，自当踊跃。(《诗薮·内编》卷四)

【明】胡震亨：以锦瑟为真瑟者痴，以为令狐楚青衣，以为商隐庄事楚，狎绹，必绹青衣，亦痴。商隐情诗借诗中两字为题者尽多，不独《锦瑟》。（《唐音癸签》）

【明】陆时雍：总属影借。（《唐诗镜》卷四十九）

【明】都穆：李商隐《锦瑟》诗，人莫晓其义，刘贡父谓是令狐楚家青衣名也。近阅许彦周《诗话》云："锦瑟之为器，其柱如其弦数，其声有适怨清和。又云感怨清和。昔令狐楚侍人，能弹此四曲，诗中两联，状此四曲也。"乃知锦瑟非青衣之名，贡父失之于不考耳。（《南濠诗话》）

【清】黄叔灿：此义山年登五十，追溯平生而作也。（《唐诗笺注》）

【清】钱谦益、何焯：此义山有托而咏也……顾其意言所指，或忆少年之艳冶，而伤美人之迟暮，或感身世之阅历，而悼壮夫之腕晚，则未可以一辞定也。（《唐诗鼓吹评注》）

【清】吴乔：诗意大抵出侧面。郑仲贤《送别》云："亭亭画舸系春潭，只待行人酒半酣。不管烟波与风雨，载将闻恨过江南。"人自别离，却怨画舸。义山忆往事怨锦瑟，亦然。（《围炉诗话》）

【清】汪师韩：《锦瑟》乃是以古瑟自况……世所用者，二十五弦之瑟，而此乃五十弦之古制，不为时尚。成此才学，有此文章，即已亦不解其故，故曰"无端"，犹言无谓也。（《诗学纂闻》）

【清】何焯：此悼亡诗也。首特借素女鼓五十弦之瑟而悲，泰帝禁不可止，发端言悲思之情，有不可得而止者。次联则悲其遽化为异物，腹联又悲其不能复起之九泉也。曰"思华年"，曰"追忆"，旨趣晓然，何事纷纷附会乎？（《义门读书记》）

【清】朱鹤龄：朱彝尊曰：此悼亡诗也。意亡者善弹此故睹物思人，因而托物起兴也。瑟本二十五弦，一断而为五十弦矣，故曰"无端"也，取断弦之意也。"一弦一柱"而接"思华年"三字，意其人年二十五而殁也。蝴蝶、杜鹃，言已化去也；"珠有泪"，哭之也；"玉生烟"，葬之也，犹言埋香瘗玉也。此情岂待今日"追忆"乎？只是当时生存之日，已常忧其至此，而预为之"惘然"，意其人必婉然多病，故云然也。何焯曰：此篇乃自伤之词，骚人所谓美人迟暮也。"庄生"句言付之梦寐，"望帝"句言待之来世；"沧海""蓝田"言埋而不得自见；"月明""日暖"则清时而独为不遇之人，尤可悲也。又感年华之易迈，借锦瑟以发端。"思华年"三字，一篇之骨。三、四赋"思"也。五、六赋"华年"也。末仍结归思之。纪昀曰：以"思华年"领起，以"此情"二字总承。盖始有所欢，中有所恨，故追忆之而作。中四句迷离惝恍，所谓"惘然"也。韩致光《五更》诗云："光景旋消惆怅在，一生赢得是凄凉。"即是此意，别无深解。（《李义山诗集辑评》）

……程梦星曰：旧说适、怨、清、和之穿凿，令狐青衣之附会，前人已辞而辟之。朱长孺定为悼亡，归于一是矣……三、四谓生者辗转结想，唯有迷晓梦于蝴蝶；死者魂魄能归，不过托春心于杜鹃。五、六谓其容仪端妍，如沧海之珠，今深沉泉路，空作鲛人之泪矣；性情温润如蓝田之玉，今销亡冥漠，不啻紫玉之烟矣……"此情"二字，紧承上二句，谓不堪追忆其人亡事在。"当时"二字，缴回"华年"，谓不堪悲悼其年远日湮。起"思"字，结"忆"字，一篇之呼应也。（《重订李义山诗集笺注》）

【清】查慎行：此诗借题寓感，解者必从锦瑟着题，遂苦苦牵合。读到结句，如何通得去？（《初白庵诗评》）

【清】叶矫然：细味此诗，起句说"无端"，结句说"惘然"，分明是义山自悔其少年场中，风流摇荡，到今始知其有情皆幻，有色皆空也。次句说"思华年"，懊悔之意毕露矣。此与香山《和微之梦游》诗同意。"晓梦""春心""月明""日暖"，俱是形容其风流摇荡处，着解不得。义山用事写意，皆此类也。义山《锦瑟》诗之佳，在"一弦一柱"中思其"华年"，心绪紊乱，故中联不伦不次，没首没尾，正所谓"无端"也。而以"清和适怨"当之，不亦拘乎？（《龙性堂诗话》）

【清】陆次云：义山晚唐佳手，佳莫佳于此矣。意致迷离，在可解不可解之间，于初盛诸家中得未曾有。三楚精神，笔端独得。（《五朝诗善鸣集》）

【清】周咏棠：得此结语，全首翻作烟波。（《唐贤小三昧集续集》）

【清】杜紫纶、杜诒榖：诗以锦瑟起兴，"无端"二字便有自讦自怜之意，此瑟之弦遂五十邪？瑟之柱如其弦，而人之年已历历如其柱矣。（《中晚唐诗叩弹集》卷七）

【清】薛雪：此诗全在起句"无端"二字，通体妙处，俱从此出。意云：锦瑟一弦一柱，已足令人怅望年华，不知何故有此许多弦柱，令人怅望不尽，全似埋怨锦瑟无端有此弦柱，使无端有此怅望。即达若庄生，亦迷晓梦；魂为杜宇，犹托春心。沧海珠光，无非是泪；蓝田玉气，恍若生烟。触此情怀，垂垂追溯，当时种种，尽付惘然。对锦瑟而兴悲，叹无端而感切。如此体会，则诗神诗旨，跃然纸上。（《一瓢诗话》）

【今】葛兆光、戴燕：《锦瑟》这首诗的魅力不在于它表现了李商隐身世中的某

种事件或某种情绪，而在于它唤起了无数读者心灵中一种深层情愫。(《晚唐风韵》)

【今】陈伯海：中间四组形象在事理逻辑上各自分立，而在情调、意境上又相互贯通，合组成彩色斑斓、光怪陆离的图画，寄托了诗人的浓重悲慨。(《李商隐诗选注》)

◎ 其他

《野望》

【明】钟惺：浅而不薄。(《唐诗归》卷一)

【明】唐汝询：无功当隋唐之际，晦迹逃名，寄情于酒，以高洁自居。此因野望而感隋之将亡，因以言志也。言方临高晚眺，徙倚徘徊，此身若靡所依泊，正以秋色斜阳，所见皆凋残之景，隋亡可立而须矣。视彼牧人猎骑，懵然奔趋，各事其事，谁为我之相识者？吾惟有长歌以怀采薇士耳。亡国之悲，见于言外，惟以采薇稍露本旨。(《唐诗解》卷三十一)

【明】陆时雍：多于朴茂。(《唐诗镜》卷一)

【明】王夫之：首句直文身自远，天成风韵，不容浅人窃之。又：当其为景语，但为景语，故高。"树树皆秋色"，可云有比；"牧人""猎马"，亦可云有比乎？唯初唐诗必不许谢叠山、虞道园一流舞文弄律。(《唐诗评选》卷三)

【明】黄生：前写野望之景，结处方露己意。三、四喻时值衰晚，此天地闭、贤人隐之象也。故末寄怀采薇，盖欲追踪夷、齐之意，然含蓄深浑，不露线索。结法深厚。得此一结，便登唐人正果，非复陈、隋小乘禅矣。又曰：叠字句有二种，有实叠，有虚叠，此实叠也。(《唐诗矩》)

【明】吴乔：王绩《野望》诗，陈拾遗之前旌也。(《围炉诗话》卷二)

【清】王尧衢：前解写"望"，后解因景以抒情。王无功生于隋唐之际，号东皋子，沈于醉乡，而成其高蹈，故托兴采薇而以无相识致慨也。此诗格调最清，宜取以压卷。视此，则律中之起承转合了然矣。"东皋薄暮望，徙倚欲何依。"此为起句。首句以"东皋薄暮"写"望"之时候，点题面，立一诗之根。次句即写"望"之神情也。"望"必将身倚于一处，今云"徙倚"，是身子常移动不定，身不得自主，故又云"欲何依"。"树树皆秋色，山山唯落晖。"此为承，写"望"中之所见。

树皆秋色，山尽落晖，则眺望便不能倚定在一处，承上"望""徒""倚""欲何依"六字也。"牧童驱犊返，猎马带禽归。"此句为转。转，盖为合句作地步，与承句不相连，而气又要贯。"牧"者"猎"者，俱"东皋""望"中之人。"返"与"归"，乃薄暮时事。牧牛有犊，猎马得禽，各事其事，正与下文"无相识"中人，略举一二也。"相顾无相识，长歌怀采薇。"此之谓合，谓与转句相合也。相顾者，两相回顾，乃面熟之人，而不相识其姓名踪迹。盖以徙倚东皋者，自成高尚，长歌而怀采薇之风，彼牧童猎子，又安能识予为何人哉！（《古唐诗合解》卷七）

【清】顾安："薄暮望""欲何依"，主句也。下边"秋色""落晖""牧人""猎马"，俱是"薄暮望"之景。"皆"字、"唯"字、"返"字、"归"字，俱是"欲何依"之情。所以用"相顾"句一总顿住。末句说出自己胸襟也。又，此诗说"无依"情绪，直赶到第七句，若胸中稍有不干净处，便要自己露出。"长歌"一言，壁立万仞矣。或问此句可以为主句否，盖此句是胸中主见，不是诗中主句，所谓主中主也。（《唐律消夏录》卷一）

【清】沈德潜：五言律，前此失严者多，应以此章为首。通首只"无相识"意。"怀采薇"，偶然兴寄古人也。说诗家谓感隋之将亡，毋乃穿凿。（《重订唐诗别裁集》卷九）

【清】黄叔灿：《野望》，王绩隐于东皋。"欲何依"，言不欲他适也。"树树"一联，写望中景色有致。"牧人""猎马"，各自营为。本不相识，任其相顾，我自长歌。"怀采薇"，取义于我安适归意，与首相应。（《唐诗笺注》卷一）

【清】王寿昌：何谓古？曰……近体则"东皋薄暮望"……此等乃诗太羹玄酒之味，《咸》《英》《韶》《濩》之音，非世俗所能知者，但学者不可不本源于此。（《小清华园诗谈》卷上）

《秋思》

【宋】周弼：虚接体。（《删补唐诗选脉笺释会通评林·中七绝》）

【明】唐汝询：文昌叙情最切，此诗堪与"马上相逢"颉颃。（《唐诗解》卷二十九）

【明】陆时雍：张籍绝句，别自为调，不类故常。（《唐诗镜》卷四十一）

【明】张震：常言常语，写得思尽。（《唐音辑注》卷七）

【明】敖子发：此诗浅浅语，提笔便难。（《删补唐诗选脉笺释会通评林·中七绝》）

【明】周珽：缄封有限，客恨无穷。"见"字、"欲"字、"恐"字，与"莫"字、"临"字、"又"字相应发，便觉情真语恳，心口辄造精微之域。（《删补唐诗选脉笺释会通评林·中七绝》）

【明】毛先舒：文昌"洛阳城里见秋风"一首，命意政近填词，读者赏俊，勿遽宽科。（《诗辩坻》卷三）

【明】徐增：余平生苦作家书。每作家书，头绪多，笔下写不干净，必有遗落处，得司业此诗，深得我心，为录于此。（《而庵说唐诗》卷十一）

【清】黄周星：家常情事，写出便成好诗。（《唐诗快》）

【清】王谦：古人一倍笔墨便写出十倍精采，只此结句类是也。如《晋史》传殷浩竟达空函，令人发笑，读此佳句，令人可泣。（《碛砂唐诗纂释》）

【清】沈德潜：亦复人人胸臆语，与"马上相逢无纸笔"一首同妙。（《重订唐诗别裁集》卷二十）

【清】黄叔灿：首句羁人摇落之意已概见，正家书中所说不尽者。"行人临发又开封"，妙更形容得出。试思如此下半首如何领起，便知首句之难落笔矣。（《唐诗笺注》）

【清】李锳：眼前情事，说来在人人意中。如"马上相逢无纸笔，凭君传语报平安""儿童相见不相识，笑问客从何处来"皆是此一种笔墨。（《诗法易简录》）

【清】潘德舆：文昌"洛阳城里见秋风"一绝，七绝之绝境，盛唐人到此者亦罕，不独乐府古淡足与盛唐争衡也。王新城（士禛）、沈长洲（德潜）数唐人绝句擅长者各四首，独遗此作，沈于郑谷之"扬子江头"亦盛称之而不及此，此犹以声调论诗也。（《养一斋诗话》卷三）

【近】俞陛云：已作家书，而长言不尽，临发重开，极言其怀乡之切。凡言寄书者多本于性情。唐人诗如"马上相逢无纸笔，凭君传语报平安"仅传口语，亦慰情胜无也。"陇山鹦鹉能言语，为报家人数寄书"，盼书之切托诸幻想也。明人诗"万里山河经百战，十年重到故人书"，乱后得书，悲喜交集也。近人诗"药债未完官税逼，封题空自报平安"，得家书而只益乡愁也。"忽漫一函临眼底，丙寅三月十三封"，检遗札而追念故交也。"闻得乡音惊坐起，渔灯分火写平安"，远客孤舟，喜寄书得便也。此类之诗，皆至情语也。（《诗境浅说》）

【今】刘拜山："临发又开封"，终似有未尽说之语也。思家之情，栩栩纸上。此种人情恒有之事，一经拈出，自然沁人心脾。（《千首唐人绝句》）

《登幽州台歌》

【明】杨慎：其辞简直，有汉、魏之风。（《升庵诗话》卷六）

【明】钟惺：两"不见"，好眼！"念天地之悠悠"，好胸中！（《唐诗归》卷二）

【明】谭元春："独怆然而涕下"，至人实有此事，不是荒唐。（《唐诗归》卷二）

【明】王夫之：子昂以亢爽凌人，乃其怀来，气不充体，则亦酸寒中壮夫耳。徒此融泄初终，以神行而不以机牵，摇荡古今，岂但其大言之赫赫哉！（《唐诗评选》卷一）

【明】黄周星：胸中自有万古，眼底更无一人。古今诗人多矣，从未有道及此者。（《唐诗快》卷二）

【清】沈德潜：余于登高时，每有今古茫茫之感，古人已先言之。（《重订唐诗别裁集》卷五）

【清】宋长白：阮步兵登广武城，叹曰："时无英雄，遂使竖子成名！"眼界胸襟，令人捉摸不定。陈拾遗会得此意，《登幽州台》曰："前不见古人，后不见来者。念天地之悠悠，独怆然而涕下。"假如陈、阮邂逅路岐，不知是哭是笑。（《柳亭诗话》卷十五）

【清】陈沆：先朝之盛时，既不及见；将来之太平，又恐难期。不自我先，不自我后，此千古遭乱之君子之所共伤也。不然，茫茫之感，悠悠之期，何人不可用，何处不可题，岂知子昂《幽州》之歌，即阮公广武之叹哉！（《诗比兴笺》卷三）

【今】罗宗强：这短短二十字的一首诗，实在是他整个精神风貌的集中反映，是他整个感情世界的集中表现。而且，就其中蕴含着的巨大的感情力量而言，实在是他的时代积聚的感情力量和行将到来的盛唐社会的精神风貌的先兆奇异结合的产物。说它是他的时代积聚的感情力量的产物，是因为它不仅表现了不遇的悲怆，且在这悲怆的内里，蕴藏着壮伟情怀。这是唐代立国近八十年之后，政治上和经济上的繁荣强大在精神风貌上的反映。说它反映了行将到来的盛唐社会的精神风貌的先兆，是说其中蕴含着的得风气之先的伟大的孤独感，证明着他的抱负，他的自信，他的襟怀，走在了他的同代人的前面……《登幽州台歌》一出，六朝绮靡诗风的余迹便一扫而光了。诗人的眼光，已经完全从生活琐事中挣脱出来，投向宇宙与人生。浓烈壮大的感情基调，慷慨悲歌，苍凉浑茫，便作为盛唐风骨的序曲出现了。（《唐诗小史》）

《次北固山下》

【唐】殷璠：湾词翰早著，为天下所称最者，不过一二。游吴中，作《江南意》诗云："海日生残夜，江春入旧年。"诗人以来，少有此句。张燕公手题政事堂，每示能文，令为楷式。（《河岳英灵集》卷下）

【宋】黄庭坚：唐人诗有曰"海日生残夜，江春入暮年"者，置"早"意于残晚中。（《苕溪渔隐丛话》）

【明】顾璘：（三、四句）工而易拟，（五、六句）淡而难求。（《批点唐音》）

【明】胡应麟：盛唐句如"海日生残夜，江春入旧年"，中唐句如"风兼残雪起，河带断冰流"，晚唐句如"鸡声茅店月，人迹板桥霜"，皆形容景物，妙绝千古，而盛、中、晚界限斩然。故知文章关气运，非人力。（《诗薮·内编》卷四）

【明】徐充：此篇写景寓怀，风韵洒落，佳作也。"生"字、"入"字淡而化，非浅浅可到。（《删补唐诗选脉笺释会通评林》卷二十九）

【明】程元初：此诗三、四形容宽大平直之象，五、六形容流行不息、新意无穷之象。（《盛唐风绪笺》）

【明】李维桢："潮平"两联，浓淡相生，种种合律。（《唐诗隽》）

【明】唐汝询：此泊舟北固而叙江中之景，因风气之异而起故园之思也。海上之日未旦而生，江南之春方冬而动，则与洛中异矣，故欲因归雁而附以书。（《唐诗解》卷三十七）

【明】钟惺：（"海日"二句）真奇秀。（《唐诗归》卷六）

【明】谭元春：（"海日"二句）不朽。（《唐诗归》卷六）

【明】许学夷：尝观唐人诸选，字有不同，句有增损，正由前后窜削不一故耳……《国秀集》载王湾《次北固山下作》……《河岳英灵集》……题曰《江南意》，其工拙更为霄壤。若谓后人窜易，岂至并其题而易之耶？（《诗源辩体》卷十三）

【明】陆时雍：王湾此诗，世赏已久，余阅之了无佳处。"潮平"二语，俚气殊甚。"海日生残夜"，略有景色；"江春入旧年"，此溷语耳。余且问旧年景象何似？今下此语，将谓意入感慨，语病突矣。且一切物色，何处不可云"入旧年"，此非一套语耶？张说手题此诗，示为楷式，缘说平生诗好华美，一见此作，便谓雅澹，其实非也。（《唐诗镜》卷九）

【明】王夫之：的是江南风景，非特语似，抑亦神肖。又：此诗见《全唐诗话》，其传旧矣。《品汇》据别本作"客路青山外，行舟绿水前。潮平两岸阔，风正一帆悬。海日生残夜，江春入旧年。乡书何由达？归雁洛阳边"。不但蹇拙，失作者风旨，且路由青山，舟行绿水，是舟车两发，背道交驰矣。北固，江间一卷石耳，安所得青山之外有路邪？领、腹二联取景和美，了无客路之感。"乡书""归雁"，其来无端，"洛阳边"三字，凑泊趁韵。此必俗笔妄为改窜，窃取少陵"戎马关山"、崔颢"日暮孤舟"之意，割裂补缀而成。乃不知杜诗"吴楚""乾坤"之句，早成悲响，崔作"历历""萋萋"之语，已寓远怀。（《唐诗评选》卷三）

……有大景，有小景，有大景中小景。"柳叶开时任好风""花覆千官淑景移"及"风正一帆悬""青霭入看无"，皆以小景传大景之神。（《姜斋诗话》）

【明】冯舒："失"字别致。（《瀛奎律髓汇评》卷十）

【明】冯班：腹联绝唱，北固山绝唱。（《瀛奎律髓汇评》卷十）

【明】徐增：北固山在京口，临大江。王湾，洛阳人。残岁不得归，舟次其下，故作此诗。（《而庵说唐诗》）

【明】黄生：（"客路"二句）对起。（"潮平"二句）呼应句。（"海日"二句）倒装句。正意反挑。（"乡书"句）倒叙。（"归雁"句）倒剔句。尾联见意。五、六以"残夜"反挑"早"字，以"旧年"反挑"新"字，名"正意反挑法"。五、六奇秀不可言，当时主司榜之都堂，以为多士楷式，可称真赏音矣。"何处达"，言无处达也。洛阳正在归雁边，乡书却从何处达，深见思乡之情。顺看即不然，此唐人句调，粗心人未易识也。倒剔句，亦名错装句。（《唐诗摘抄》卷一）

【清】叶羲昂：皇甫子循曰：王湾《北固》之作，燕公揭以表署。才闻两语，已叹服于群众……美岂在多哉！中联真奇秀而不朽。（《唐诗直解》卷三）

【清】吴琠："客路"是目中所见，"行舟"则身在舟中矣。"潮平""风正"，江行快事也。日行地中，转东则五更鸡唱，是生于残夜也。江上逢春，则立春在腊月，是入旧年也。雁足传书，乡书可达，自慰之也。（《唐诗选胜直解·五言律诗》）

【清】贺裳：王湾《北固山下》曰："潮平两岸阔，风正一帆悬。"或作"两岸失"，非是。凡波浪汹涌，则隔岸不见，波平岸始出耳。"阔"字正与"平"字相应。若使斜风，则帆欹侧不似悬矣。（《载酒园诗话·疑误》）

【清】查慎行：大历以后无此等气格矣。（《瀛奎律髓汇评》卷十）

【清】朱之荆：此因风气之异而起故园之思也。首联写其地。三、四是行舟之

景。五、六是住舟之景。七、八见当时情况。海上之日，未旦先生；江南之春，于冬先动，故五、六云云。（《增订唐诗摘抄》）

【清】何焯：方（回）说"不若《国秀》之浑全"，非是。不惟名句，而亦治象。武、韦继乱，忽睹开元之政，四海皆目明气苏也。（《瀛奎律髓汇评》）

开元数纪重见太平，五、六气象非常。落句正言更不假寄书也。（《唐三体诗评》）

【清】沈德潜："两岸失"，言潮平而不见两岸也。别本作"两岸阔"，少味。江中日早，客冬立春，本寻常意，一经锤炼，便成奇绝，与少陵"无风云出塞，不夜月临关"一样笔墨。五、六语张燕公手书进士（当作政事）堂，以示楷式。（《重订唐诗别裁集》卷十）

【清】纪昀："潮平"二句最拙。"阔"一作"失"，然"失"字有斧凿痕，唐人不甚用此种字，归愚（沈德潜字）主之，未是。（《瀛奎律髓汇评》）

【清】潘德舆：殷璠《河岳英灵集》选王湾《江南意》云（略）。芮挺章《国秀集》选王湾《次北固山下》云（略）。殷、芮皆唐人，何所传各异如此？愚按："两岸阔""阔"字不如"失"字之隽。而首尾四句，当以芮选为正。殷选首尾词意，殊欠老成。沈归愚《别裁》亦主芮氏，而"失"字独从殷氏，未免任意取携。（《养一斋诗话》卷八）

【清】范大士："海日"二语，烹炼之至。（《历代诗发》）

【清】顾安：妙在是北人初至江南，处处从生眼看出新意，所以中间两联便成奇景妙语。后人将此题改作《次北固山下》，起、结全换，是何见解，可叹可叹！（《唐律消夏录》）

【清】黄叔灿："潮平"一联，写得宏阔，非复寻常笔墨。至"海日"二句，更非思拟所及。日出则晓矣，偏说"残夜"；春到岁除矣，却说"旧年"，而确不可易。总妙在"生"字、"入"字上落想，炼句奇甚。玩此一联，更多伤感情思，故有落二句。"归雁洛阳边"，望其故乡也。（《唐诗笺注》卷一）

【清】宋宗元：（"潮平两岸失"）"失"字炼。（《网师园唐诗笺》卷七）

【清】黄培芳：力量酣足。（《唐贤三昧集笺注》）

【宋】陈德公：盖是侵晓行舟，复值岁前春旦，字字工刻，作语故极婉琢，足以脍炙一时。五、六"残夜""旧年"，字法作意不必言，著"海""江"二字更为增致。（《闻鹤轩初盛唐近体读本》卷三）

【清】吴汝纶：（"海日"二句）精语妙绝。（《唐宋诗举要》卷四）

《黄鹤楼》

【宋】胡仔：《该闻录》云："唐崔颢题武昌黄鹤诗云（略），李太白负大名，尚曰：'眼前有景道不得，崔颢题诗在上头。'欲拟之较胜负，乃作《金陵登凤凰台》诗。"（《苕溪渔隐丛话·前集·李谪仙》）

【宋】刘辰翁：但以滔滔莽莽，有疏荡之气，故称巧思。（《盛唐诗评》）

【宋】周弼：为前虚后实体。（《删补唐诗选脉笺释会通评林·盛七律》）

【元】郝天挺：崔颢此诗，太白……欲拟之，以较胜负，乃作《金陵凤凰台》及《鹦鹉洲》诗以比之，真敌手也。然《鹦鹉洲》与颢诗格调相同，意亦相类。此诗前四句序楼之所由成，后四句寓感慨意。（《唐诗鼓吹注》卷四）

【元】吴敬夫：吊古伤今，意到笔随之作。（《唐诗归折衷》）

【明】李东阳：古诗与律不同体，必各用其体乃为合格。然律犹可间出古意，古不可涉律。古涉律调，如谢灵运之"池塘生春草""红药当阶翻"，虽一时传诵，固已移于流俗而不自觉。若浩然"一杯还一曲，不觉夕阳沉"，杜子美"独树花发自分明，春渚日落梦相牵"，李太白"鹦鹉西飞陇山去，芳洲之树何青青"，崔颢"黄鹤一去不复返，白云千载空悠悠"，乃律间出古，要自不厌也。（《麓堂诗话》）

【明】徐师曾：大明王鏊曰："唐人虽为律诗，犹以韵胜，不以钉饾为工。"如崔颢《黄鹤楼》诗"鹦鹉洲"对"汉阳树"，李太白"白鹭洲"对"青天外"，杜子美"江汉思归客"对"乾坤一腐儒"，气格超然，不为律所缚，固自有余味也。后世取青媲白，区区以对偶为工，"鹦鹉洲"必对"鸬鹚堰"，"白鹭洲"必对"黄牛峡"，字虽切，而意味索然矣。（《文体明辨序说·论诗》）

【明】杨慎：宋严沧浪取崔颢《黄鹤楼》诗为唐人七律第一，近日何仲默、薛君采取沈佺期"卢家少妇郁金堂"一首为第一。二诗未易优劣。或以问予，予曰："崔诗赋体多，沈诗比兴多，以画法论之，沈诗披麻皴，崔诗大斧劈皴也。"（《升庵诗话》）

【明】王世贞：何仲默取沈云卿《独不见》，严沧浪取崔司勋《黄鹤楼》为七言律压卷。二诗固甚胜，百尺无枝，亭亭独上。在厥体中，要不得为第一也。沈末句是齐、梁乐府语，崔起法是盛唐歌行语，如织官锦间一尺绣，锦则锦矣，如全幅何！（《艺苑卮言》卷四）

【明】王世懋：崔郎中作《黄鹤楼》诗，青莲短气，后题凤凰台，古今目为勍敌，识者谓前六句不能当，结语深悲慷慨，差足胜耳。然余意更有不然，无论中二联不能及，即结语亦大有辨。言诗须道兴、比、赋，如"日暮乡关"，兴而赋也。"浮云""蔽日"，比而赋也。以此思之，"使人愁"三字虽同，孰为当乎？"日暮乡关""烟波江上"，本无指着，登临者自生愁耳，故曰"使人愁"，烟波使之愁也。"浮云""蔽日""长安不见"，逐客自应愁，宁须使之？青莲才情，标映万载，宁以予言重轻？尺有所短，寸有所长，窃以为此诗不逮，非一端也。如有罪我者，则不敢辞。（《艺圃撷余》）

【明】胡应麟：崔颢《黄鹤》，歌行短章耳。太白生平不喜排偶，崔诗适与契合。严氏因之，世遂附和，又不若近推沈作为得也。又曰：崔颢《黄鹤楼》、李白《凤凰台》但略点题面，未尝题黄鹤、凤凰也……故古人之作，往往神韵超然，绝去斧凿。（《诗薮》）

【明】胡震亨：今观崔诗自是歌行短章，律体之未成者。安得以太白尝效之，遂取压卷？（《唐音癸签·评汇六》）

【明】顾璘：此篇太白所推服，想是一时登临，高兴流出，未必常有此作。前四句叙楼名之由，后四句叙感慨之情。起句豪迈，赋景且切实。（《批点唐音》）

【明】谭元春：此诗妙在宽然有余，无所不写。使他人以歌行为之，尤觉不舒。太白废笔，虚心可敬。而今人犹云作《黄鹤楼》诗，耻心荡然矣。（《唐诗归》卷十二）

【明】陆时雍：此诗气格高迥，浑若天成，第律家正体当不如是。以古体行律，在五言不可，何况七言！后人因太白所推，莫敢龃龉耳。（《唐诗镜》）

【明】梁桥：此诗首二句先对，颔联却不对。然破题已先的对，如梅花偷春色而先开，谓之偷春格。（《冰川诗式》）

【明】徐献忠：李白极推《黄鹤楼》之作，然颢多大篇，实旷世高手。《黄鹤》虽高，未足上列。（《删补唐诗选脉笺释会通评林·盛七律》）

【明】李梦阳：一气浑成，净亮奇瑰，太白所以见屈。（《删补唐诗选脉笺释会通评林·盛七律》）

【明】周敬：通篇疏越，煞处悲壮，奇妙天成。（《删补唐诗选脉笺释会通评林·盛七律》）

【明】田艺蘅：篇中凡叠十字，只以四十六字成章，尤妙。又曰：人但知李太白《凤凰台》出于《黄鹤楼》，不知崔颢又出于《龙池篇》也，若《鹦鹉洲》，又《凤凰台》之余意耳。（《删补唐诗选脉笺释会通评林·盛七律》）

【明】周珽：前四句叙楼名之由，何等流利鲜活；后四句寓感慨之思，何等清迥凄怆。盖黄鹤无返期，白云空在望，睹江树洲草，自不能不触目生愁。赋景摅情，不假斧凿痕，所以成千古脍炙。（《删补唐诗选脉笺释会通评林·盛七律》）

【明】邢昉：本歌行体也，作律更入神境。云卿《古意》犹涉锻炼，此最高矣。（《唐风定》）

【明】王夫之：鹏飞象行，惊人以远大。竟从怀古起，是题楼诗，非登楼。一结自不如《凤凰台》，以意多碍气也。（《唐诗评选》）

【明】周容：评赞者无过，随太白者为虚声耳。独喜谭友夏（按：指谭元春）"宽然有余"四字，不特尽崔诗之境，且可推之以悟诗道。非学问博大，性情深厚，则蓄缩羞赧，如牧竖咭席见诸将矣。（《春酒堂诗话》）

【明】冯舒：但有声病，即是律诗，且不拘平仄，何况对偶！（《瀛奎律髓汇评》）

【明】徐增：此诗称绝唱矣，然不可学也。字字针锋相凑，如此作转，方是名手。（《而庵说唐诗》）

【明】许学夷：崔《黄鹤》《雁门》，读之有金石宫商之声，盖晚年作也。（《诗源辩体》）

【清】吴煊、胡棠：此诗得一叠字诀，全从《三百篇》化出。（《唐贤三昧集笺注》）

【清】毛奇龄：张南士谓人不识他诗不碍，惟崔司勋《黄鹤楼》、沈詹事《古意》，若心不能记、口不能诵，便为不识字白丁矣。（《唐七律隽》）

……此律法之最变者。然系意兴所至，信笔抒写而得之。如神驹出水，任其踸踔，无行步工拙。裁摩拟便恶劣矣。前人品此为唐律第一，或未必然。然安可有二也？（《唐七律选》）

【清】金圣叹：此即千载喧传所云《黄鹤楼》诗也。有本乃作"昔人已乘白云去"，大谬。不知此诗正以浩浩大笔，连写三"黄鹤"字为奇耳。且使昔人若乘白云，则此楼何故乃名黄鹤？此亦理之最浅显者。至于四之忽陪白云，正妙于有意无意，有谓无谓。若起手未写黄鹤，已先写一白云，白云出于何典耶？且白云既是昔人乘去，而至今尚见悠悠，世则岂有千载白云耶？不足当一噱已。作诗不多，乃能令太白公阁笔，此真笔墨林中大丈夫也……太白公评此诗，亦只说是"眼前有景道不得，崔颢题诗在上头"。夫以黄鹤楼前、江矶峻险，夏口高危，瞰临沔汉。应接要冲，其为景状，何止崔诗所云晴川芳草，日暮烟波而已。然而太白公乃不肯又道，竟遂颓首相让而去。此非为景已道尽，更无可道。原来景正不可得尽，却是已更道不得也。盖太白公实为崔所题者乃是律诗一篇，今日如欲更题，我务必亦要作律诗。公又自思律之为律，从来必是未题诗，先命意；已命意，忙审格；已审格，忙又争发笔。至于景之为景，不过命意、发笔、审格以后，备员在旁，静听使用而已。今我如欲命意，则崔命意既已举矣；如欲审格，则崔审格既已定矣；再如欲争发笔，则崔发笔既已空前空后，不顾他人矣。我纵满眼好景，可撰数十百联，徒自呕尽心血，端向何处入手？所以不觉倒身着地，从实吐露曰："有景道不得。"有景道不得者，犹言眼前可惜无数好景，已是一字更入不得律诗来也……一解看他妙于只得一句写楼，其外三句皆是写昔人。三句皆是写昔人，然则一心所想，只是想昔人双眼所望，只是望昔人，其实更无闲心管到此楼，闲眼抹到此楼也。试想他满胸是何等心期，通身是何等气概，几曾又有是非得失、荣辱兴衰等事可以污其笔端。凡古人有一言、一行、一句、一字足以独步一时、占踞千载者，须要信其莫不皆从读书养气中来。即如此一解诗，须要信其的的读书，如一二便是他读得《庄子·天道》篇："轮扁告桓公，古人之不可传者死矣，君之所读，乃古人之糟粕已夫！"他便随手改削，用得恰好。三、四便是他读得《史记·荆轲列传》易水一歌："风萧萧兮易水寒，壮士一去兮不复还。"他便随手倒转，又用得恰好也……前解自写昔人，后解自写今人，并不曾写到楼。此解又妙于更不牵连上文，只一意凭高望远，别吐自家怀抱。任凭后来读者自作如何会通，真为大家规模也。五、六只是翻跌"乡关何处是"五字，言此处历历是树，此处萋萋是洲，独有目断乡关，却是不知何处。他只于句上横安得"日暮"二字，便令前解四句二十八字，字字一齐摇动入来，此为绝奇之笔也。(《贯华堂选批唐才子诗》)

【清】吴昌祺：不古不律，亦古亦律，千秋绝唱，何独李唐？（《删订唐诗解》）

【清】毛奇龄：此律法之最变者。然系意兴所至，信笔抒写而得之。如神驹出水，任其踸踔，无行步工拙，裁摩拟便恶劣矣。前人品此为唐律第一，或未必然。然安可有二也？（《唐七律选》）

【清】查慎行：此诗为后来七律之祖，取其气局开展。（《瀛奎律髓汇评》）

【清】纪昀：此诗不可及者，在意境宽然有余，此评最是。又曰：偶而得之，便成绝调，然不可无一，不可有二。再一临摹，便成窠臼。又曰：改首句"黄鹤"为"白云"，则三句"黄鹤"无根，饴山老人批《唐诗鼓吹》论之详矣。(《瀛奎律

髓汇评》）

【清】许印芳：前六句叠字皆不为复，唯末句"人"字与首句复。此篇乃变体律诗。前半是古诗体，以古笔为律诗，盛唐人有此格。中唐以后，格调渐卑，用此格者鲜矣。间有用者，气魄笔力又远不及盛唐。此风会使然，作者不能自主也。此诗前半虽属古体，却是古律参半。五律拗第一字第三字，七律拗第三字第五字，总名拗律。崔诗首联、次联上句皆用古调，下句皆配以拗调。古律相配，方合拗律体裁。前半古律参半，格调甚高。后半若遽接以平调，不能相称，是以三联仍配以拗调。律诗多用拗调，又参以古调，是为变体。作变体诗，须束归正格，变而不失其正，方合体裁，故尾联以平调作收。唐人变体律诗，古法如是。……若欲效法此诗，但当学其笔墨之奇纵，不可摹其词调之复叠。太白争胜，赋《凤凰台》《鹦鹉洲》二诗，未能自出机杼，反袭崔诗格调，东施效颦，贻笑大方，后学当以为戒矣。（《瀛奎律髓汇评》）

【清】佚名：此诗超迈奇崛，所谓时文中之古文。至太白《凤凰台》，近"时"而格不及；《鹦鹉洲》迈古而气不及，所以皆出其下。（《瀛奎律髓汇评》）

【清】吴烶：此诗全是赋体，前四句因登楼而生感。（《唐诗选胜直解》）

【清】焦袁嘉：诗家原无甚深意，只在说得心头口头忍不住的话，便是好诗。金圣叹极论首句"白云"二字之非，此亦一夫之私言，不必听也。（《此木轩唐五言律七言律诗选读本》）

【清】赵臣瑗：妙在一曰"黄鹤"，再曰"黄鹤"，三曰"黄鹤"，令读者不嫌其复，不觉其烦，不讶其无谓。尤妙在一曰"黄鹤"，再曰"黄鹤"，三曰"黄鹤"，而忽然接以"白云"，令读者不嫌其突，不觉其生，不讶其无端。此何故耶？由其气足以充之，神足以运之而已矣，若论作法，则崔之妙在凌驾，李之妙在安顿，岂相碍乎？（《山满楼笺注唐诗七言律》）

【清】何焯：此篇体势可与老杜《登岳阳楼》匹敌。（《唐三体诗评》）

【清】朱之荆：前半一气直走，竟不作对，律之变体。五、六"川""洲"一类，上下互换成对（犄角对）。前半即吊古之意，凭空而下。"晴川历历""芳草萋萋"，即从"白云""悠悠"生出。结从"汉阳树""鹦鹉洲"生出乡关，见作者身分；点破"江上"，指明其地；又以"烟波"唤起"愁"字，以"愁"字绾上前半。前半四句笔矫，中二句气和，结又健举，横插"烟波"二字点睛。雄浑傲岸，全以气胜，真如《国策》文字，而其法又极细密。（《增订唐诗摘抄》）

【清】范大士：此如十九首古诗，乃太空元气，忽然逗入笔下，作者初不自知，观者叹为绝作，亦相赏于意言工拙之外耳。（《历代诗发》）

【清】沈德潜：意得象先，纵笔所到，遂擅千古之奇。所谓"章法之妙，不见句法；句法之妙，不见字法者"也。（《说诗晬语》卷上）

【清】管世铭：崔颢《黄鹤楼》直以古歌行入律，太白诸作亦只以歌行视之。祖咏《望蓟门》之作，调高气厚，为七言律正始之音，惜不多见。（《读雪山房唐诗序例·七律凡例》）

崔颢《黄鹤楼》，以古体入律也。少陵《白帝城》（注：《白帝城最高楼》），以古调入律也。（《论文杂言》）

【清】方东树：崔颢《黄鹤楼》，此千古擅名之作，只是以文笔行之，一气转折。五、六虽断写景而气亦直下喷溢。收亦然。所以可贵。太白《鹦鹉洲》格律工力悉敌，风格逼肖，未尝有意学之而自似，此体不可再学，学则无味，亦不奇矣。细细校之，不如"卢家少妇"有法度，可以为法千古也。《昭昧詹言》

王元美云：七言律，篇法之妙，有不见句法者；句法之妙，有不见字法者。有俱属象而妙者，有俱属意而妙者，有俱作高调而妙者，有直下不偶对而妙者。皆兴与境诣，神与天会。愚谓此唯杜公及山谷有之，而不可轻拟。《黄鹤楼》《鹦鹉洲》，亦是如此。（《昭昧詹言》）

【清】王寿昌：何谓高？曰：《古诗十九首》尚矣，其次则陈思之《白马》七篇……近体……《黄鹤楼》是也。又曰：七律发端倍难于五言，如杜员外，"今年游寓独游秦，愁思看春不当春"之奥折……尚可备脱胎换骨之用。然但宜师其势，不当仿其意。如太白《凤凰台》诗，已不免世俗訾议，不若崔司勋《黄鹤楼》之于《龙池篇》，如鸣蝉之脱壳而出也。（《小清华园诗谈》）

【清】潘德舆：崔诗特参古调，皆非律诗之正。（《养一斋诗话》）

【近】王闿运：起有飘然之致，观太白《凤凰台》《鹦鹉洲》二诗学此，方知工拙。（《手批唐诗选》卷十二）

【近】俞陛云：此诗向推绝唱，而未言其故，读者欲索其佳处而无从。评此诗者，谓其"意得象先，神行语外"，崔诗诚足当之，然读者仍未喻其妙也。余谓其佳处有二：律诗能一气旋转者，五律已难，七律尤难。大历以后，能手无多。崔诗飘然不群，若仙人行空，趾不履地，足以抗衡李、杜，其佳处在格高而意超也。黄鹤楼与岳阳楼并踞江湖之胜，杜少陵、孟襄阳登岳阳楼诗，皆就江湖壮阔发挥。黄鹤楼当江、汉之交，水天浩荡，登临者每易从此着想。设崔亦专咏江景，未必能出杜、孟范围，而崔独从"黄鹤楼"三字着想。首句点明题字，言鹤去楼空。乍观之，若平直铺叙，其意若谓仙人跨鹤，事属虚无，不欲质言之。故三句紧接黄鹤已去，本无重来之望，犹《长恨歌》言入地升天，茫茫不见也。楼以仙得名，仙去楼空，余者唯天际白云，悠悠千载耳。谓其因望云思仙固可，谓其因仙不可知，而对此苍茫，百端交集，尤觉有无穷之感。不仅切定"黄鹤楼"三字着笔，其佳处在托想之空灵、寄情之高远也。通篇以虚处既已说尽，五、六句自当实写楼中所见，而以恋阙怀乡之意总结全篇。犹岳阳楼二诗，前半首皆实写，后半首皆虚写，虚实相生，五七言同此律法也。（《诗境浅说》）

【近】赵熙：特参古调。（《瀛奎律髓汇评》）

……此诗万难嗣响。其妙则殷璠所谓"神来、气来、情来"者也。（《瀛奎律髓汇评》）

《白雪歌送武判官归京》

【明】吴山民：转折回换处，极活脱，有弄丸手段。一结仍在雪上说，不放过，斩截。（《删补唐诗选脉笺释会通评林·盛七古五》）

【明】周珽：胡地寒冱，风雪分外早见。前段因形容雪景，极凛冽。至"中军送酒"句，始入"送别"意。"轮台东门"句，又作一转语，俱不脱"雪"意。望君不见而寻其马迹，想出人思表。此等诗真鹤鸣天表，龙吟海底，奇致不从人间来者。（《删补唐诗选脉笺释会通评林·盛七古五》）

【明】邢昉：细秀袅娜，绝不一味纵笔，乃见烟波。（《唐风定》）

【明】王夫之：颠倒传情，神爽自一，不容元白问花源津渡。"胡琴琵琶与羌笛"，但用《柏梁》一句，神采惊飞。（《唐诗评选》卷三）

【清】黄培芳：起得势。首尾完善，中间精整。"北风卷地白草折，胡天八月即飞雪。忽如一夜春风来，千树万树梨花开"，四语精致。（《唐贤三昧集》下）

【清】宋宗元：（首四句下）入手飘逸，迥不犹人。（末二句下）深情无限，到底不脱歌雪故也。（《网师园唐诗笺》）

【清】张文荪：嘉州七古，纵横跌荡，大气盘旋，读之使人自生感慨。有志学古者，自宜留心此种。看他如此杂健，其中起伏转折一丝不乱，可谓刚健含婀娜。后人竞学盛唐，能有此否？（《唐贤清雅集》）

【清】范大士：洒笔酣歌，才锋驰突，"雪"字四见，一一精神。（《历代诗发》）

【清】方东树：奇峭。起飒爽。"忽如"六句，奇才奇气奇情逸发，令人心神一快。须日诵一过，心摹而力追之。"瀚海"句换气，起下"归客"。（《昭昧詹言·王李高岑》）

【清】王寿昌：结句贵有味外之味，弦外之音。言情则如……岑嘉州之"山回路转不见君，雪上空留马行处"……是皆一唱而三叹，慷慨有余音者。（《小清华园诗谈》卷下）

《雁门太守行》

【宋】王得臣：长吉才力奔放，不惊众绝俗不下笔。有《雁门太守》诗曰："黑云压城城欲摧，甲光向日金鳞开。"王安石曰："是儿言不相副也。方黑云如此，安得向日之甲光乎？"（《麈史》）

【宋】曾季狸：李贺《雁门太守行》语奇。（《艇斋诗话》）

【宋】刘辰翁：（"角声满天秋色里"）有此一语，方畅。（"塞上燕脂凝夜紫"二句）此等景色不可无。又曰：起语奇，赋雁门著紫土本嫩。后三语无甚生气，设为死敌之意偏欲如此，颇似败后之作。（《唐诗品汇》卷三十八）

语少而劲，转出死敌意，愤咽。（《删补唐诗选脉笺释会通评林》）

【宋】王谠：李贺以歌诗谒韩愈，愈时为国子博士分司，送客归，极困。门人呈卷，解带旋读之，有篇《雁门太守》云："黑云压城城欲摧，甲光向日金鳞开。"却缓带，命迎之。（《唐语林》）

【元】范梈：作诗要有惊人句，语险，诗便惊人。如李贺"黑云压城城欲摧，甲光向日金鳞开"。此等语，任是人道不出。（《删补唐诗选脉笺释会通评林·中七古下》）

【明】杨慎：或曰：此诗韩、王二公去取不同，谁为是？予曰：宋老头巾不知诗，凡兵围城，必有怪云变气。昔人赋鸿门有"东龙白日西龙雨"之句，解此意矣。予在滇，值安凤之变，居围城中，见日晕而重，黑云如蛟龙在其侧，始信贺之诗善状物也。（《升庵诗话》）

【明】周敬：萃精求异，刻画点缀，真好气骨、好才思。顾璘曰：语奇而峻，前辈所称。（《删补唐诗选脉笺释会通评林·中七古下》）

【明】陆时雍："塞上燕脂凝夜紫"，"燕脂"二字难下。"霜重鼓寒声不起"语甚

有色。（《删补唐诗选脉笺释会通评林·中七古下》）

【明】周珽：今观其全首，似为中唐另树旗鼓者。至末二句，雄浑犹不减初、盛风格……长吉诗大抵创意奥而生想深，萃精求异，有不自知为古古怪怪者。他如《剑子》《铜仙》等歌什，颇多呕心语，宜为昌黎公所知重也。（《删补唐诗选脉笺释会通评林·中七古下》）

【明】曾益：此言城将陷敌，士怀敢死之志。以望气则云黑而城将摧矣。然甲光向日，犹守而未下地。势危则吹角愈急，故曰"满天"。逢秋则其声甚哀也。而夜将入矣，塞土本紫而以夕照临之，则如胭脂之凝。时则红旗半卷临易水之上，众方击鼓作气，思以御敌也。而鼓声不起，胡不利也？遂将提携玉龙，矢死以循，以报君平昔待士之厚意而已。（《昌谷集》卷一）

【清】姚文燮：元和九年冬，振武军乱，诏以张煦为节度使，将夏州兵二千趋镇讨之。振武即雁门郡。贺当拟此以送之。言宜兼程而进，故诗皆言师旅晓征也。宿云崩颓，旭日初上，甲光赫耀，角声肃杀，遥望塞外，犹然夜气未开。红旗半卷，疾驰夺水上军。勿谓鼓声不扬，乃晨起霜重耳。所以激厉将士之意，当感金台隆遇，此宜以骏骨报君恩矣。（《昌谷集注》卷一）

【清】黎简："声满天地"，似昌黎"天狗堕地"之作篇中活句，贺真不愧作者。"霜重"句，即李陵"兵气不扬"意。（"半卷"二句）写败军如见。（末二句）以死作结势，结得决绝险劲。（《李长吉集》）

【清】杜诏：此诗言城危势亟，擐甲不休，至于哀角横秋，夕阳塞紫，满目悲凉，犹卷旆前征，有进无退。虽士气已竭，鼓声不扬，而一剑尚存，死不负国。皆描写忠诚慷慨。（《中晚唐诗叩弹集》）

【清】薛雪：李奉礼"黑云压城城欲摧，甲光向日金鳞开"，是阵前实事，千古妙语。王荆公訾之，岂疑其"黑云""甲光"不相属耶？儒者不知兵，乃一大患。（《一瓢诗话》）

【清】王琦："塞上燕脂凝夜紫"，当作暮色解乃是，犹王勃所谓"烟光凝而暮山紫"也。此篇盖咏中夜出兵，乘间捣敌之事。"黑云压城城欲摧"，甚言寒云浓密。至云开处逗漏月光（按：王本作甲光向月）与月光相射，有似金鳞。此言初出兵之时，语气甚雄壮。"角声满天"，写军中之所闻；"塞上胭脂"，写军中之所见；"半卷红旗"，见轻兵夜进之捷。"霜重鼓寒"，写冒寒将战之景。末复设为誓死之词，以报君上恩礼之隆，所以明封疆臣子之志也。（《李长吉歌诗汇解》卷一）

【清】沈德潜:("黑云"二句)阴云蔽天,忽露赤日,实有此景。字字锤炼而成,昌谷集中独推老成之作。(《重订唐诗别裁集》卷八)

【清】宋宗元:("黑云"二句)沈雄乃尔。("霜重鼓寒"三句)警绝。(《网师园唐诗笺》)

【清】史承豫:("黑云压城"句)闪烁纸上。结尾陡健。(《唐贤小三昧集》)

【清】陈沆:乐府《雁门太守行》,古辞咏洛阳令王涣德政,不咏雁门太守也。长吉以借古题寓今事,故"易水""黄金台"语,其为咏幽蓟事无疑。宪宗元和四年,成德军节度使王承宗自立,吐突承璀为招讨使讨之,逾年无功。故诗刺诸将不力战,无捐国死绥之志也。唐中叶,以天下不能取河北,由诸将观望无成,故长吉愤之。王氏之有恒、冀,正易水、雁门之地。若以为拟古空咏,何味之有?(《诗比兴笺》卷四)

【今】叶葱奇:这首诗意境非常苍凉,语气非常悲壮,很像屈原《九歌》中的《国殇》。杜牧说贺诗是"骚之苗裔",所见甚确。集中像这一类的诗实在都是胎息的《楚辞》,而很能得其神理的。(《李贺诗集》)

《登鹳雀楼》

【宋】沈括:(黄鹤楼)留诗者甚多,唯李益、王之涣、畅当三篇能状其景。(《梦溪笔谈》)

【明】唐汝询:日没河流之景,未足称奇,穷目之观,更在高处。(《唐诗解》)

【清】沈德潜:四语皆对,读去不嫌其排,骨高故也。(《唐诗别裁集》卷十九)

【清】黄叔灿:通首写其地势之高,分作两层,虚实互见。沈存中曰:"鹳雀楼前瞻中条山,下瞰大河。"上十字大境界已尽,下十字以虚笔托之。(《唐诗笺注》)

【清】李瑛:先写登楼,再写形胜,便嫌平衍,虽有名句,总是卑格。此诗首二句先切定鹳雀楼境界,后二句再写登楼,格力便高,后二句不言楼之如何高,而楼之高已极尽形容,且于写景之外,更有未写之景在。此种格力,尤臻绝顶。(《诗法易简录》)

【清】胡本渊:王尧衢曰:首二句已尽目力所穷矣,下作转语,言若欲穷目力之胜,庶此楼上再上得一层更好。此诗人题外深一层作此虚想也。(《唐诗近体》)

【清】章燮:(首二句)对起法。言蒲城之高,四远空旷,游目骋怀,仰而视之,目之所至,无所不见。所不见者,为高山阻隔,故曰"依山尽"。俯而视之,则见

黄河之水，滚滚而来，远入大海而流，则目之所送，亦云远矣。（《唐诗三百首注疏》卷六）

【近】俞陛云：凡登高能赋者，贵有包举一切之概。前二句写山河胜概，雄伟阔远，兼而有之，已如题之量；后二句复余劲穿札，十字中有尺幅千里之势。（《诗境浅说（附续编）》）

《江雪》

【宋】苏轼：郑谷诗云："江上晚来堪画处，渔人披得一蓑归。"此村学中诗也。柳子厚云："千山鸟飞绝，万径人踪灭。孤舟蓑笠翁，独钓寒江雪。"人性有隔也哉！殆天所赋，不可及也已。（《东坡题跋》卷二）

【宋】范晞文：唐人五言四句，除柳子厚"钓雪"一首外，极少佳者。（《对床夜语》卷四）

【宋】刘辰翁：得天趣，独由落句五字道尽矣。（《唐诗品汇》卷四十三）

【明】胡应麟："千山鸟飞绝"二十字，骨力豪上，句格天成。然律以《辋川》诸作，便觉太闹。青莲"明月出天山，苍茫云海间。长风几万里，吹度玉门关"，浑雄之中，多少闲雅！（《诗薮·内编》卷六）

【明】顾璘：绝唱，雪景如在目前。（《评点唐诗正声》）

【明】唐汝询：人绝、鸟稀，而披蓑之士傲然独钓，非奇士耶？按七古《渔翁》亦极褒美，岂子厚无聊之极，托以自高欤？（《唐诗解》弟子二十三）

【明】孙月峰：常景耳，道得峭快便入妙。（《评点柳柳州集》卷四十三）

【明】黄生：此等作真是诗中有画，不必更作《寒江独钓图》也。（《唐诗摘抄》）

【明】徐增：余谓此诗乃子厚在贬时所作，以自寓也。当此途穷日短，可以归矣，而犹依泊于此，岂为一官所系耶！一官无味，如钓寒江之鱼，终亦无所得而已，余岂效此翁者哉！（《而庵说唐诗》）

【清】潘德舆：门人苏养吾曰："雪诗何语为佳？"予曰："王右丞'隔牖风惊竹，开门雪满山'，语最浑然；老杜'暗度南楼月，寒生北渚云'次之；他如'独钓寒江雪'……亦善于语言者。"（《养一斋诗话》卷二）

【清】刘文蔚：置孤舟于千山万径之间，而一老翁披蓑戴笠独钓其间，虽江寒而鱼伏，非钓之可得，彼老翁何为而稳坐于孤舟风雪中乎？此子厚贬时取以自寓也。（《唐诗合选评解》卷三）

【清】蒋之翘：此诗独落句五字写得悠然，故小有致耳，宋人乃盛称之……予曰："千山""万径"二句，恐杂村学诗中，亦不复辨。（《柳集辑注》卷四十二）

【清】朱之荆：柳又有"渔翁夜傍西岩宿"一首，何其喜写渔家乐也！"千""万""孤""独"，两两对说，亦妙。寒江鱼伏，钓岂可得。此翁意不在鱼。如可得鱼，钓岂独翁哉！（《增订唐诗摘抄》）

【清】王士禛：余论古今雪诗，唯羊孚一赞及陶渊明"倾耳无希声，在目皓已洁"及祖咏"终南阴岭秀"一篇，右丞"洒空深巷静，积素广庭闲"、韦左司"门对寒流雪满山"句最佳。若柳子厚"千山鸟飞绝"，已不免俗。（《带经堂诗话·众妙门四·赋物类》）

【清】王尧衢：江寒而鱼伏，岂钓之可得？彼老翁何为稳坐孤舟风雪中乎？世态寒冷，宦情孤冷，如钓寒江之鱼，终无所得，子厚以自寓也。（《古唐诗合解》卷八）

【清】吴昌祺：清极峭极，傲然独往。（《删订唐诗解》）

【清】沈德潜：《江雪》清峭已极，王阮亭尚书独贬此诗何也？（《重订唐诗别裁集》卷十九）

【清】孙洙：二十字可作二十层，却自一片，故奇。（《唐诗三百首》卷七）

【清】吴瑞荣：柳州气骨迟重，故摹陶、韦不落浮佻。（《唐诗笺要》）

【清】李锳：前二句不沾着"雪"字，而确是雪景，可称空灵。末句一点便足，阮亭论前人雪诗，于此诗尚有余憾，甚矣诗之难也！（《诗法易简录》）

【清】许印芳：五绝全对者……柳宗元之《江雪》云："千山鸟飞绝，万径人踪灭。孤舟蓑笠翁，独钓寒江雪。"语平意侧，一气贯注。（《诗法萃编》卷九上）

【清】李慈铭：渔洋尝谓此诗有伧气，洵然。（《越缦堂读书简端记·唐人万首绝句选》）

【清】朱庭珍：祖咏"终南阴岭秀"一绝，阮亭最所心赏，然不免气味凡近。柳子厚"千山鸟飞绝"一绝，笔意生峭，远胜祖咏之平，而阮翁又有微词，谓未免近俗。殆以人口熟诵而生厌心，非公论也。（《筱园诗话》卷四）

【近】钱振锽：柳州"千山鸟飞绝"一首，上两句措笔太重则有之，下二句天生清峭，士禛将一个"俗"字诬之，此儿真别有肺肠。（《诗话》）

【近】俞陛云：空江风雪中，远望则鸟飞不到，近观则四无人踪，而独有扁舟渔夫，一竿在手，悠然于严风盛雪间，其天怀之淡定，风趣之静峭，子厚以短歌为之写照。子和《渔父词》所未道之境也。（《诗境浅说（附续编）》）

【今】刘永济：此诗读之便有寒意，故古今传诵不绝。(《唐人绝句精华》)

【今】刘拜山：此诗句句写景，亦句句抒情，而情景浑成之中，又分明有一特立独行之作者在，所以成为绝唱。就章法言，通篇皆用暗写，最后方逼出"雪"字点题，故倍觉奇峭。(《千首唐人绝句》)

《春江花月夜》

【明】胡应麟：张若虚《春江花月夜》流畅婉转，出刘希夷《白头翁》上，而世代不可考。详其体制，初唐无疑。(《诗薮·内编》卷三)

【明】钟惺：浅浅说去，节节相生，使人伤感，未免有情，自不能读，读不能厌。又曰：将"春江花月夜"五字，炼成一片奇光，分合不得，真化工手。(《唐诗归》)

【明】谭元春：春江花月夜，字字写得有情、有想、有故。(《唐诗归》)

【明】周敬、陈继儒等：汪道昆曰："白云一片"数语，此等光景非若虚笔力写不到，别有一种奇思。(《唐诗选脉会通评林》)

【明】叶羲昂："摇""满"二字幻而动，读之目不能瞬。(《唐诗直解》)

【明】徐增：首八句使人火热，此处八句(按指"江天一色"以下八句)又使人冰冷。然不冰冷则不见火热，此才子弄笔跌宕处，不可不知也。"昨夜闲潭梦落花"此下八句是结，前首八句是起。起用出生法，将春、江、花、月逐字吐出；结用消归法，又将春、江、花、月逐字收拾。此句不与上连，而意则从上滚下。此诗如连环锁子骨，节节相生，绵绵不断，使读者眼光正射不得，斜射不得，无处寻其端绪。"春""江""花""月""夜"五个字，各各照顾有情。诗真艳诗，才真艳才也。(《而庵说唐诗》)

【明】吴乔：《春江花月夜》正意只在"不知乘月几人归"。(《围炉诗话》)

【清】宋长白：唐人有"春江花月夜"一题，同时张若虚、张子容皆赋之。若虚凡二百五十二言，子容仅三十言，长短各极其妙，增减一字不得，读此可悟相体裁衣之法。(《柳亭诗话》)

【清】毛先舒：张若虚"春江潮水"篇，不着粉泽，自有腴姿，而缠绵酝藉，一意萦纡，调法出没，令人不测，殆化工之笔哉！(《诗辩坻》卷三)

【清】王夫之：句句翻新，千条一缕，以动古今人心脾，灵愚共感。其自然独绝处，则在顺手积去，宛尔成章，令浅人言格局、言提唱、言关锁者，总无下口分

在。(《唐诗评选》卷一)

【清】王尧衢：此篇是逐解转韵法。凡九解：前二解是起，后二解是收，起则渐渐吐题，收则渐渐结束，中五解是腹。虽其词有连有不连，而意则相生。至于题目五字，环转交错，各自生趣。"春"字四见，"江"字十二见，"花"字只二见，"月"字十五见，"夜"字亦只二见。于"江"则用海、潮、波、流、汀、沙、浦、潭、潇湘、碣石等以为陪，于"月"则用天、空、霰、霜、云、楼、妆、台、帘、砧、鱼、雁、海雾等以为映。于代代无穷乘月望月之人之内，摘出扁舟游子、楼上离人两种，以描情事。楼上宜"月"，扁舟在"江"，此两种人于"春江花月夜"最独关情。故知情文相生，各各呈艳，光怪陆离，不可端倪，真奇制也。(《古唐诗合解》)

【近】王闿运：张若虚《春江花月夜》，用《西洲》格调。孤篇横绝，竟为大家。(《湘绮楼说诗》卷一)

【今】闻一多：如果刘希夷是卢、骆的狂风暴雨后宁静爽朗的黄昏，张若虚便是风雨后更宁静更爽朗的月夜。……在这种诗面前，一切的赞叹是饶舌，几乎是渎亵。……更夐绝的宇宙意识！一个更深沉、更寥廓、更宁静的境界！在神奇的永恒面前，作者只有错愕，没有恐惧，只有憧憬，没有悲伤。……有限与无限，有情与无情——诗人与"永恒"猝然相遇，一见如故。……对每一个问题，他得到的仿佛是一个更神秘的更渊默的微笑，他更迷惘了，然而也满足了。于是他又把自己的秘密倾吐给那缄默的对方……这里一番神秘而又亲切的、如梦境的晤谈，有的是强烈的宇宙意识，被宇宙意识升华过的爱情，又由爱情辐射出来的同情心。这是诗中的诗，顶峰上的顶峰。(《宫体诗的自赎》)

《枫桥夜泊》

【宋】欧阳修：诗人贪求好句而理有不通，亦语病也。……唐人有云："姑苏城外寒山寺，夜半钟声到客船。"……句佳矣，其如三更不是打钟时！(《六一诗话》)

【宋】陈岩肖：六一居士《诗话》谓："句则佳矣，奈半夜非鸣钟时。"然余昔官姑苏，每三鼓尽，四鼓初，即诸寺钟皆鸣，想自唐时已然也。后观于鹄诗云："定知别后家中伴，遥听维山半夜钟。"白乐天云："新秋松影下，半夜钟声后。"温庭筠云："悠然旅榜频回首，无复松窗半夜钟。"则前人言之，不独张继也。(《庚溪诗话》)

【宋】周弼等："对愁眠"三字为全章关目。明逗一"愁"字，虚写竟夕光景，转辗反侧之自见。（《碛砂唐诗》）

【清】沈德潜：尘市喧阗之处，只闻钟声，荒凉寥寂可知。（《唐诗别裁集》卷十九）

【清】黄生：近评诗者论此诗云：姑苏城外寒山寺，夜半钟声到客船，便可听，若云"南京城外报恩寺"云云，岂不令人喷饭。此言甚有见，但其工拙处尚未道破，客请语其故，予曰：无他，只寒山二字雅于报恩二字也。客欣然有省。三句承上启下，深而有力，从夜半无眠至晓，故怨钟声太早，搅人魂梦耳。语脉深深，只"对愁眠"三字略露意。夜半钟声或谓其误，或谓此地故有半夜钟声，俱非解人。要之，诗人兴象所至，不可执着。必曰执着者，则"晨钟云外湿""钟声和白云""落叶满疏钟"皆不可通矣。（《唐诗摘抄》）

【清】王尧衢：此诗装句法最妙，似连而断，似断而连。（《古唐诗合解》）

【近】俞陛云：作者不过夜行纪事之诗，随手写来，得自然趣味。诗非不佳，然唐人七绝，佳作林立，独此诗流传日本，几妇稚皆习诵之。诗之传与不传，亦有幸有不幸耶！（《诗境浅说（附续编）》）

【今】刘永济：此诗所写枫桥泊舟一夜之景，诗中除所见所闻外，只一"愁"字透露心情。半夜钟声，非有旅愁者未必便能听到。后人纷纷辨夜半有无钟声，殊觉可笑。（《唐人绝句精华》）

【今】闻一多：妙在以景传情，写景不但有精细的画面，而且有浓厚的气氛渲染。所传之情，也是当时一般的旅客愁思，带有典型意义。（《说唐诗》）

【今】姚奠中：景物、色彩、音响与夜泊旅人的心绪，和谐协调，又不造反格律诗的安排和规范，这不能不说是诗人高超的艺术手法的体现。（《唐宋绝句选注析》）

【今】程千帆：这两句以万籁俱寂中的数声乌啼与一杵钟声对比。前两句是写光觉，与《春夜喜雨》中那两句正好可以互证，后两句则是写听觉。无论是目之所及，耳之所闻，这冷荧荧的渔火，慢悠悠的钟声，对于客途中的典型环境，都具有深化的作用，从而使诗人所要在作品中表达的旅愁更为突出。（《程千帆诗论选集》）

【今】迟乃义："夜半钟声"不但衬托出了夜的静谧，而且揭示了诗人卧听疏钟时的种种难以言传的感受。清冷的钟声，打破了半夜的寂静，更显示和增加了半夜的寂静。由于有寒山寺的夜半钟声这一笔，"枫桥夜泊"的神韵才得到最完美的表现。（《唐人绝句的诗情画意》）

《李凭箜篌引》

【宋】杨万里：诗有惊人句。杜《山水障》："堂上不合生枫树，怪底江山起烟雾。"……李贺云："女娲炼石补天处，石破天惊逗秋雨。"（《诚斋诗话》）

【明】高棅：刘云：其形容偏得于此，而箜篌为近（"老鱼跳波"句下）。刘云：状景如画，自其所长。箜篌声碎有之，"昆山玉"颇无谓。下七字妙语，非玉箫不足以当，"石破天惊"过于绕梁遏云之上。至"教神妪"忽入鬼语。吴质懒态，月露无情。（《唐诗品汇》）

【清】姚文燮：贺盖借此自伤不遇。（《昌谷集注》卷一）

【清】叶矫然：长吉耽奇凿空，真有"石破天惊"之妙，阿母所谓是儿不呕出心不已也。（《龙性堂诗话初集》）

【明】黄周星：本咏箜篌耳，忽然说道女娲、神妪，惊天入月，变眩百怪，不可方物，真是鬼神于文。（《唐诗快》）

【清】王琦：琦玩诗意：当是初弹之时，凝云满空，继之而秋雨骤作。洎乎曲终声歇，则露气已下，朗月在天，皆一时实景也。而自诗人言之，则以为凝云满空者，乃箜篌之声遇之而不流，秋雨骤至者，乃箜篌之声感之而旋应。似景似情，似虚似实。读者徒赏其琢句之奇，解者又味其用意之巧。显然明白之辞，而反以为在可解不可解之间，误矣！（《李长吉诗歌汇解》卷一）

【清】方扶南：白香山"江上琵琶"，韩退之《颖师琴》，李长吉《李凭箜篌》，皆摹写声音至文。韩足以惊天，李足以泣鬼，白足以移人。（《李长吉诗集批注》卷一）

【近】梁启超：此等语句，不知者以为是卖弄词藻，其实每一句都有他特别的意境。大抵长吉脑里头幻想很多，每一个幻想，他自己立限只许用十来个字把他写出。前人评他做诗是"呕心"真不错，这种诗自然不该学，但我们不能不承认他在文学史上的价值。（《中国韵文里头所表现的情感》）

【近】高步瀛：（引吴北江）此二句思想尤为奇特，盖箜篌之妙能使石破天惊，然天本有裂痕，为女娲所补，假使天破必仍在旧补之处也，"逗秋雨"三字亦奇妙。……通体皆从神理中曲曲摹绘，出神入幽，无一字落恒人蹊径。（《唐宋诗举要》卷二）

【今】钱基博：李贺好为虑表之诞幻，而语必生造，无一笔肯坦迤，无一语不

绮错，其辞若可解，若不可解，其意有可测，有不可测。饰夷以艰，袭昭以幽，易常以异，务为艰深。（《韩愈志》）

【今】赵景深：唯美诗人中唐有李贺。……他的唯美诗可以《李凭箜篌引》为代表。（《中国文学小史》）

【今】陆侃如、冯沅君："石破天惊逗秋雨""天若有情天亦老"之句，诚然是新奇可喜，但他的作品就全体看来，却是太做作了，而且常常还要有晦涩和堆砌的毛病，所以终于不能算第一流的作家。（《中国诗史》）

【今】李嘉言：最后说到他这一派诗体的特色，……很明显的一点就是爱用惊人的字眼与句法，如腥、泣、惨、死、古、冷、狐、仙、龙蛇鬼等，这分明是在极度的感伤中需要一些刺激来麻醉一时，也是他对于时代失望疲倦之余的一种不正常的病象。（《古诗初探·李贺与晚唐》）

《凉州词》

【唐】薛用弱：开元中，诗人王昌龄、高适、王之涣齐名……一日天寒微雪，三诗人共诣旗亭，贳酒小饮……俄有妙妓四辈，寻续而至……昌龄等私相约曰："我辈各擅诗名，每不定其甲乙，今者可以密观诸伶所讴，若诗入歌辞之多者，则为优矣。"俄而一伶拊节而唱，乃曰："寒雨连江夜入吴，平明送客楚山孤。洛阳亲友如相问，一片冰心在玉壶。"昌龄则引手画壁曰："一绝句。"寻又一伶讴之曰："开箧泪沾臆，见君前日书。夜台何寂寞，犹是子云居。"适则引手画壁曰："一绝句。"寻又一伶讴曰："奉帚平明金殿开，强将团扇共徘徊。玉颜不及寒鸦色，犹带昭阳日影来。"昌龄则又引手画壁曰："二绝句。"涣之自以得名已久……因指诸妓之中最佳者曰："待此子所唱，如非我诗，吾即终身不敢与子争衡矣。脱是吾诗，子等当须列拜床下，奉吾为师。"因欢笑而俟之。须臾，次至双鬟发声，则曰："黄沙远上白云间，一片孤城万仞山。羌笛何须怨杨柳，春风不度玉门关。"之涣即揶揄二子曰："田舍郎，我岂妄哉！"因大谐笑……（《集异记》卷二）

【明】杨慎：唐世乐府，多取当世名人之诗唱之，而音调名题各异……王之涣"黄河远上白云间"为《梁州歌》。（《升庵诗话》）

【明】王世懋：于鳞（李攀龙字于鳞）选唐七言绝句，取王龙标"秦时明月汉时关"为第一，以语人，多不服。于鳞意止击节"秦时明月"四字耳。必欲压卷，还当于王翰"葡萄美酒夜光杯"、王之涣"黄河远上"二诗求之。（《艺圃撷余》）

【明】吴逸一：神气内敛，骨力全融，意沉而调丽，满目征人苦情，妙在含蓄不露。（《唐诗正声》）

【明】唐汝询：此状凉州之险恶也。河出昆仑，东流渐下，今西上视之，则远上云间矣。城在万山之中，犹为险僻，是真春光不到之地也。春不至则柳不生，羌笛何须怨之哉！王元美取此诗为绝句第一。（《唐诗解》卷二十七）

一语不及征人，而征人之苦可想。（《汇编唐诗十集》）

【明】陆时雍：此是怨调，思巧格老，跨绝人远矣。（《唐诗镜》卷十六）

【明】周珽：笛有《梅花落》曲，李白诗则曰："黄鹤楼中吹玉笛，江城五月落梅花。"笛有《折杨柳》曲，王之涣诗则曰："羌笛何须怨杨柳，春光不度玉门关。"二诗均借笛曲以寄情，而李诗似怨吹笛扰乱客思，致五月有落梅之凄。王诗似怪笛空闻春光不到，无容可怨之处，思奇调绝，巧夺天工。（《删补唐诗选脉笺释会通评林》）

【明】吴乔：《唐诗纪事》王之涣《凉州词》是"黄沙直上白云间"，仿本作"黄河远上白云间"，黄河去凉州千里，何得为景？且河岂可言"直上白云"耶？此类殊不少，何以取证，为尽改之。（《围炉诗话》卷三）

【明】邢昉：字字雄浑，可与王翰《凉州》比美。（《唐风定》）

【明】黄生：（次句）数目点缀。（三、四句）倒叙。意余言外。《集异记》"河"作"沙"，"光"作"风"，似胜。《折杨柳》，笛中曲名。怨，谓其声哀怨也。言春光不度玉门关，塞外本无杨柳，羌笛何须作此哀怨之声，使征人重增愁思乎？王龙标"更吹羌笛关山月，无那金闺万里愁"，李君虞"不知何处吹芦管，一夜征人尽望乡"，与此并同一意。然俱不及此作，以其含蓄深永，只用"何须"二字略略见意故耳。（《唐诗摘抄》卷四）

【清】王士祯：考之开元、天宝已来，宫掖所传，梨园弟子所歌，旗亭所唱，边将所进，率多当时名士所为绝句尔。故王之涣"黄河远上"、王昌龄"昭阳日影"之句，至今艳称之。（《唐人万首绝句选·序》）

【清】王尧衢："黄河远上白云间。"黄河源出昆仑，东流于边外之地，故从西望之，其渺远无际，如挂在白云间者，亦以见边地之空阔，所见唯黄河而已。"一片孤城万仞山"，城之孤而曰"一片"，见其小也。山既高削，林木必然稀少。上句"黄"字与"白"字应，下句"一"字与"万"字应，是各为自对。"羌笛何须怨杨柳"，笛在羌，故云羌笛。绝域而闻笛声之哀，必然有离别之感。而怨及杨柳，盖因笛曲有《折柳》，而人将别必折柳，故怨杨柳。今若为呼羌笛而劝之，何须怨柳，正以玉门关外柳不受怨也。"春风不度玉门关"，何以玉门关外之杨柳不受人怨，盖杨柳须得春风吹荡而生。今春风不过玉门，则玉门关外安得有任怨之柳！玉门关外之寒苦如此。（《古唐诗合解》卷五）

【清】田雯："工夫转换之妙，全在第三句。若第三句用力，则末句易工。"沧溟之言韪矣。然实二十八字俱有关合，乃成一首。学者细玩"黄河远上"之篇，思过半矣。（《古欢堂集》）

【清】朱之荆：此状凉州之险恶也。"远上"三字下得奇险。"一片孤城万山"，春光之所不到也。春光不到，则无杨柳；不睹此春光杨柳，征人之愁犹未甚也。乃羌笛何须作《折杨柳》之曲，使闻者重增愁思乎？"何须"二字，若恨其曲之哀，正见征人之哀愈不可解。（《增订唐诗摘抄》）

【清】田同之：王龙标、高达夫、王并州偕饮旗亭，使歌三人绝句，至"黄河远上"篇，并州自赞，二公亦皆帖服。若今人则各不相下矣。何者？音外之音，味外之味，正自索解人不得也。（《西圃诗说》）

【清】沈德潜：李沧溟推"秦时明月"为压卷，王凤洲推王翰"葡萄美酒"为压卷，本朝王阮亭则云："必求压卷，王维之《渭城》，李白之《白帝》，王昌龄之'奉帚平明'，王之涣之'黄河远上'，其庶几乎？而终唐之世，亦无出四章之右者矣。"沧溟、凤洲主气，阮亭主神，各自有见。愚谓李益之"回乐烽前"，刘禹锡之"山围故国"，杜牧之"烟笼寒水"，郑谷之"扬子江头"，气象虽殊，亦堪接武。（《说诗晬语》卷上）

【清】薛雪：贺黄公极赞"儿家门户重重闭，春色何因入得来"，以为苦思激成快响。殊不知"羌笛何须怨杨柳，春风不度玉门关"，其苦思妙响，尤得风人之旨。（《一瓢诗话》）

【清】李锳：诗韵格力，俱臻绝顶。不言君恩之不及，而托言春风之不度，立言尤为得体。（《诗法易简录》）

【清】潘德舆：李于鳞论唐人七绝，以王龙标"秦时明月"为第一，人多不服。王敬美曰："于鳞击节'秦时明月'四字耳。"（按：于雅好饤饾字句为奇，故敬美用此刺之）然敬美首选"黄河远上""葡萄美酒"二诗，究之调高论正，仍以"秦时明月"一首为最，不得缘于鳞好奇，而抑此名构也。（《养一斋诗话》卷九）

【清】施补华："秦时明月"一首、"黄河远上"一首、"天山雪后"一首、"回乐

烽前"一首，皆边塞名作，意态绝健，音节高亮，情思悱恻，百读不厌也。（《岘佣说诗》）

【近】俞陛云：此诗前二句之壮采，后二句之深情，宜其传遍旗亭，推为绝唱也。（《诗境浅说》）

【今】刘永济：此诗各本皆作"黄河远上"，唯计有功《唐诗纪事》作"黄沙直上"。按：玉门关在敦煌，离黄河流域甚远，作"河"非也。且首句写关外之景，但见无际黄沙直与白云相连，已令人生荒远之感，再加第二句写其空旷寥廓，愈觉难堪。乃于此等境界之中忽闻羌笛吹《折杨柳》曲，不能不有"春风不度玉门关"之怨词。（《唐人绝句精华》）

【今】沈祖棻：这首诗的开头四字，或作"黄沙直上"。这异文出现较早，今天很难据底本以断其是非，而只能据义理以判其优劣。认为应作"黄沙直上"的人，理由是黄河离凉州很远，凉州离玉门也很远，不应写入一幅图景之中；而且"黄沙"一词，更能实写边塞荒寒之景。认为应作"黄河远上"的人，则认为此四字更能表现当地山川壮阔雄伟的气象，而且古人写诗，但求情景融合，构成诗情画意的境界，至于地理方面的方位或距离等问题，有时并不顾及实际情形。照我们看来，后一说是可取的，"黄河远上"是较富于美感的。古人诗中像这种事例并不少。如王士禛《带经堂诗话》云："香炉峰在东林寺东南，下即白乐天草堂故址，峰不甚高，而江文通《从冠军建平王登香炉峰》诗云：'日落长沙渚，层阴万里生。'长沙去庐山二千余里，香炉何缘见之？孟浩然《下赣石》诗：'暝帆何处泊，遥指落星湾。'落星在南康府，去赣亦千余里，顺流乘风，即非一日可达。古人诗只取兴会超妙，不似后人章句，但作记里鼓也。世谓王右丞画雪中芭蕉，其诗亦然，如：'九江枫树几回青，一片扬州五湖白。'下连用兰陵镇、富春郭、石头城诸地名，皆辽远不相属。大抵古人诗画，只取兴会神到，若刻舟求之，失其指矣。"可见前人诗中，多有将辽远不相连属的地名写在一起的，而唐代的边塞诗中，尤为习见。（《唐人七绝诗浅释》）

【今】刘拜山：前半以黄沙孤城直写边塞荒凉，后半以春风杨柳暗逗征人归思。第三故作宕开之笔，为末句造势，极尽吞吐之妙。（《千首唐人绝句》）

唐·词

◎ 温庭筠

《望江南》

【明】沈际飞：痴迷，摇荡，惊悸，惑溺，尽此二十余字。（《草堂诗余别集》卷一）

【清】陈廷焯：绝不着力，而款款深深，低徊不尽，是亦谪仙才也。吾安得不服古人？（《云韶集》卷一）

【清】刘熙载：温飞卿词，精妙绝人，然类不出乎绮怨。（《艺概·词典概》）

【今】吴熊和、徐枫等："过尽千帆"一联，具有唐人绝句的风神。在人们读过温庭筠许多秾艳之作后，更能欣赏这首词的风格疏淡而韵味深长。有人以为末句"肠断白𬞟洲"过于显露，不如删此五字更觉意味无穷，不无道理。然而词中白𬞟洲这个典故，与柳浑《江南曲》有关。《江南曲》结句云："不道新知乐，但言行路远"就是此词"肠断"二字的实际内涵。游子不返的原因不在于"行路远"，而是在他乡已有新的相知了，这怎能不使人肠断呢？可惜这一点过去常被忽略。（《唐宋词一百首》）

【近】俞陛云："千帆"二句窈窕善怀，如江文通之"黯然消魂"也。（《唐五代两宋词选释》）

【近】李冰若：《楚辞》："望夫君兮未来，吹参差兮谁思？""袅袅兮秋风，洞庭波兮木叶下。"幽情远韵，令人至不可聊。飞卿此词："过尽千帆皆不是，斜晖脉脉水悠悠。"意境酷似《楚辞》，而声情绵渺，亦使人徒唤奈何也。柳词："想佳人倚楼长望，误几回天际识归舟。"从此化出，却露勾勒痕迹矣。又：柳子厚"渔翁夜傍西岩宿，晓汲清湘然楚竹"一诗，论者谓删却末二句尤佳。余谓柳诗全首，正复幽绝。然如飞卿此词末句，真为画蛇添足，大可重改也。"过尽"二语，既极怊怅

之情，"肠断白蘋洲"一语点实，便无余韵。惜哉，惜哉！（《花间集评注·栩庄漫记》）

【今】夏承焘：这"过尽千帆皆不是"一句，一方面写眼前的事实，另一方面也有寓意，含有"天下人何限，慊慊只为汝"的意思，说明她爱情的坚贞专一。清代谭献的"红杏枝头依与汝，千花百草从渠许"词句和这意思也相近。又王国维《人间词话》说："一切景语皆情语。"这首词"斜晖脉脉"是写黄昏景物，夕阳欲落不落，似乎依依不舍。这是点出时间，联系开头的"梳洗罢"，说明她已望了整整一天了。但这不是单纯的写景，主要还是表情。用"斜晖脉脉"比喻女的对男的脉脉含情，依依不舍。"水悠悠"可能指无情的男子像悠悠江水一去不返。（"悠悠"在这里作无情解，如"悠悠行路心"是说像行路的人对我全不关心。）这样两个对比，才逼出末句"肠断白蘋洲"的"肠断"来。这句若仅作景语看，"肠断"二字便无来源。温庭筠词深密，应如此体会。（《唐宋词欣赏·不同风格的温韦词》）

【今】俞平伯：（"过尽"二句）《西州曲》"楼高望不见，尽日阑干头"意境相同；诗简远，词宛转，风格不同。……唐赵微明《思归》诗中间两联云："犹疑望可见，日日上高楼。惟见分手处，白蘋满芳洲。"合于本词全章之意，当有些渊源。（《唐宋词选释》）

【今】唐圭璋：有以叙事直起者，如李中主之"手卷真珠上玉钩"，飞卿之"梳洗罢，独倚望江楼"皆是。（《词学论丛·论词之作法》）

……此首记倚楼望归舟，极尽惆怅之情。起两句，记午睡起倚楼。"过尽"两句，寓情于景。千帆过尽，不见归舟，可见凝望之久，凝恨之深。眼前但有脉脉斜晖，悠悠绿水，江天极目，情何能已。末句，揭出肠断之意，余味隽永。温词大抵绮丽浓郁，而此两首则空灵疏荡，别具丰神。（《唐宋词简释》）

【今】吴世昌：或谓温词之风格特色乃是精美及客观，极浓丽却无生动的感情及生命可见，并举其《菩萨蛮》及《更漏子》为证。然则其《梦江南》（"梳洗罢"）"无生动的感情及生命"耶？"画屏金鹧鸪"是飞卿语，"斜晖脉脉水悠悠"又是何人语？……论学不应遗弃与我说相反之证据，随心所欲发议论，此于古人为不公正，于读者为不诚实也。（《词林新话》卷二）

【今】华钟彦：自晓妆罢，至日晡时，数尽千帆，皆非其人，其苦可知矣。所望见者，非所欲见，故断肠也。（《花间集注》卷二）

【今】施蛰存：此女独倚江楼，自晨至暮，无乃痴绝？窃谓此词乃状其午睡起来之光景。飞卿《菩萨蛮》云："无言匀睡脸，枕上屏山掩，时节欲黄昏，无聊独闭门。"其上片云："雨后却斜阳，杏花零落香。"情态正同，皆写其午睡醒时孤寂之感，一则倚楼凝望，一则无聊闭门耳。（《读温飞卿词札记》）

【今】蔡中民：这首小令清丽可人，后人袭用其意的甚多，如常为人乐道的"尽日目断魂飞，晚窗斜界残晖"（孙光宪《清平乐》），"想佳人妆楼颙望，误几回，天际识归舟"（柳永《八声甘州》）。另外，《花间集》中还有几首值得拈出。如韦庄"桃花春水渌，水上鸳鸯浴。凝恨对残晖，忆君君不知"（《菩萨蛮》），孙光宪"独倚朱栏情不极，魂断终朝相忆。两桨不知消息，远汀时起鸂鶒"（《河渎神》）。仔细品味，都实从温词出。只不过二人不愧是花间大家，深得出蓝之法而已。宋人词中也有例子，如寇准《江南春》："斜阳杏花飞。江南春尽离肠断，蘋满汀洲人未归。"周邦彦《菩萨蛮》："银河宛转三千曲，浴凫飞鹭澄波绿。何处是归舟？夕阳江上楼。"都与温词意境有些关系，反过来，也可助读温词。（《百家唐宋词新话》）

【今】王穆之：要理解尾句的底蕴，得弄清词人着重点出"白蘋洲"的用意。屈原《九歌·湘夫人》："帝子降兮北渚，目眇眇兮愁予……登白蘋兮骋望，与佳期兮夕张。"鲍照《送别王宣城》："既逢青春盛，复值白蘋生。广望周千里，江郊蔼微明。"柳恽《江南曲》："汀洲采白蘋，日落江南春。"骆宾王《在江南赠宋五之问》："秋江无绿芷，寒汀有白蘋。采之将何遗？故人漳水滨。"刘长卿《送李侍卿贬郴州》："忆想汀洲畔，伤心向白蘋。"柳宗元《得卢衡州书因以诗寄》："非是白蘋洲畔客，还将远意问潇湘。"《酬曹侍尉过象县见寄》："春风无限潇湘忆，欲采蘋花不自由。"赵微明《思归》（一作《古离别》）："为别未几日，去日如三秋。犹疑望可见，日日上高楼。惟见分手处，白蘋满芳洲。寸心宁死别，不忍生离忧。"（《温词〈梦江南〉二首的两个问题》）

◎ 白居易

《忆江南》

【明】卓人月：徐士俊云：非生长江南，此景未许梦见。（《古今词统》卷一）

【明】沈际飞：较宋词自然有身分，不知其故。（《草堂诗余别集》卷一）

【明】杨慎：《望江南》，即唐法曲《献仙音》也。但法曲凡三叠，《望江南》止两叠尔。白乐天改法曲为《忆江南》。其词曰："江南好，风景旧曾谙。"二叠云："江南忆，最忆是杭州。"三叠云："江南忆，其次忆吴宫。"见乐府。（《词品》）

【明】刘伯缙、陈善：前辈任杭州而去者，虽其江水清佳，亦其民风淳懦易感也。白乐天《忆江南》云（略）。白公之恋恋于旧游，盖必有以取之耳。（《杭州府志》）

◎ 张志和

《渔歌子》

【宋】黄升：张志和尝作《渔歌》一词，极能道渔家事。（《唐宋诸贤绝妙词选》卷一）

【宋】叶梦得："西塞山前白鹭飞，……斜风细雨不须归。"此玄真子张志和《渔父词》也。颜鲁公为湖州刺史时，志和客于鲁公，多在平望震泽间。今东震泽村有泊宅村，野人犹指为志和尝所居。后人因取其"愿为浮家泛宅，往来苕霅间"语以为名。此两间湖水平阔，望之渺然澄澈空旷，四旁无甚山，遇景物明霁，见风帆往来如飞鸟，天水上下一色。余每过之，辄为徘徊不忍去。常意西塞，在其近处，求之久不得，后观张芸叟《南行录》，始知在池州磁湖县界孙策破黄射处也。（《岩下放言》卷上）

【宋】吴曾：张志和歌曰："西塞山前白鹭飞，桃花流水鳜鱼肥。"按《武昌记》曰：西陵县，对黄公九矶，谓之西塞。（《能改斋漫录》卷九）

……徐师川云：张志和《渔父词》云（词略）。顾况《渔父词》："新妇矶边月明。女儿浦口潮平，沙头鹭宿鱼惊。"东坡云："玄真语极清丽，恨其曲度不传。"加数语以《浣溪沙》歌之云："西塞山边白鹭飞。散花洲外片帆微。桃花流水鳜鱼肥。自芘一身青箬笠，相随到处绿蓑衣。斜风细雨不须归。"山谷见之，击节称赏。且云："惜乎'散花'与'桃花'字重叠。又渔舟少有使帆者。"乃取张、顾二词合为《浣溪沙》云："新妇矶边眉黛愁。女儿浦口眼波秋。惊鱼错认月沉钩。青箬笠前无限事，绿蓑衣底一时休。斜风细雨转船头。"东坡云："鲁直此词，清新婉丽。问其最得意处，以山光水色替却玉肌花貌，真得渔父家风也。然才出新妇矶，便入女儿浦，此渔父无乃太澜浪乎。"山谷晚年，亦悔前作之未工。因表弟李如篪言："《渔父词》，以《鹧鸪天》歌之，甚协律，恨语少声多耳。"因以宪宗画像，求玄真子文章，及玄真之兄松龄劝之意，足前后数句云："西塞山前白鹭飞。桃花流水鳜鱼肥。朝廷尚觅玄真子，何处而今更有诗。青箬笠，绿蓑衣。斜风细雨不须归。人间欲避风波险，一日风波十二时。"东坡笑曰："鲁直乃欲平地起风波邪？"师川乃作《浣溪沙》《鹧鸪天》各二阕，盖因坡、谷异同而作。云："西塞山前白鹭飞。桃花流水鳜鱼肥。一波才动万波随。黄帽岂如青箬笠，羊裘何似绿蓑衣。余风细雨不须归。"其二云："新妇矶边秋月明。女儿浦口晚潮平。沙头鹭宿戏鱼惊。青箬笠前明此事，绿蓑衣里度平生。斜风细雨小船轻。"其三云："西塞山前白鹭飞。桃花流水鳜鱼肥。朝廷若觅玄真子，恒在长江理钓丝。青箬笠，绿蓑衣。斜风细雨不须归。浮云万里烟波客，惟有沧浪孺子知。"其四云："七泽三湘碧草连。洞庭江汉水如天，朝廷若觅玄真子，不在江边即酒边。明月棹，夕阳船。鲈鱼恰似镜中悬。丝纶钓饵都收却，八字山前听雨眠。"（《能改斋漫录》卷十六）

【宋】王楙：有两西塞，一在霅川，一在武昌。案《唐书·张志和传》谓真卿为湖州刺史，志和来谒，真卿以舟敝漏请更之，志和曰："愿浮家泛宅，往来苕、霅间。"又志和词中有"霅溪湾里钓鱼翁"之句。明此，知志和之"西塞"正在霅川。而在武昌乃曹武成王用师之城。洪内翰作《西塞渔社图》，亦尝辨此。而《漫录》（吴曾《能改斋漫录》）乃谓志和"西塞"在武昌，所见亦误矣。（《野客丛书》卷二十九）

【宋】胡仔：古今诗人，以诗名世者，或只一句，或只一联，或只一篇，虽其余别有好诗，不专在此，然传播于后世，脍炙于人口者，终不出此矣，岂在多哉？如"池塘生春草"，则谢康乐也；"澄江静如练"，则谢宣城也；……"西塞山前白鹭飞（略）"，此玄真子也。（《苕溪渔隐丛话》）

【金】王若虚：苏、黄各因玄真子《渔父词》增为长短句，而径相讥评。山谷又取船子和尚诗为《诉衷情》，而《冷斋》亦载之。予谓此皆为蛇画足耳，不作可也。又，山谷词云："新妇矶边眉黛愁，女儿浦口眼波秋。"自谓以山色水光替却玉肌花貌，真得渔父家风，东坡谓其"太澜浪"，可谓善谑。盖渔父身上，自不宜及此事也。（《滹南诗话》卷二）

【明】楼钥：玄真子生为鲁公客，后又为坡、谷所称，至隐括其诗篇，大书之，其与屈灵均答问于江滨者何异耶？（《攻媿集》卷七十八《跋李晋明所藏东坡书渔父词》）

【明】胡应麟：唐仙家能诗者，许宣平"隐居三十载"，及"负薪朝出郭"一绝，是初唐语；张志和"八月九月芦花飞"，又"西塞山"一绝，是中唐语。（《诗薮·外编》卷二）

【清】刘熙载：张志和《渔歌子》"西塞山前"一阕，风流千古，东坡尝以其成句用入《鹧鸪天》，又用于《浣溪沙》，然其所足成之句，犹未若原词之妙通造化也。（《艺概》卷四）

【清】黄苏：数句只写渔家之自乐，其乐无风波之患。对面已有不能自由者，已隐跃言外，蕴含不露，笔墨入化，超然尘埃之外。（《蓼园词评》）

【清】许昂霄：涪翁称其"有远韵"，信然。（《词综偶评》）

【清】陈廷焯：张子同《碧虚篇》有云："无元（同"玄"）而元，是谓真元，无真而真，是谓元真"，故自称"元真子"。所制《渔歌子》词，凡五阕，"西塞山前"一阕，世尤称之。其时子同弟松龄及南卓、柳宗元、颜真卿、陆鸿渐、徐士衡、陆成矩并有和章。（《云韶集》卷五）

【清】吴瑞荣：作者浮家泛宅，品格最高，宜其吐属潇洒乃尔。黄山谷增"朝廷尚觅玄真子，何处如今更有诗"于"青蒻"句上，语气不伦，徒为蛇足。（《唐诗笺要》后集卷八）

【近】张德瀛：词有与风诗意义相近者，自唐迄宋，前人巨制，多寓微旨。如李太白"汉家陵阙"，《兔爰》伤时也。张子同"西塞山前"，《考槃》乐志也。王仲初"昭阳路断"，《小星》安命也。温飞卿"小山重叠"，《柏舟》寄意也。李后主"花明月暗"，《行露》思也。韦端己"红楼别夜"，《匪风》怨也。张子澄"浣花溪上"，《绸缪》之缔好也。冯正中"庭院深深"，《苌楚》之悯乱也。（《词徵》卷一）

【近】吴梅：此词为七绝之变，第三句作六字折腰句。……唐人歌曲皆五七言，此《渔歌子》既与七绝异。或就绝句变化歌之耳。（《词学通论》第六章）

【今】夏承焘：后来的士大夫称这首《渔歌子》是"千古风流"的名作。苏东坡与黄山谷都曾把这首词里的句子，用到自己的词中。这首词在当时就有许多人唱和，后来编成一本唱和集。这是当时文人中最早的一本词的唱和集。（《唐宋词欣赏》）

宋·诗

◎ 苏轼

《题西林壁》

【宋】释惠洪：东坡游庐山东林，作二偈云："溪声便是广长舌，山色岂非清净身？夜来八万四千偈，他日如何举似人？""横看成岭侧成峰，远近高低各不同。不识庐山真面目，只缘身在此山中。"（《冷斋夜话》）

【宋】黄庭坚：此老于般若横说竖说，了无剩语，非其笔端有舌，亦安能吐此不传之妙。（《苕溪渔隐丛话前集》卷三十九）

【宋】姚宽：南山宣律师《感通录》云："庐山七岭，共会于东，合而成峰。"因知东坡"横看成岭侧成峰"之句，有自来矣。（《西溪丛语》卷下）

【清】纪昀：亦是禅偈而不甚露禅偈气，尚不取厌，以为高唱则未然。（《纪昀评苏文忠诗集》卷二十三）

【清】王文诰：凡此种诗，皆一时性灵所致，若必胸中有释典而后炉锤出之，则意味索然矣。（《苏文忠公诗编注集成》卷二十三）

【清】刘熙载：东坡诗打通后壁说话，其精微超旷，真足以开拓心胸，推倒豪杰。（《艺概·诗概》）

【今】程千帆：这种由于思考而产生的奇巧比喻，乃是情感与智慧的结合，也是形象思维与抽象思维的统一。（《古今诗选》）

《饮湖上初晴后雨》

【宋】袁文：苏东坡不甚喜妇人，而诗中每及之者，非有他者，以为戏谑耳。其曰"短长肥瘠各有态，玉环飞燕谁敢憎"，乃评书之作也。其曰"欲把西湖比西子，淡妆浓抹总相宜"，乃咏西湖之作也；……如此数诗，虽与妇人不相涉，而比拟

恰好，且其言妙丽新奇，使人玩赏不已，非善谑者能若是乎？（《瓮牖闲评》卷五）

【清】王文诰：此是名篇，可谓前无古人，后无来者。公凡西湖诗，皆加意出色，变尽方法，然皆在《钱塘集》中。（《苏文忠公诗编注集成》卷九）

【清】查慎行：多少西湖诗被二语扫尽，何处着一毫脂粉色。（《初白庵诗评》）

【近】陈衍：后二句遂成为西湖定评。（《宋诗精华录》卷二）

【今】陈增杰：这首诗之所以为人传诵，不仅因为比喻得好，而且包孕耐人寻味的理趣。"天姿自然，不施铅华"，重要的是本质的美，而不在于外部的表现形式。（《宋代绝句六百首》）

【今】傅璇琮：在修辞上，把西湖比西施，是个极为恰当而巧妙的比喻。但这个比喻具有深刻而丰富的意蕴，在于诗人突出了西湖和西施的共同的本质特点，都具有天赋的美的素质，因而任何外加的修饰都只是一种具体形式。（《宋人绝句选》）

《赠刘景文》

【宋】胡仔："最是一年春好处，绝胜烟柳满皇都"，此退之早春诗也。"一年好景君须记，最是橙黄桔绿时，"此子瞻初冬诗也。二诗意同而词殊，皆曲尽其妙。（《苕溪渔隐丛话》）

【清】爱新觉罗·弘历（敕编）：浅语遥情。（《唐宋诗醇》）

【今】刘士杰：首二句对仗工整，清丽隽永。后二句独出机杼，立意深刻。一般说来，一年好景无非春秋，诗人却偏说是初冬，可谓不同凡响，角度新颖。（《唐宋名篇·宋诗卷》）

◎ 陆游

《游山西村》

【清】爱新觉罗·弘历（敕编）：有如弹丸脱手，不独善写难状之景。（《唐宋诗醇》）

【清】方东树：以游村情事作起，徐言境地之幽，风俗之美，愿为频来之约。（《昭昧詹言》卷二十）

【今】钱钟书：（颔联）这种景象前人也描摹过，例如王维《蓝田山石精舍》：

"遥爱云木秀，初疑路不同；安知清流转，忽与前山通"；柳宗元《袁家渴记》："舟行若穷，忽又无际"；卢纶《送吉中孚归楚州》："暗入无路山，心知有花处"；耿湋《仙山行》："花落寻无径，鸡鸣觉有村"；……还有前面选的王安石《江上》："青山缭绕疑无路，忽见千帆隐映来"。不过要到陆游这联才把它写得"题无剩义"。（《宋诗选注》）

◎ 范成大

《四时田园杂兴》

【今】钱钟书：不但是他的最传诵、最有影响的诗篇，也算得中国古代田园诗的集大成。……到范成大的《四时田园杂兴》六十首才仿佛把《七月》《怀古田舍》《田家词》这三条线索打成一个总结，使脱离现实的田园诗有着泥土和血汗的气息，根据他的亲切的观感，把一年四季的农村劳动和生活鲜明地刻画出一个比较完全的面貌。田园诗又获得了生命，扩大了境地，范成大就可以和陶潜相提并论，甚至比他后来居上。（《宋诗选注》）

◎ 杨万里

《晓出净慈寺送林子方》

【今】傅璇琮：唐宋诗人题咏西湖的篇什很多……杨万里这一首，新意别出，写西湖盛夏景色，不模远山，不范近水，一意只写莲荷。遥想诗人送客之日，步出净慈寺，北眺西湖，莲荷接天盖地，一片浓绿，舟车岛树，均被淹没。这一印象极为深刻，所以浓笔重抹，碧荷满纸，红蕖生辉。读其诗犹如看写意画，觉尺幅之间，气象万千，有吞吐万里之势。（《宋人绝句选》）

【今】陈友冰、杨福生：（后两句）诗人不说湖面广阔，也不说自己极目远望，而是用"接天莲叶"来表现画面的广阔和深邃。莲叶本身由近及远，一直消逝在天的尽头。这样既化动为静，人们仿佛能感觉莲叶在向前延长伸展，同时镜头慢慢摇去，也有一种逐渐加大直至深邃无穷的空间距离感。然后，诗人再用"无穷碧"总括一下它给人们的视觉印象。碧，以至无穷，仿佛整个天地之间都充满了这种生命的绿色。诗人在万绿丛中又点染上红。这"红",不是一般的单纯的红,它是由两个物体的色调融会而成的。一是有生命的荷花,这是一种颜色逐渐加深的粉白轻红;另一是无生命的朝阳,它是杂以金黄的一种橙红。这两种色调交融在一起,使这种红变得更加轻嫩澄鲜。(《宋代绝句赏析》)

◎ 王安石

《泊船瓜洲》

【宋】叶梦得:荆公诗用法甚严,尤精于对偶。(《石林诗话》)

【宋】曾季狸:绝句之妙,唐则杜牧之,本朝则荆公,此二人而已。(《艇斋诗话》)

【宋】洪迈:吴中人家藏其草,初云"又到江南岸",圈去"到"字,注曰:"不好",改为"过",复圈去而为"入",旋改为"满"。凡如是十许字,始定为"绿"。(《容斋续笔》卷八)

【宋】李壁:录原诗如下:京口瓜洲一水间,钟山只隔数重山。春风自绿江南岸,明月何时(一本作"曾")照我还。(《王荆文公诗笺注》)

【今】陈谦豫:作者路过瓜洲时,想到对江的京口离开自己的住家金陵很近,引起了思归的念头,因而想象目前春风又绿江南岸的情景,不禁深情地向瓜洲渡口的明月发问,写得十分亲切自然。(《历代名篇选读下》)

【今】傅璇琮:"京口""瓜州""钟山"寄托方外、仕途、家乡,取喻于"春风"与"明月",含蓄表现知遇与前途,都有形象鲜明而意蕴不尽的特点,所以耐人吟咏。(《宋人绝句选》)

【今】陈友冰、杨福生:"绿"字自是不同凡响,它不但是全篇警策,而且也胜过前人的若干"绿"字。首先,它把不见踪影的春风转化为鲜明的形象,而且又如此充满生机,这是"到、过、入、满"等字所办不到的。其次,"又绿"的对象是"江南岸",既写了大江,又写了大江之南的山川沃野,境界阔大、气势雄伟,相比之下丘为的"已绿湖上山",常建的"主人山门绿"就显得画面逼狭了。再次,这个"绿"字与《楚辞》"芳草兮萋萋,王孙兮不归"暗中关合,自然引起下句的"明月何时照我还"的乡思来。这种镕铸经史"以才学为诗"的本领,是前人诗笔所不及的。(《唐代绝句赏析》)

【今】钱钟书："绿"字这种用法在唐诗中早见而亦屡见：丘为《题农父唐舍》："东风何时至？已绿湖上山。"李白《侍从宜春苑赋柳色听新莺百啭歌》："东风已绿瀛洲草。"……于是发生了一连串的问题：王安石的反复修改是忘记了唐人的诗句而白费心力呢？还是明知道这些诗句而有心立异呢？他的选定"绿"字是跟唐人暗合呢？是最后想起了唐人诗句而欣然沿用呢？还是自觉不能出奇制胜，终于向唐人认输呢？（《宋诗选注》）

◎ 黄庭坚

《登快阁》

【宋】张戒：山谷《登快阁》诗云："落木千山天远大，澄江一道月分明。"此但以"远大""分明"之语为新奇，而究其实，乃小人语。（《岁寒堂诗话》）

【清】张宗泰：至宋之山谷，诚不免粗疏涩僻之病。至其意境天开，则实能辟古今未泄之奥妙。而《登快阁》诗亦其一也。顾诋为小儿语，不知何处有此等小儿能具如许胸襟也。（《鲁岩所学集》）

【清】方东树：起四句且叙且写，一往浩然。五六句对意流行。收尤豪放，此所谓寓单行之气于排偶之中也。（《昭昧詹言》卷二十）

【今】胡晓明、秦静梅：此诗气势豪放，明白如话，却无曲折之致，正显黄诗平易之风格。（《宋代诗歌评点》）

宋·词

◎ 范仲淹

《渔家傲·秋思》

【宋】魏泰：范文正公守边日，作《渔家傲》乐歌数阕，皆以"塞上秋来"为首句，颇述边镇之劳苦。欧阳公尝呼为穷塞主之词。及王尚书素出守平凉，文忠亦作《渔家傲》一词送之，其断章曰："战胜归来飞捷奏。倾贺酒，玉阶遥献南山寿。"顾谓王曰："此真元帅之事也。"（《东轩笔录》卷十二）

【明】瞿佑：范文正公守延安，作《渔家傲》词曰："塞上秋来风景异，……将军白发征夫泪。"予久羁关外，每诵此词，风景宛然在目，未尝不为之慨叹也。然句语虽工，而意殊衰飒，以总帅而所言若此，宜乎士气之不振，所以卒无成功也。欧阳文忠呼为"穷塞主"之词，信哉！（《归田诗话》卷上）

【明】卓人月：诗以穷工，惟词亦然，"玉阶献寿"之语，不及"穷塞主"多矣。（《古今词统》卷九）

【明】沈际飞：希文道德未易窥，事业不可笔记。"燕然未勒"句，悲愤郁勃，穷塞主安得有之。（《草堂诗余正集》）

【明】沈谦：小令中调有排荡之势者，吴彦高之"南朝千古伤心事"，范希文之"塞下秋来风景异"是也。……于此足悟偷声变律之妙。（《填词杂说》）

【清】先著、程洪：一副绝塞图，已包括于"长烟落日"十字中。唐人塞下诗最工、最多，不意词中复有此奇境。（《词洁辑评》卷二）

【清】陈廷焯：绝不作一肮脏语，强而壮，忠爱根于血性，不可强为也。（《词则·放歌集》卷一）

【清】贺裳：宋以小词为乐府，被之管弦，往往传于官掖。范词如"长烟落日孤城闭，羌管悠悠霜满地，将军白发征夫泪"，令"绿树碧帘相掩映，无人知道外

边寒"者听之，知边庭之苦如是，庶有所警触。此深得《采薇》《出车》"杨柳""雨雪"之意。（《皱水轩词筌》）

【清】吴衡照：瞿佑《归田诗话》袭"穷塞主"之说，言公"以总帅而出此语，宜乎士气不振，而无成功"。书生之见，真足喷饭。（《莲子居词话》卷一）

【清】彭羡门："将军白发征夫泪"，亦复苍凉悲壮，慷慨生哀。（《词林纪事》）

【近】王国维：后世唯范文正之《渔家傲》、夏英公之《喜迁莺》差堪继武，然气象已不逮矣。（《人间词话》）

【今】沈祖棻：这首词是写边塞的萧条景色和远离家乡、久戍边塞的将士们的沉重心情的。心情是主，景色是宾。它的结构和无名氏的《菩萨蛮》（平林漠漠烟如织）有共同之处，也是上片以写景为主，而景中有情；下片以抒情为主，而情中有景。景色的描写，正好衬托出人物的心情，从而更深刻地展示了他们的内心世界。（《宋词赏析》）

【今】唐圭璋：此首，公守边日作。起叙塞下秋景之异，雁去而人不得去，语已凄然。"四面"三句，实为塞下景象，苍茫无际，令人百感交集。千嶂落日，孤城自闭，其气魄之大，正与"风吹草低见牛羊"同妙。加之边声四起，征人闻之，愈难为怀。换头抒情，深叹征战无功，有家难归。"羌管"一句，点出入夜景色，霜华满地，严寒透骨，此时情况，较黄昏日落之时，尤为凄悲。末句，直道将军与三军之愁苦，大笔凝重而沉痛。惟士气如此，何以克敌制胜？故欧公讥为"穷塞主"也。（《唐宋词简释》）

【今】夏承焘：后三句十七字，叠用许多名词"角""嶂""长烟""落日""孤城"，而只用"连""起""闭"三个动词作开合起伏，造句精劲，声调也很响亮。写出边塞黄昏一片荒凉的景象。（《唐宋词欣赏》）

【今】吴熊和、徐枫等：上段写景，以"异"字统领，层层地去展现南人尤为敏感的北地季节的变更：大雁、千嶂、长烟、落日、孤城，都是很醒目的边陲意象。（《唐宋词一百首》）

【今】刘永济：此词写边塞征人思归之情与边地苍凉之景。仲淹久任边帅，防御西夏元昊。羌人至呼为"龙图老子"而不名，范时官龙图阁学士也。此词虽有思归之情而无怨尤之意。盖抵御侵略，义不容辞，然征夫久戍，亦非所宜，故词旨虽雄壮而取境却苍凉也。相传欧阳修见此词，戏呼为"穷塞主"。及王素出守平凉，欧亦作《渔家傲》送之。其末句曰："战胜归来飞捷奏。倾贺酒。玉阶遥献南山寿。"

顾谓王曰："此真元帅之事也。"后人有谓范词可使人主知边庭之苦，欧词止于阿谀人主耳。此论甚正，然范词乃自抒己情，欧词乃送人出征，用意自然不同也。（《唐五代两宋词简析》）

◎ 柳永

《雨霖铃》（寒蝉凄切）

【宋】俞文豹：东坡在玉堂（翰林院）日，有幕士善讴。因问：我词比柳词何如？对曰：柳郎中词，只好十七八女孩儿，执红牙拍板，唱"杨柳岸晓风残月"，学士词，须关西大汉，执铁板，唱"大江东去"。公为之绝倒。（《吹剑续录》）

【宋】陈善：东坡《醉白堂记》，荆公谓是韩白优劣论；而荆公《虔州学记》，东坡谓之学校策；范文正《岳阳楼记》，或者又曰：此传奇体也。文人相讥，盖自古而然。退之《画记》，或谓与甲乙帐无异；乐天《长恨歌》曰："上穷碧落下黄泉，两处茫茫寻不见。"当是《目莲救母辞》尔。近柳屯田云："杨柳岸，晓风残月"，最是得意句，而议者鄙之曰："此梢子野溷时节也。"尤为可笑。（《扪虱新话·文人相讥》）

【明】李攀龙："千里烟波"，惜别之情已骋；"千种风情"，相期之愿又赊。真可谓善传情者。（《草堂诗余隽》）

【明】王世贞："今宵酒醒何处，杨柳岸，晓风残月。"与秦少游"酒醒处，残阳乱鸦"，同一景事，而柳尤胜。（《艺苑卮言》）

【明】俞彦：不知万顷波涛，来自万里，吞天浴日，古豪杰英爽都在，使屯田此际操觚，果可以"杨柳岸晓风残月"命句否？且柳词亦只此佳句，余皆未称。而亦有本，祖魏承班《渔歌子》"窗外晓莺残月"，第改二字增一字耳。（《爱园词话》）

【明】柴虎臣：语境则"咸阳古道""汴水长流"，语事则"赤壁周郎""江州司马"，语景则"岸草平沙""晓风残月"，语情则"红雨飞愁""黄花比瘦"，可谓雅畅。（《古今词话》）

【明】沈谦：词不在大小浅深，贵于移情。"晓风残月""大江东去"，体制虽殊，读之皆若身历其境，惝恍迷离，不能自主，文之至也。（《填词杂说》）

【清】黄氏（黄苏？）：送别词，清和朗畅，语不求奇，而意致绵密，自尔稳

惬。(《蓼园词评》)

【清】冯煦：曲处能直，密处能疏，奡处能平，状难状之景，达难达之情，而出之以自然。(《宋六十一家词选例言》)

【清】刘熙载：词有点有染。柳耆卿《雨霖铃》云："多情自古伤别离，……杨柳岸、晓风残月。"上二句点出离别冷落，"今宵"二句乃就上句意染之。点染之间，不得有他语相隔，隔则警句亦成死灰矣。(《艺概·词曲概》)

【清】贺裳：柳屯田"今宵酒醒何处，杨柳岸、晓风残月"，自是古今俊句。或讥为梢公登溷诗，此轻薄儿语，不足听也。(《皱水轩词筌》)

【清】田同之：今人论词，动称辛、柳，……耆卿词以"关河冷落，残照当楼"与"杨柳岸、晓风残月"为佳，非是则淫以亵矣。此不可不辨。(《西圃词说》)

【清】周济：清真词多从耆卿夺胎，思力沉挚处往往出蓝。然耆卿秀淡幽艳，是不可及。后人摭其乐章，訾为俗笔，真瞽说也。(《宋四家词选》)

【近】俞陛云：首三句虚写送别时之秋景，后乃言留君不住，别泪沾巾，目送兰舟向楚水湘云而去，举别时情事，次第写之。后半起句用提空之笔，言南浦、阳关，为自古伤心之事，况凉秋远役，遥想酒醒梦回，扁舟摇漾，当在垂柳岸侧、晓风残月之中。客情之凄凉，风景之清幽，怀人之绵邈，皆在"杨柳岸"七字之中，宜二八女郎红牙按拍，都唱屯田也。此七字已探得骊珠。后四句乃叙别后之情，以完篇幅。后阕以"自古伤离""更与何人说"二语作起结，提得起，勒得住，能手无弱笔也。(《唐五代两宋词选释》)

【今】唐圭璋：此首写别情，尽情展衍，备足无余，浑厚绵密，兼而有之。宋于庭谓柳词多"精金碎玉"，殆谓此类。起三句，点明时地景物，盖写未别之情景，已凄然欲绝。长亭已晚，雨歇欲去，此际不听蝉鸣，已觉心碎，况蝉鸣凄切乎。"都门"两句，写饯别时之心情极委婉，欲饮无绪，欲留不能。"执手"两句，写临别之情事，更是传神之笔。"念去去"两句，推想别后所历之境。以上文字，皆郁结蟠屈，至此乃凌空飞舞。冯梦华所谓"曲处能直，密处能疏"也。换头，重笔另开，叹从来离别之可哀。"更那堪"句，推进一层。言己之当秋而悲，更甚于常情。"今宵"两句，逆入，推想酒醒后所历之境，惝恍迷离。"此去"两句，更推想别后经年之寥落。"便纵有"两句，仍从此深入，叹相期之愿难谐，纵有风情，亦无人可说，余恨无穷，余味不尽。(《唐宋词简释》)

【今】唐圭璋、潘君昭："寒蝉"是叠韵，"凄切"是双声，词中"骤雨""帐饮""泪眼""暮霭""自古""纵有""待与"等都是去上连用。而"多情自古伤离别"一句，就是平上去入四声兼用，并且是阴阳声交错运用。(《唐宋词学论集》)

【今】唐圭璋、潘君昭、曹济平：……本词上片是写临别时的情景，着力处在"别"字。苍茫暮色，凄切蝉声，用来构成气氛，暗示心情。而饮酒饯别、执手相看，则是将"别"字形象化。下片概括了"秋江伤离"的场面。"今宵"两句，融情入景而又达到情景交融的地步，是历来传诵的名句。最后四句能照应前面词意且又总结了全词。(《唐宋词选注》)

【今】沈祖棻："执手"两句，生动、细腻、真朴，形容别情妙到毫巅。不仅写出了分手的情侣当时的情状，而且暗示了他们极其复杂微妙的内心活动。(《宋词赏析》)

【今】曾大兴：柳永羁旅行役词的时间意象出现频率最高的是"秋"字。(《柳永和他的词》)

【今】陈匪石："寒蝉"句点明秋令。"长亭"是启行之地。"骤雨"未歇，舟不能发，"初歇"则为下文"催发"张本也。此三句虽未言行事，已微含别意。"都门帐饮"，借用二疏事，点出别筵，即词所由作。"无绪"近影"凝咽"，远影"伤离别"。"留恋"是不忍别，"催发"是不得不别，半句一转。清真之"掩重关、遍城钟鼓"，实青出于蓝。"执手"两句，"留恋"情状。"相看""无语"，形容极妙。"念去去"二句，于无语之时想到别后之望而不见。"烟波"之上，又有"暮霭""沉沉"字、"阔"字，皆"凝咽"之心理。话别正面，至此说尽矣。过变推开，先作泛论，见离别之情不自我始。"更那堪"，用时令拍合，上应首句，于此处则为进一层。"今宵"以下，亦推想将来。其与前结不同者，"千里烟波"，不过四顾苍茫之象，此则由"帐饮"想入。"杨柳岸"七字，千古名句，从魏承班之"帘外晓莺残月"化出；而少游之"酒醒后，残阳乱鸦"则又由柳词出。细细咀嚼，当知其味。盖不独与写景工致，而一宵之易过，乍醒之情怀，说来极浑脱且极深厚也。"此去经年"四句，尽情倾吐，老笔纷披，北宋人拙朴本色，不得以率笔目之。至由"今宵"以推到"经年"，亦见层次。(《宋词举》)

《望海潮》(东南形胜)

【宋】杨湜：柳耆卿与孙相何为布衣交。孙知杭州，门禁甚严。耆卿欲见之不得，作《望海潮》词，往谒名妓楚楚曰："欲见孙相，恨无门路。若因府会，愿借朱

唇歌于孙相公之前。若问谁为此词，但说柳七。"中秋府会，楚楚宛转歌之，孙即日迎耆卿预坐。(《古今词话》)

【宋】罗大经：此词流播，金主亮闻歌，欣然有慕于"三秋桂子，十里荷花"，逐起投鞭渡江之志。(《鹤林玉露·丙编》卷一)

……余谓此词虽牵动长江之愁，然卒为金主送死之媒，未足恨也。至于荷艳桂香，妆点湖山之清丽，使士夫流连于歌舞嬉游之乐，遂忘中原，是则深可恨耳。(《鹤林玉露·丙编》卷一)

【宋】陈振孙：音律谐婉，语意妥帖，承平气象，形容曲尽。(《直斋书录解题》卷二十一)

【宋】吴自牧：柳永咏钱塘词曰"参差十万人家"，此元丰前语也。自高庙车驾自建康幸杭，驻跸几近二百余年，户口蕃息，近百万余家。杭城之外城，南西东北，各数十里，人烟生聚，民物阜蕃，市井坊陌，铺席骈盛，数日经行不尽，各可比外路一州郡，足见杭城繁盛耳。(《梦粱录》卷十九)

【近】王闿运：此则宜于红氍上扮演，非文人声口。此时凤池可望江潮。(《湘绮楼评词》)

【今】刘永济：传金主亮见其"三秋桂子，十里荷花"之句，兴投鞭渡江之志，淳熙中谢处厚有诗曰："谁把杭州曲子讴？荷花十里桂三秋。那知卉木无情物，牵动长江万里愁。"即咏此事也。(《唐五代两宋词简析》)

【今】曾大兴：一个"竞"字，将杭州市民比豪华、斗阔气的神态活脱脱地逗出。(《柳永和他的词》)

◎ 苏轼

《水调歌头》(明月几时有)

【宋】鲖阳居士：是词乃东坡居士以丙辰中秋欢饮达旦大醉，作《水调歌头》兼怀子由，时丙辰熙宁九年也。元丰七年，都下传唱此词。神宗问内侍外面新行小词，内侍录此进呈。读至"又恐琼楼玉宇，高处不胜寒"，上曰："苏轼终是爱君。"乃命量移汝州。(《复雅歌词》)

【宋】胡仔：中秋词，自东坡《水调歌头》一出，余词尽废。(《苕溪渔隐丛话》)

……先君尝云:"坡词'低绮户',当云'窥绮户',二字既改,其词益佳。"(《苕溪渔隐丛话》)

【宋】胡寅:一洗绮罗香泽之态,摆脱绸缪宛转之度,使人登高望远,举首高歌。(《酒边词序》)

【宋】袁文:苏东坡在黄州,有词云:"我欲乘风归去,惟恐琼楼玉宇,高处不胜寒。"惟高处旷阔则易于生寒耳,故黄州城上筑一堂,以高寒名之,其名极佳。今士大夫书问中,往往多用高寒二字,虽云本之东坡,然既非高处,二字亦难兼也。(《瓮牖闲评》卷五)

【宋】曾季狸:东坡《水调歌头》"但愿人长久,千里共婵娟",本谢庄《月赋》"隔千里兮共明月"。(《艇斋诗话》)

【宋】张炎:词以意趣为主,要不蹈袭前人语意。如东坡中秋《水调歌头》云(略)。此数词皆清空中有意趣,无笔力者未易到。(《词源·意趣》)

【宋】赵彦卫:《水调歌头》版行者末云:"但愿人长久。"真迹云:"但得人长久。"以此知前辈文章为后人妄改亦多矣。(《云麓漫钞》卷四)

【宋】蔡絛:歌者袁绹乃天宝之李龟年也。宣和间,供奉九重,尝为吾言:"东坡公昔与客游金山,适中秋夕,天宇四垂,一碧无际,加江流倾涌。俄月色如昼,遂共登金山山顶之妙高台,命绹歌其《水调歌头》曰:'明月几时有,把酒问青天。'歌罢,坡为起舞,而顾问曰:'此便是神仙矣。'"吾谓文章人物,诚千载一时,后世安所得乎?(《铁围山丛谈》卷三)

【元】李冶:东坡《水调歌头》:"我欲乘风归去,只恐琼楼玉宇,高处不胜寒。起舞弄清影,何似在人间?"一时词手,多用此格。如鲁直云:"我欲穿花寻路,直入白云深处,浩气展虹霓。只恐花深里,红露湿人衣。"盖效坡语也。近世闲闲老人亦云:"我欲骑鲸归去,只恐神仙官府,嫌我醉时真。笑拍群仙手,几度梦中身。"(《敬斋古今注》卷八)

【清】黄氏:通首只是咏月耳。前阕,是见月思君,言天上宫阙,高不胜寒,但仿佛神魂归去,几不知身在人间也。次阕,言月何不照人欢洽,何似有恨,偏于人离索时而圆乎?复又自解,人有离合,月有圆缺,皆是常事,惟望长久共婵娟耳。缠绵悱恻之思,愈转愈曲,愈曲愈深,忠爱之思,令人玩味不尽。(《蓼园词评》)

【清】刘熙载:东坡词具神仙出世之姿。(《艺概·词曲概》)

……词以不犯本位为高。东坡《满庭芳》:"老去君恩未报,空回首,弹铗悲

歌。"语诚慷慨，然不若《水调歌头》："我欲乘风归去，又恐琼楼玉宇，高处不胜寒。"尤觉空灵蕴藉。(《艺概·词曲概》)

【清】陈廷焯：纯以神行，不落骚雅窠臼。太白之诗，东坡之词，皆是异样出色。(《词则·大雅集》)

【清】刘体仁：词有与古诗同义者，(略)"琼楼玉宇"，《天问》之遗也。(《七颂堂词绎》)

【清】张惠言："宇"与"去"，"缺"与"合"均是一韵。坡公此调凡五首，他作亦不拘。然学者终以用韵为好，较整炼也。(《论词》)

【清】先著、程洪：凡兴象高，即不为字面碍。此词前半，自是天仙化人之笔。惟后半"悲欢离合""阴晴圆缺"等字，苛求者，未免指此为累。然再三读去，抟捖运动，何损其佳？少陵《咏怀古迹》诗云："支离东北风尘际，漂泊西南天地间。"未尝以风尘、天地、西南、东北等窒塞，有伤是诗之妙。诗家最上一乘，固有以神行者矣，于词何独不然？题为中秋对月怀子由，宜其怀抱俯仰，浩落如是。录坡公词若并汰此作，是无眉目矣。亦恐词家疆宇狭隘，后来作者，惟堕入纤秾一队，不可以救药也。后村二调亦极力能出脱者，取为此公嗣响，可以不孤。(《词洁》卷三)

【清】李佳：此老不特兴会高骞，直觉有仙气缥缈于毫端。(《左庵词话》卷上)

【近】郑文焯：发端从太白仙心脱化，顿成奇逸之笔。湘绮诵此词，以为此"全"字韵可当三语掾，自未经人道。(《手批东坡乐府》)

【近】俞陛云：起笔如俊鹘破空疾下，此调本高亢之音，得公椽笔，压倒豪杰矣。……全篇若云鹏天马，一片神行。(《唐五代两宋词选释》)

【近】王闿运：大开大阖之笔，亦他人所不能。才子才子，胜诗文字多矣。(《湘绮楼词评》)

【今】唐圭璋：上片，因月而生天上之奇想；下片，因月而感人间之事实。挥洒自如，不假雕琢，而浩荡之气，超绝尘凡。胡仲任谓"中秋词，自此词一出，余词尽废"，可见独步当时之概。起句，破空而来，奇崛异常，用意自太白"青天有月来几时，我欲停杯一问之"化出。"不知"两句，承上意，更作疑问，既不知月几时有，故亦不知至今天上为何年也。"我欲"三句，盖因问之不得其解，乃有乘风归去之愿，"我欲"与"惟恐"相呼应。"琼楼玉宇，高处不胜寒"，就本意说固高妙，就寓意说亦极蕴藉。"起舞"两句，仍承上来，落到眼前情事，言既不得乘风归去，惟有徘徊于月下。自首至此，一气奔放，诚觉有天风海雨逼人之势。换头，实写月光照人无眠。以下愈转愈深，自成妙谛。"不应"两句，写月圆人不圆，颇有恼月之意。"人有"三句一转，言人月无常，从古皆然，又有替月分解之意。"但愿"两句，更进一解，言人与月既然从古难全，惟有各自善保千金之躯，藉月盟心，长毋相忘。原意虽从谢庄《月赋》"隔千里兮共明月"句化出，然坡公加"但愿"二字，则情更深、意更厚矣。（《唐宋词简释》）

【今】唐圭璋、潘君昭：全词借问天、问月以抒发兄弟之情，兼以寄寓个人怀抱。上片从问月转到赏月，由向往月宫到月下起舞，有人间天上、此乐相同之意。下片从赏月回到问月，由月难长圆到人难长好，有天上人间、此恨无穷之叹。最后以乐观旷达的祝愿作结。作者通过想象设问，展现中秋月宫夐绝尘寰的奇景，再从景物的自然更迭引到人事的流转变迁，以自然境界的清澄辽阔反映出作者思想境界的开朗廓达。语言脱却柔靡，不落陈套，是历来中秋词中意境最高、流传最广的一首。（《唐宋词学论集》）

【今】吴新生、古马：词中长调，上下两片之间，最以似断又连为贵。本篇之似断者，上片谈人生，重在超越自我，下片言离别，偏于抚慰对方；又连者，上下片皆以中秋之月为线索，全从明月中逗出奇想。（《分调绝妙好词·水调歌头》）

【今】周汝昌：我不同意把这首词理解为苏东坡在写他的政治心情，写他怀念皇帝的感情。我们并不否认古典诗歌里常有"寄托"这一事实，但我们也不赞成用猜谜索隐的方式去谈诗词，例如说"天上宫阙"就是指京城、朝廷，"人间"就是指地方（山东密州）等等。那样，会把作者的感情、思想凝固化、狭隘化起来。（《苏轼词〈水调歌头·中秋〉浅讲》）

【今】沈祖棻：它反映了作者所体验到的天上和人间、自然景物和社会生活之间的矛盾。旷达的个性和政治上的失意使他面对着神奇的、永恒的宇宙，很自然地产生了出世思想，而现实生活的魅力又强烈地吸引着他，使他终于不能不得出人间更为可爱、不忍离开的结论来。这样，他就进一步地借自然界的现象来宽解其离愁别恨，并寄托了自己对于生活的美好祝愿。（《宋词赏析》）

【今】梁启勋：一种淋漓磅礴之气，能将读者之精神引至超凡景，绝非含蓄蕴藉一路。（《词学》）

【今】王士博：说人间胜过天上，这首词并无此意。从词人生平和思想看，他从青少年时就喜欢《庄子》，甚至不欲婚宦。就在他积极用世之际，遁世超尘的话头也从不离口，而从没有反过来说，人世胜过天堂。再就词本身说，如果上片果真肯定人间比天上美满，何以下片突然转而大抒人世间的愁怀离绪？（《苏词二首别议》）

【今】崔海正：词中运用《拾遗记》所载异人瞿乾佑与弟子江边赏月故事与《明皇杂录》所记方士邀唐玄宗游月宫等故事，极写天宫的美丽、空灵、清寒。天宫愈美，则遐举之念愈强；其处过于清寒，又不免使人顾影徘徊。而对现实的依恋终能战胜出尘之想这一矛盾的转化，以及神宗读此词叹息"苏轼终是爱君"之独特体会，愈转愈曲的词境和缠绵惋恻的思致，无不与小说故事有着内在的牵连。（《中国第十届苏轼研讨会论文集》）

《江城子·密州出猎》

【宋】苏轼：近却颇作小词，虽无柳七郎风味，亦自是一家，呵呵！数日前，猎于郊外，所获颇多。作得一阕，令东州壮士抵掌顿足而歌之，吹笛击鼓以为节，颇壮观也！（《与鲜于子骏简》）

【清】刘熙载：东坡《与鲜于子骏书》云："近却颇作小词，虽无柳七郎风味，亦自是一家。"一似欲为耆卿之词而不能者。然坡尝讥秦少游《满庭芳》词学柳七句法，则意可知矣。（《艺概》卷四）

【今】俞平伯：（"何日遣冯唐"）这里盖以冯唐自比，兼采左思《咏史》"冯公岂不伟，白首不见招"及王勃《滕王阁序》所谓"冯唐易老"等意。（《唐宋词选释》）

【今】夏承焘：这首词一洗绮罗香泽之态，突破了晚唐以来儿女情词的局限。词中不但描写了打猎时的壮阔场景，同时也表现了他要为国杀敌的雄心壮志。（《唐宋词欣赏》）

【今】周振甫："亲射虎，看孙郎"，是想象，也是虚写，虚写正好补足画不出来的情绪。作者以虚实结合的手法，突出了太守的豪情壮概。（《豪放壮阔的苏轼词风》）

【今】唐圭璋、潘君昭：词中先以勇射猛虎的东吴孙权自比，说明自己年富力强，正当有为之时，再以汉文帝时的冯唐自比，希望朝廷加以录用，俾能为国效劳，在反侵略战争中建立功勋。上下片以三三四五七言构成，语言自然宛转，音节响亮。（《唐宋词学论集》）

【今】朱靖宇：结句是"西北望，射天狼"，不只音调铿锵，意境雄豪，而且以"天狼"喻指当时最大的边患西夏国，很有中流击楫的慷慨之气；不过，这"天狼"

也者，乃是大犬星座的 α 星，运行轨迹始终在南天下部，不论何时，向西北引颈，决看不到的。（《名家和外行话》）

【今】靳极苍：（当时）北辽、西夏是中国的严重威胁，而主政者却有放弃抗西夏的主张，因而用此词表示自己的政治观点，以希得到宋王的垂念与重任。所以是一首政治性很强的词，是东坡作品中的主流。（《苏轼在密州》）

【今】陈祖美：词中"亲射虎"的"孙郎"也罢，"持节云中"所暗含的魏尚也罢，都只是词人自视具有雄才大略和其乐观情绪的象征和喻托，绝不能理解成词人请缨上阵、亲自去射杀什么天狼。如果这样，此词就变成了豪言壮语的传声筒。（《苏轼在密州》）

【今】葛祥邻：这首词，以"狂"字总摄全局，是苏轼山东词中的佼佼者。（《中国第十届苏轼研讨会论文集》）

《念奴娇·赤壁怀古》

【宋】张侃：苏文忠《赤壁赋》不尽语，裁成"大江东去"词。（《拙轩词话》）

【宋】邵博：东坡赤壁词"灰飞烟灭"之句，《园觉经》中佛语也。（《邵氏闻见后录》卷十九）

【宋】朱彧：孙权破曹操于赤壁，今沔、鄂间皆有之。黄州徙治黄冈，俯大江，与武昌县相对。州治之西距江，名赤鼻矶，俗呼鼻为弼，后人往往以此为赤壁。武昌寒溪，正孙氏故宫，东坡词有"人道是周郎赤壁"之句，指赤鼻矶也。坡非不知自有赤壁，故言"人道是"者，以明俗记尔。（《萍州可谈》卷二）

【宋】洪迈：向巨原云：元不伐家有鲁直所书东坡《念奴娇》，与今人歌不同者数处，如"浪淘尽"为"浪声沉"，"周郎赤壁"为"孙吴赤壁"，"乱石穿空"为"崩云"，"惊涛拍岸"为"掠岸"，"多情应笑我早生华发"为"多情应是笑我早生华发"，"人生如梦"为"如寄"。不知此本今何在也。（《容斋随笔》卷八）

【宋】胡仔：东坡"大江东去"赤壁词，语意高妙，真古今绝唱。（《苕溪渔隐丛话》）

……《后山诗话》谓："退之以文为诗，子瞻以诗为词，如教坊雷大使之舞，虽极天下之工，要非本色。"余谓：后山之言过矣，子瞻佳词最多，其间杰出者，如"大江东去，浪淘尽、千古风流人物"（略）。凡此十余词，皆绝去笔墨畦径间，直造古人不到处，真可使人一唱而三叹。若谓以诗为词，是大不然。（《苕溪渔隐丛话》）

【宋】项世安：歌者多因避讳，辄改古词本文，后来者不知其由，因此疵议前作者多矣。如苏词"乱石崩空"，讳"崩"字，改为"穿空"。（《项氏家说》卷八）

【宋】赵彦卫：东坡黄州词云："人道是三国周郎赤壁。"盖疑其非也。今江汉间言赤壁者五：汉阳、江川、黄州、嘉鱼、江夏，惟江夏合于史。（《云麓漫钞》卷六）

【宋】张邦基：东坡长短句云："故垒西边，人道是、三国周郎赤壁。"则亦是传疑而已。今岳阳之下，嘉鱼之上，有乌林赤壁。盖公瑾自武昌列舰，风帆便顺，溯流而上，逆战于赤壁之间也。杜牧有《寄岳州李使君》诗云："乌林芳草远，赤壁健帆开。"则此真败魏军之地也。（《墨庄漫录》卷九）

【宋】曾季狸：东坡"大江东去"词，其中云："人道是，三国周郎赤壁。"陈无己见之，言："不必道三国。"东坡改云"当日"。今印本两出，不知东坡已改之矣。（《艇斋诗话》）

【宋】曹冠：歌赤壁之词，使人抵掌激昂，而有击楫中流之心。（《燕喜词序》）

【金】元好问：夏口之战，古今喜称道之。东坡赤壁词殆戏以周郎自况也。词才百余字，而江山人物无复余蕴，宜其为乐府绝唱。（《题闲闲书赤壁赋后》）

【清】先著、程洪：此词脍炙千古，点检将来，不无字句小疵，然不失为大家。（《词话辑评》卷四）

【清】黄氏：题是赤壁，心实为己而发。周郎是宾，自己是主。借宾定主，寓主于宾。是主是宾，离奇变幻，细思方得其主意处。（《蓼园词评》）

【清】陈廷焯：滔滔莽莽，其来无端。大笔摩天，是东坡气概过人处。（《词则·大雅集》卷二）

【清】王又华："故垒西边，人道是三国周郎赤壁"，论调则当于"是"字读断，论意则当于"边"字读断。"小乔初嫁了，雄姿英发"，论调则"了"字当属下句，论意则"了"字当属上句，"多情应笑我，早生华发"，"我"字亦然。……文自为文，歌自为歌；然歌不碍文，文不碍歌；是坡公雄才自放处，他家间亦有之，亦词家一法。（《古今词论》）

【清】许昂霄：一起真如太原公子褐裘而来。若"乱石"数语，则人人知其工矣。"一时多少豪杰"应上生下。"故国神游"二句自叙。"一尊还酹江月"，仍收归赤壁。（《词综偶评》）

【近】俞陛云：江东战伐，惟孙曹事于往史最有特色，临风酹酒，俯仰兴亡，是何等气概！起笔入门下马，已气压江东。"乱石"三句壮健称题。"江山"二句尤深雄慨。题为《赤壁怀古》，故下阕追怀瑜亮英姿，笑谈摧敌。"华发"句抚今思昔，有少陵"看镜""倚楼"之思。结句感前朝之如梦，洒杯酒而招魂，瑜亮有知，当凌云一笑也。（《唐五代两宋词选释》）

【近】张德瀛：宋牧仲谓宋诗多沈僿，近少陵；元诗多轻扬，近太白。然词之沈僿，无过子瞻。（《词微》卷五）

【今】唐圭璋、潘君昭：本词以怀古为题，笔酣墨饱地挥洒山水、俯仰古今，借此自抒报国之志和不遇之感。（《唐宋词学论集》）

《定风波》（莫听穿林打叶声）

【近】郑文焯：此足征是翁坦荡之怀，任天而动。琢句亦瘦逸，能道眼前景，以曲笔直写胸臆，倚声能事尽之矣。（《手批东坡乐府》）

【今】刘永济：东坡时在黄州，此词乃写途中遇雨之事。中途遇雨，事极寻常，东坡却能于此寻常事故中写出其平生学养。上半阕可见作者修养有素，履险如夷，不为忧患所摇动之精神。下半阕则显示其对于人生经验之深刻体会，而表现出忧乐两忘之胸怀。盖有学养之人，随时随地，皆能表现其精神。东坡一生在政治上之遭遇，极为波动，时而内召，时而外用，时而位置于清要之地，时而放逐于边远之区，然而思想行为不因此而有所改变，反而愈遭挫折，愈见刚强，挫折愈大，声誉愈高。此非可悻致者，必平日有修养，临事能坚定，然后可得此效果也。（《唐五代两宋词简析》）

【今】吴熊和、徐枫等：于简朴中见深意，寻常处生波澜，从中可见苏轼倔强乐观的心性，以及仕途蹭蹬之人生经历的投影。（《唐宋词一百首》）

【今】王水照：这个在风雨中"吟啸徐行"的形象，表达了作者处困境而安之若素、把失意置之度外的精神面貌。十分清楚，他的思想武器是佛老哲学。（《苏轼》）

◎ 李清照

《武陵春》（风住尘香花已尽）

【明】叶盛：李易安《武陵春》词："风住尘香（略）"。玩其词意，其作于序《金石录》之后欤？抑再适张汝舟之后欤？文叔不幸有此女，德夫不幸有此妇。其

语言文字，诚所谓不祥之具，遗讥千古者欤。（《水东日记》卷二十一）

【明】董其昌：物是人非，睹物宁不伤感。（《便读草堂诗余》卷三）

【明】杨慎：秦处度（实为张元干）《谒金门》词云："载取暮愁归去""愁来无著处"，从此翻出。（杨慎批点本《草堂诗余》）

【明】李攀龙：（眉批）未语先泪，此怨莫能载矣。（评）景物尚如旧，人情不似初。言之于邑，不觉泪下。（《草堂诗余隽》）

【明】沈际飞：与"载取暮愁归去"相反，与"遮不断愁来路""流不到楚江东"相似，分帜词坛，孰辨雄雌？（《草堂诗余正集》）

【清】王士禛："载不动、许多愁"与"载取暮愁归去""只载一船离恨向西州"正可互观。"八桨别离船，驾起一天烦恼"，不免迳露矣。（《花草蒙拾》）

【清】吴衡照：易安《武陵春》其作于祭湖州以后欤？悲深婉笃，犹令人感伉俪之重。叶文庄乃谓语言文字诚所谓不祥之具，遗讥千古者矣，不察之论也。南康谢苏潭方伯启昆《咏史诗》云："风鬟尚怯胥江冷，雨泣应含杞妇悲。回首静治堂旧事，翻茶校帖最相思。"措语得诗人忠厚之致。（《莲子居词话》卷二）

【清】陈廷焯：易安《武陵春》后半阕云："闻说双溪春尚好，也拟泛轻舟。只恐双溪舴艋舟，载不动、许多愁。"又凄婉，又劲直。观此，益信无再适张汝舟事。即风人"岂不尔思，畏人之多言"意也。投綦公一启，后人伪撰，以诬易安耳。（《白雨斋词话》卷二）

【清】万树：《词统》《词汇》俱注"载"字是衬，误也。词之前后结，多寡一字者颇多，何以见其为衬乎？查坦庵作，尾句亦云"流不尽许多愁"可证。沈选有首句三句，后第三句平仄全反者，尾云"忽然又起新愁"者，"愁从酒畔生"者，奇绝。（《词律》）

【清】俞正燮：居金华，有《武陵春》词曰："风住尘香花已尽……载不动许多愁。"流寓有故乡之思。其事非闺阃文笔自记者莫能知。（《癸巳类稿·易安居士事辑》）

【近】梁令娴：按此盖感愤时事之作。（《艺蘅馆词选》乙卷）

《醉花阴》（薄雾浓云愁永昼）

【元】伊世珍：易安以重阳《醉花阴》词函致明诚，明诚叹赏，自愧弗逮，务欲胜之。一切谢客，忘食忘寝者三日夜，得五十阕，杂易安作，以示友人陆德夫。德夫玩之再三，曰："只三句绝佳。"明诚诘之，曰："莫道不消魂，帘卷西风，人比黄花瘦。"正易安作也。(《瑯嬛记》卷中引《外传》)(按:《瑯嬛记》乃伪书,此条可作趣说观。)

【明】瞿佑:又《九日》词"帘卷西风,人似黄花瘦",亦妇人所难到也。(《香台集·易安乐府》)

【明】王世贞:"人瘦也,比梅花、瘦几分";又"天还知道,和天也瘦";又"莫道不消魂,帘卷西风,人比黄花瘦";三"瘦"字俱妙。(《艺苑卮言》)

【明】杨慎:(末两句)凄语,怨而不怒。(《草堂诗余》卷一)

……中山王《文木赋》:"奔雷屯云,薄雾浓雰。"皆形容木之文理也。杜诗:"屯云对古城",实用其语。李易安九日词:"薄雾浓雰愁永昼",今俗本改"雰"作"云"。(《词品》卷一)

【清】王士禛:"薄雾浓云",新都引中山王《文木赋》"薄雾浓雰"以析"云"字之非。杨博奥,每失穿凿。如王右丞诗"玉角钯"与"朱鬣马"之类,殊堕狐穴。此"雰"字辨证独妙。(《花草蒙拾》)

【清】许宝善:幽细凄清,声情双绝。(《自怡轩词谱》卷二)

【清】陈廷焯:无一字不秀雅。深情苦调,元人词曲往往宗之。(《云韶集》)

【清】谭莹:绿肥红瘦语嫣然,人比黄花更可怜。若并诗中论位置,易安居士李青莲。(《古今词辩》)

【清】许昂霄:结句亦从"人比绿杨俱瘦"脱出,但语意较工妙耳。(《词综偶评》)

【清】沈祥龙:写景贵淡远有神,勿堕而奇情;言情贵蕴藉,勿浸而淫亵。"晓风残月""衰草微云",写景之善者也;"红雨飞愁""黄花比瘦",言情之善者也。又:词之用字,务在精择。腐者、哑者、笨者、弱者、粗俗者、生硬者、词中所未经见者,皆不可用,而叶韵字尤宜留意。古人名句,末字必清隽响亮,如"人比黄花瘦"之"瘦"字、"红杏枝头春意闹"之"闹"字皆是,然有同此字而用之善不善,则存乎其人之意与笔。(《论词随笔》)

【近】王闿运:此语若非出女子自写照,则无意致。"比"字各本皆作"似",类书引反不误。(《湘绮楼词选》前编)

【今】夏承焘:在诗词中,作为警句,一般是不轻易拿出来的。这句"人比黄花瘦"之所以能给人深刻的印象,除了它本身运用比喻,描写出鲜明的人物形象之外,句子安排得妥当,也是其原因之一。她在这个结句的前面,先用一句"莫道不消魂"带动宕语气的句子作引，再加一句写动态的"帘卷西风"，这以后，才拿出"人比黄花瘦"警句来。人物到最后才出现。这警句不是孤立的，三句联成一气，前面两句环绕后面一句，起到绿叶红花的作用。经过作者的精心安排，好像电影中的一个特写镜头，形象性很强。这首词末了一个"瘦"字，归结全首词的情意，上面种种景物描写，都是为了表达这点精神。因而它确实称得上是"词眼"。(《唐宋词欣赏》)

【今】俞平伯："人比黄花瘦"……多神秘的形容！凿方眼说，人何以比黄花；岂诗人之面，中央正色乎？一可异也。人之瘦怎能与黄花同瘦，比黄花还瘦？二可异也。黄花又瘦在何处，花欤叶欤，其摇摇之梗欤？三可异也。(《杂拌儿之二·诗的神秘》)

【今】唐圭璋：此首情深词苦，古今共赏。起言永昼无聊之情景，次言重阳佳节之感人。换头，言向晚把酒。着末，因花瘦而触及己瘦，伤感之至。尤妙在"莫道"二字唤起，与方回之"试问闲愁都几许"句，正同妙也。(《唐宋词简释》)

《声声慢》（寻寻觅觅）

【宋】张端义：炼句精巧则易，平淡入调者难。且《秋词·声声慢》："寻寻觅觅，冷冷清清，凄凄惨惨戚戚。"此乃公孙大娘舞剑手。本朝非无能词之士，未曾有一下十四叠字者。用《文选》诸赋格。后叠又云："梧桐更兼细雨，到黄昏、点点滴滴。"又使叠字，俱无斧凿痕。更有一奇字云："守定窗儿，独自怎生得黑。""黑"字不许第二人押。妇人中有此文笔，殆间气也。(《贵耳集》卷上)

【明】杨慎：宋人中填词，李易安亦称冠绝。使在衣冠，当与秦七、黄九争雄，不独雄于闺阁也。……《声声慢》一词，最为婉妙。其词云（略）……山谷所谓以故为新，以俗为雅者，易安先得之矣。(《词品》卷二)

【明】陆云龙：连下叠字无迹，能手。"黑"字妙绝。(《词菁》卷二)

【清】刘体仁：惟易安居士"最难将息""怎一个愁字了得"，深妙稳雅，不落蒜酪，亦不落绝句，真此道本色当行第一人也。(《七颂堂词绎》)

【清】彭孙遹：李易安"被冷香消新梦觉，不许愁人不起""守着窗儿，独自怎生得黑"，皆用浅俗之语，发清新之思，词意并工，闺情绝调。(《金粟词话》)

【清】沈雄："守着窗儿，独自怎生得黑"，又"梧桐更兼细雨，到黄昏点点滴滴"，正词家所谓以易为险，以故为新者，易安先得之矣。(《古今词话·词品》卷下)

【清】王又华：晚唐诗人好用叠字，义山尤甚，殊不见佳。如"回肠九叠后，犹有剩回肠"，"地宽楼已迥，人更迥于楼"，"行到巴西觅硝秀，巴西唯是有寒芜"。至于三叠者"望喜楼中忆阆州。若到阆州还赴海，阆州应更有高楼"之类。又如《菊》诗"暗暗淡淡紫，融融冶冶黄"亦不佳。李清照《声声慢·秋情》词，起法似本乎此，乃有出蓝之奇。盖此等语自宜于填词家耳。《秦楼月》，仄韵调也，孙夫人以平声作之；《声声慢》，平韵调也，李易安以仄声作之。岂二调原皆可平可仄，抑二妇故欲见别逞奇，实非法邪？然此二词，乃更俱称绝唱者，又何也？（《古今词论》引毛稚黄）

【清】万树：用仄韵。从来此体皆收易安所作，盖此遒逸之气，如生龙活虎，非描塑可拟。其用字奇横而不妨音律，故卓绝千古。人若不及其才，而故学其笔，则未免类狗矣。观其用上声、入声，如"惨"字、"戚"字、"盏"字、"点"字、"摘"字等，原可做平，故能谐协，非可泛用仄字而以去声填入也。其前结"正伤心，却是旧时相识"，于"心"字豆句，然于上五下四者，原不拗，所谓此九字一气贯下也。后段第二、三句"憔悴损，如今有谁堪摘"，句法亦然。（《词律》卷十）

【清】孙致弥：须戒重叠。字面前后相犯，虽绝妙好词，毕竟不妥，万不得已用之。如李易安《声声慢》，叠用三"怎"字，虽曰读者全然不觉，究竟敲打出来，终成白璧微瑕，况未能尽如易安之善运用。慎之是也。（《词鹄·凡例》）

【清】许昂霄：易安此词颇带伧气，而昔人极口称之，殆不可解。（《词综偶评》）

【清】周之琦：其"寻寻觅觅"一首，《鹤林玉露》及《贵耳集》皆盛称之，惟海盐许蒿庐谓其颇带伧气，可谓知言。（《晚香室词录》卷七）

【清】梁绍壬：诗有一句三叠字者，吴融《秋树》诗"一声南雁已先红，槭槭凄凄叶叶同"是也。有一句连三字者，刘驾诗"树树树梢啼晓莺""夜夜夜深闻子规"是也。有两句连三字者，白乐天诗"新诗三十轴，轴轴金石声"是也。有一句四叠字者，古诗"行行重行行"、《木兰诗》"唧唧复唧唧"是也。有两句互叠字者，"年年岁岁花常发，岁岁年年人不同"是也。有三联叠字者，古诗"青青河畔草"六句是也。有七联叠字者，昌黎《南上》诗"延延离又属"十四句是也。至李易安词"寻寻觅觅，冷冷清清，凄凄惨惨戚戚"，连下十四叠句，则出奇制胜，匪夷所思矣。（《两般秋雨庵随笔》卷二）

【清】陆以湉：李易安《声声慢》词："寻寻觅觅，冷冷清清，凄凄惨惨戚戚。"连叠七字，昔人称其造句新警。其源盖出于《尔雅·释训篇》……此千古创格，亦

绝世奇文也。(《冷庐杂识》卷五)

　　……李易安词"寻寻觅觅，冷冷清清，凄凄惨惨戚戚"，乔梦符效之，作《天净沙》词云："莺莺燕燕，春春花花，柳柳真真事事。风风韵韵，娇娇嫩嫩，停停当当人人。"叠字又增其半，然不若李之自然妥帖。大抵前人杰出之作，后人学之，鲜有能并美者。(《冷庐杂识》卷六)

　　【清】陈廷焯：易安《声声慢》一阕，连下十四叠字，张正夫叹为公孙大娘舞剑手。且谓本朝非无能词之士，未曾有一下十四叠字者。然此不过奇笔耳，并非高调。(《白雨斋词话》卷一)

　　十四叠字不过造语奇隽耳，词境深浅，殊不在此。执是以论词，不免魔障。(《白雨斋词话》卷七)

　　……"黑"字警。后幅一片神行，愈唱愈妙。(《云韶集》卷十)

　　【近】梁令娴：梁启超所作批语：此词最得咽字诀，清真不及也。(《艺蘅馆词选》乙卷)

　　……这首词写从早到晚一天的实感。那种茕独凄惶的景况，非本人不能领略，所以一字一泪，都是咬着牙根咽下。(《艺蘅馆词选》乙卷)

　　【近】唐圭璋：此词上片既言"晚来"，下片如何可言"到黄昏"雨滴梧桐，前后言语重复，殊不可解。若作"晓来"，自朝至暮，整日凝愁，文从字顺，豁然贯通。(《读李清照词札记》)

　　【今】俞平伯："晓来"，各本多作"晚来"，殆因下文"黄昏"云云。其实词写一整天，非一晚的事。若云"晚来风急"，则反而重复。上文"三杯两盏淡酒"是早酒，即……《念奴娇》词所谓"扶头酒醒"；下文"雁过也"，即彼词"征鸿过尽"。今从《草堂诗余》别集、《词综》、张氏《词选》等各本，作"晓来"。(《唐宋词选释》)

　　【今】傅庚生：此十四字之妙，妙在叠字，一也，妙在有层次，二也，妙在曲尽思妇之情，三也。良人既已行矣，而心似有未信其即去者，用以"寻寻"。寻寻之未见也，而心似仍有未信其便去者，用又"觅觅"；觅者，寻而又细察之也。觅觅之终未有得，是良人真个去矣，闺阁之内，渐以"冷冷"；冷冷，外也，非内也。继而"清清"，清清，内也，非复外矣。又继之以"凄凄"，冷清渐蹙而凝于心。又继之以"惨惨"，凝于心而心不堪任。故终之以"戚戚"也，则肠痛心碎，伏枕而泣矣。似此步步写来，自疑而信，由浅入深，何等层次，几多细腻！不然，将求叠字之巧，必贻堆砌之讥，一涉堆砌，则叠字不足云巧矣。故觅觅不可改在寻寻之上，冷冷不可移植清清之下，而戚戚又必居最末也。(《中国文学欣赏举隅》)

【今】夏承焘：这首词用了许多双声叠韵字。一开头就用连串的叠字，是为加强刻画她的百无聊赖的心情，从前人认为这是了不起的创造。尤其是末了几句，"梧桐更兼细雨，到黄昏，点点滴滴。这次第，怎一个愁字了得！"二十多个字里，舌音、齿音交相重叠，是有意以这种声调来表达她心中的忧郁和惆怅。这些句子不但读起来明白如话，听起来也有明显的音乐美，充分体现出词这种配乐文学的特色。因为词原来是唱的，要使人容易听得懂。刘体仁说这首词是"本色当行"，就是指它明白易懂而言。这首词借双声叠韵字来增强表达感情的效果，是从前词家不大用过的艺术手法。李清照是一个有高度文化修养的女作家，有真挚丰富的生活感情，又有她自己独特的见解，因此她确实当得起婉约词派杰出作家的称号。她这首《声声慢》词以细腻而又奇横的笔墨，用双声叠韵啮齿叮泞的音调，来写她心中真挚深刻的感情，这是从欧(阳修)、秦(观)诸大家以来所不曾见过的一首突出的代表作。(《唐宋词欣赏》)

【今】朱靖华："守着窗儿，独自怎生得黑！"这个"守"字，写得十分准确。因为只有独自一人倚着窗口，才能使用"守"字。也只有心存愁绪的人，时间才是长的。"这次第，怎一个愁字了得！""愁"字实是全词的总旨，作者在最末画龙点睛的写出它，实起到了牵动全词各个部位的作用。……"怎一个愁字了得"，又是一句反诘语，说明女主人公在这个"愁"字之外，尚有更广泛、更幽深的愁情未能概括进去，这就给读者留下了无限驰骋想象的余地，达到了钟嵘在《诗品》中所说的"味之者无极，闻之者动心"的艺术效果。因此，这最末一个"愁"字，从表面看，似乎是一个"露"笔，而它的实体，却是一个"藏"笔，它包含着更为丰富、更为含蓄的内容，颇具言外之意、弦外之音的妙处。(《〈声声慢〉赏析》)

《渔家傲》(天接云涛连晓雾)

【清】黄苏：此似不甚经意之作，却浑成大雅，无一毫钗粉气，自是北宋风格。(《蓼园词选》)

【清】梁启超：此绝似苏辛派，不类《漱玉集》中语。(《艺蘅馆词选》乙卷)

【今】夏承焘：这首词中就充分表示她对自由的渴望，对光明的追求。但这种愿望在她生活的时代的现实生活中是不可能实现的，因此她只有把这寄托于梦中虚无缥缈的神仙境界，在这境界中寻求出路。然而在那个时代，一个女子而能不安于社会给她安排的命运，大胆地提出冲破束缚、向往自由的要求，确实是很难得的。……这首风格豪放的词，意境阔大，想象丰富，确实是一首浪漫主义的好作品。出之于一位婉约派作家之手，那就更其突出了。(《唐宋词欣赏》)

【今】周笃文：与李清照多数词作的清丽、深婉的风格不同，这首《渔家傲》是以粗犷的笔触、奇谲的想象，对一个闪光的梦境所作的完整的叙述。它不仅在《漱玉词》中独具异彩，而且求诸两宋词坛，也是罕见的珍品。首先是构思的奇崛……其次是熔裁的巧妙……章法错综是本词的另一特点。一般中调之词，两片的安排，或写景，或言情，或泛叙，或专写，大致以停匀工稳为常格。此词则不然。从层次上看，先写天河梦游的景色，只用两句带过，这是第一层；后写叙事，一问一答，八句密衔，这是另一层。可是从分片上看，就不同了。问话三句上承写景，合为一片，答问五句却独自为片。然而，究其文意，则自"仿佛"以下八句，一气赶下，词意挺接，中间容不得换头与间隔，而是一种跨片之格。如此处理，便显得错综奇矫而不呆板，能给予读者一种既有条理而又富于变化的美感。(《中国古典文学鉴赏丛刊·唐宋词鉴赏集》)

◎ 辛弃疾

《永遇乐·京口北固亭怀古》

【宋】岳珂：稼轩有词名，每宴必命侍姬歌其所作。特好歌《贺新郎》一词，自诵其警句曰："我见青山多妩媚，料青山见我应如是。"又曰："不恨古人吾不见，恨古人不见吾狂耳。"每至此，辄拊髀自笑，顾问坐客何如，皆叹誉如出一口。既而又作一《永遇乐》，序北府事，首章曰："千古江山，英雄无觅，孙仲谋处。"又曰："寻常巷陌，人道寄奴曾住。"其寓感慨者则曰："可堪回首，佛狸祠下，一片神鸦社鼓。凭谁问廉颇老矣，尚能饭否。"特置酒召数客，使妓迭歌，益自击节，遍问客，必使摘其疵，逊谢不可。客或措一二辞，不契其意，又弗答，然挥羽四视不止。……余曰："前篇豪视一世，独首尾二腔，警语差相似；新作微觉用事多耳。"于是大喜，酌酒而谓坐中曰："夫君实中予痏。"乃味改其语，日数十易，累月犹未竟。(《桯史》卷三)

【明】卓人月、徐士俊：《永遇乐》（千古江山），典故一经其手，正不患多。（《古今词统》卷十四）

【明】杨慎：稼轩词中第一。发端便欲涕落，后段一气奔注，笔不得遏。廉颇自拟，慷慨壮怀，如闻其声。谓此词用人名多者，当是不解词味。（《词品》卷四）

【清】周济：有英主则可以隆中兴，此是正说。英主必起于草泽，此是反说。（《宋四家词选》）

【清】宋翔凤：辛稼轩《永遇乐·京口北固亭怀古》一词，意在恢复，故追数孙、刘，皆南朝之英主；屡言佛狸，以拓跋比金人也。（《乐府余论》）

【清】陈洵：海绡翁曰：金陵王气，始于东吴。权不能为汉讨贼，所谓英雄，亦仅保江东耳。事随运去，本不足怀，"无觅"亦何恨哉。至于寄奴王者，则千载如见其人。"寻常巷陌"胜于"舞榭歌台"远矣。以其能虎步中原，气吞万里也。后阕谓元嘉之政，尚足有为，乃草草卅年，徒忧北顾，则文帝不能继武矣。自元嘉二十九年，更谋北伐无功。明年癸巳，至齐明帝建武二年，此四十三年中北师屡南，南师不复北。至于魏孝文济淮问罪，则元嘉且不可复见矣。故曰"望中犹记"、曰"可堪回首"此稼轩守南徐日作，全为宋事寄慨。"廉颇老矣，尚能饭否"，谓己亦衰老，恐无能为也。使事虽多，脉络井井可寻，是在知人论世者。（《海绡说词》）

【清】李佳："千古江山（略）"此阕悲壮苍凉，极咏古能事。（《左庵词话》卷上）

【清】陈廷焯：稼轩词如《永遇乐·京口北固亭怀古》……等类，才气虽雄，不免粗鲁。世人多好读之，无怪稼轩为后世叫嚣作俑矣。读稼轩词者，去取严加辩白，乃所以爱稼轩也。（《白雨斋词话》卷一）

……此词拉杂使事，而以浩气行之，如猊之怒，如龙之飞，不嫌其堆垛。岳倦翁谓此用"微觉用事多"，非也。句句有金石声，吾怖其神力。（《云韶集》卷五）

【清】田同之：今人论词，动称辛、柳，不知稼轩词以"佛狸祠下，一片神鸦社鼓"为最，过此则颓然放矣。（《西圃词说》）

【清】谭献：起句嫌有犷气。使事太多，宜为岳氏所讥。非稼轩之盛气，勿轻染指也。（《复堂词话》）

【清】沈祥龙：稼轩《永遇乐》，岳倦翁尚谓其用事太实，然亦有法。材富则约以用之，语陈则新以用之，事熟则生以用之，意晦则显以用之，实处间以虚意，死处参以活语，如禅家转法华，弗为法华转，斯为善于运。（《论词随笔》）

【清】黄梨庄：辛稼轩当弱宋末造，负管、乐之才，不能尽展其用，一腔忠愤，

无处发泄。观其与陈同甫抵掌谈论，是何等人物！故其悲歌慷慨，抑郁无聊之气，一寄之于其词。(《词苑丛谈》)

【清】李佳：有借音数字，宋人习用之。如柳永《鹊桥仙》："算密意幽欢，尽成孤负。""负"字叶方怖切。辛弃疾《永遇乐》："凭谁问、廉颇老矣，尚能饭否。""否"字叶方古切。(《左庵词话》卷上)

【清】谢章铤：否，方矩切，陈琳《大荒赋》"岂云行之藏否"，辛弃疾《永遇乐》"为问廉颇尚能饭否"，俱与上文虎字叶，盖古音也。(《赌棋山庄词话》)

【近】张德瀛：辛稼轩《永遇乐》词"从头问，廉颇老矣，更能饭否"，故戴石屏词云："吴姬劝酒，唱得廉颇能饭否。"以一阕之工，形诸齿颊，盖玉以和氏宝，饮以中泠贵矣。(《词徵》卷一)

【近】刘师培：稼轩之词，才思横溢，悲壮苍凉(如《永遇乐》诸词)，例之古诗，远法太冲，近师李白，此纵横家之词也。(《论文杂记》)

【近】陈匪石：盖词之用笔，以曲为主。寥寥百字内外，多用直笔，将无回转之余地。……然有如黄河东来，虽微遇波折，仍一泻千里者，如东坡赤壁之《念奴娇》、稼轩北固亭之《永遇乐》。(《声执》卷上)

【今】梁启勋：乃嘉泰四年稼轩六十五岁，自浙东安抚移知镇江府时作也。四十三年前，即稼轩奉表南归之年，于此渡江。追怀出入烽火之事迹，故能如此悲壮。(《词学》下编)

【今】刘永济：此词乃稼轩知镇江府时所作。词意乃即景生感，因以寄忠愤也。起三句，言江山犹昔，而当时之英雄如孙权者，则已不见，言外有无人可御外侮之意。"舞榭"三句，言不但英雄无觅处，即其遗迹亦不可见，言外有江山寂寞，时势消沉之意。"斜阳"三句，暗用刘禹锡吊古诗意，以见与此江山有关之英雄去后，其故居都呈一片荒凉之象。"想当年"二句，极写刘裕北伐时之声威，表示仰慕，以见己抗敌情切。"元嘉"三句，言欲恢复中原必须先有准备，否则必致败亡，因举宋文帝故事以见此意。宋文帝欲恢复中原，王玄谟迎合其意，大言可行，文帝因谓侍臣曰："闻玄谟陈说，令人有封狼居胥意。"次年，即分命王玄谟等率师北伐，卒乃大败。北魏太武帝遂大举南侵，直抵扬州，江南震动。文帝自登建康幕府山观望形势，故曰"草草"，曰"仓皇北顾"。考此词作于宁宗开禧元年韩侂胄定议伐金之时，稼轩以此事准备不足，近于冒昧，与玄谟贪功相同，故举宋元嘉往事而言。稼轩为各州安抚使时，必储粮练兵以为用兵准备，今见韩氏无备而举事，不免忧虑，故于登览山川之际，感慨及之。或谓侂胄北伐之议，稼轩所赞成，观此词知其不然。"四十三年"三句，则由今忆昔，有"美人迟暮"之感。盖四十三年之前率众南归，其时具有大志，思凭国力恢复中原，乃今老矣，登亭远望，山川如故而国事日非，能无感叹！"可堪回首"三句，更由此而惊心，盖江北各地沦陷已久，民俗安于外族之统治，故于"佛狸祠下"迎神赛会，如此热闹。此稼轩远闻鼓声不觉惊起之故也。末二句，有廉颇思复用于赵之志，无奈朝廷无复用己之心，故以廉颇自比，而言外叹其不如也。（《唐五代两宋词简析》）

【今】夏承焘：此稼轩嘉泰四年知镇江时作。稼轩绍兴三十二年为耿京奉表归朝，至此正四十三年。《宋史》本传："嘉泰四年，自浙东安抚使召见，寻差知镇江府。"《韩侂胄传》："辛弃疾人见，言敌国必亡，愿属元老大臣预为应变计。"盖是时金方困于北部光嘉喇、卓木布之乱，国势日衰。侂胄北伐，实由稼轩鼓舞，本传但云是年召见言盐法，不及伐金，为后来偾事讳耳。上片怀刘裕，不忘中原也。（按：裕北伐先灭山东之南燕，后及陕西之后秦。稼轩乾道己酉进《美芹十论》，亦主先得山东，谓"不得山东则河北不可取，不得河北则中原不可复"。）下片用王玄谟事，恨宋文元嘉恢复之无成，以北魏当金人，并讽韩侂胄之草率用兵也。自比廉颇，稼轩时六十五矣。姜夔有和作，下片以桓温为比，亦言北伐。（《夏承焘集》第三册）

《水龙吟·登建康赏心亭》

【明】卓人月："倩何人，唤取盈盈翠袖，英雄泪。"若士取赠黄衫客，极当。（《古今词统》卷十四）

【清】李佳：辛稼轩词，慷慨豪放，一时无两，为词家别调。集中多寓意作，如……"把吴钩看了，栏干拍遍，无人会，登临意。"……此类甚多，皆为北狩南渡而言。以是见词不徒作，岂仅批风咏月！（《左庵词话》卷上）

【清】刘体仁：词起结最难，而结尤难于起，盖不欲转入别调也。"呼翠袖，为君舞""倩盈盈翠袖，搵英雄泪"，正是一法。然又须结得有"不愁明月尽，自有夜珠来"之妙乃得。美成《元宵》云"任舞休歌罢"，则何以称焉。（《七颂堂词绎》）

【清】谭献：裂竹之声，何尝不潜气内转。（《谭评词辨》）

【清】陈廷焯：落落数语，不数王粲《登楼赋》。（《白雨斋词话》卷六）

……雄劲可喜。一结风流悲壮。（《词则·放歌集》卷一）

【清】陈洵：起句破空而来，秋无际，从"水随天去"中见；"玉簪螺髻"之"献愁供恨"，从远目中见；"江南游子"，从"断肠落日"中见；纯用倒卷之笔。"吴钩看了，栏干拍遍"，仍缩入"江南游子"上；"无人会"纵开，"登临意"收合。后片愈转愈奇，季鹰未归则鲈脍陡然一转，刘郎羞见则田舍陡然一转，如此则江南游子亦惟长抱此忧，以老而已；却不说出，而以"树犹如此"作半面语缩住。"倩何人"以下十三字，应"无人会登临意"作结。稼轩纵横豪宕，而笔笔能留，字字有脉络如此；学者苟能于此求，则清真、稼轩、梦窗，三家实一家，若徒视为真率，则失此贤矣！清真、稼轩、梦窗，各有神采；清真出于韦端己，梦窗出于温飞卿，稼轩出于南唐李主，莫不有一己之性清境地，而平平辙迹，则殊途同归。而或者以卤莽学之，或者委为不可学。呜呼！鲜能知味，小技犹然，况大道乎。（《海绡说词》）

【清】蔡嵩云：填词，一调有一调之体制，一调有一调之气象，即一调有一调之作法。《水龙吟》本非难调，亦无难句，惟前后遍中四字组成之六排句，太整太板，不易讨好。词中遇此等句法，须于整中寓散，板中求活。换言之，即各句下字时，须将实字虚字动字静字，分别错综组织以尽其变。前言字法须讲伴色揣称，此其一端也。细玩东坡"似花还似非花"一首，稼轩"楚天千里清秋"一首，于此前后六排句，手法何等灵变。又此调二二组成之四字句太多，故讲究作法者，末尾四字句，多用一三句法，亦无非取其变化之意。词之句法，故不嫌变化多方也。如东坡之"是离人泪"，稼轩之"搵英雄泪"，即其一例。（《柯亭词论》）

【近】俞陛云：前四句写登临所见，起笔便有浩荡之气。"落日"句以下，由登楼说到旅怀，而仍不说尽，仅以吴钩独看，略露其不平之气。下阕写旅怀，即使归去奇狮卜筑，而生平未成一事，亦羞见刘郎。"流年"二句以单句旋折，弥见激昂。结句言英雄之泪，未要人怜，倘搵以红巾，或可破颜一笑，极言其潦倒，仍不减其壮怀也。（《唐五代两宋词选释》）

【今】唐圭璋：此首上片写景，下片抒情。起句浩荡，笼照全篇，包括山水空阔境界。"水随"句，分写水；"遥岑"三句，分写山。"秋无际"从"水随天去"中见，"玉簪螺髻"从"远目"中见，皆用倒卷之笔。"落日"三句，写境极悲凉，与屯田之"霜风凄紧，关河冷落，残照当楼"同为佳境。"江南游子"，亦倒卷之笔。"把吴钩"三句，写情事尤不堪，沈恨塞胸，一吐之于纸上，仲宣之赋无此慷慨也。换头，三用典，委曲之至。"休说"两句，用张翰事，言不得便归。"求田"两句，用刘备事，言不屑求田。"可惜"两句，用桓温事，言己之伤感。"倩何人"两句，十三

字，应"无人会"句作结，豪气浓情，一时并集，如闻垓下之歌。(《唐宋词简释》)

【今】邓广铭：(此词)充满牢骚愤激之气，且有"树犹如此"语，疑非首次官建康时作。盖当南归之初，自身之前途功业如何，尚难测度，嗣后乃复沉沦下僚，满腹经纶，迄无所用，迨重至建康，登高眺远，胸中积郁乃不能不以一吐为快矣。(《稼轩词编年笺注》卷一)

《破阵子·为陈同甫赋壮词以寄之》

【明】卓人月：搔着同甫痒处。(《古今词统》卷十)

【清】陈廷焯：字字跳掷而出："沙场"五字，起一片秋声。沉雄悲壮，凌轹千古。(《云韶集》)

……感激豪宕，苏辛并峙千古，然忠爱恻怛，苏胜于辛，而淋漓怨壮，顿挫盘郁，则稼轩独步千古矣。稼轩词魄力雄大，如惊雷怒涛，骇人耳目，天地钜观也，后惟迦陵有此笔力，而郁处不及。(《词则·放歌集》卷一)

【清】沈雄：陈亮过稼轩，纵谈天下事，亮夜思幼安素严重，恐为所忌，窃乘其厩马以去。幼安赋《破阵子》词寄之，词云："醉里挑灯看剑，梦回吹角连营。……"(《古今词话》)

【近】梁启超：《破阵子》(醉里挑灯看剑)无限感慨，哀同甫亦自哀也。(《饮冰室评词》)

【今】夏承焘：这首词的前九句为一意，末了"可怜白发生"一句另为一意。全首词到末了才来一个大转折，并且一转折即结束，文笔很是矫健有力。(《唐宋词欣赏》)

【今】顾随：一首词，前后片共是十句。前九句，真是海上蜃楼突起，若者为城郭，若者为楼阁，若者为塔寺，为庐屋，使见者目不暇给。待到"可怜白发生"，又如大风陡起，巨浪掀天，向之所谓城郭、楼阁、塔寺、庐屋也者，遂俱归幻灭，无影无踪，此又是何等腕力，谓之为率，又不可也。复次，稼轩自题曰"壮词"，而词中亦是金戈铁马，大戟长枪，像煞是豪放，但结尾一句，却曰："可怜白发生"。夫此白发之生，是在事之了却、名之赢得之前乎？抑在其后者乎？此又是千古人生悲剧，其哀音愁凄，亦当不得。谓之豪放，亦皮相之论也。一部《稼轩长短句》，无论是说看花饮酒，或临水登山，无论是慷慨悲歌，或委婉细腻，也总是笼罩于此悲哀的阴影之中。(《稼轩词说》)

《南乡子·登京口北固亭有怀》

【清】陈廷焯：魄力之大，虎视千古。（《云韶集》卷五）

……信手拈来，自然合拍。（《词则·放歌集》卷一）

【清】杨希闵：此有慨于南渡之不振也。（《词轨》）

【近】吴则虞：全篇借古喻今，缘景即情，屡问屡答，而局势开辟。（《辛弃疾词选集》）

【今】夏承焘、盛弢青：全首表示对孙权的怀念，结句可能是借古讽今，为对韩侂胄一批人不满而发。"天下英雄"三句原是曹操的话。善于把古人语言融化入自己词中，是辛词的特点之一。（《唐宋词选》）

元·散曲

◎ 马致远

《天净沙·秋思》

【元】周德清：前三对更"瘦""马"二字去上极妙。"秋思"之祖也。(《中原音韵·正语作词起例》)

【明】王世贞：元人曲如"红尘不向门前惹，绿树偏宜屋角遮，青山正补墙头缺""枯藤老树昏鸦，小桥流水人家，古道西风瘦马。夕阳西下，断肠人在天涯"，景中雅语也。(《弇州山人四部稿》)

【近】吴梅：(越调天净沙)一支，直空今古。词云(略)。明人最喜摹仿此曲，而终无如此自然，故余以为不可及者此也。(《顾曲麈谈》)

【近】王国维：寥寥数语，深得唐人绝句妙境。有元一代词家，皆不能办此也。……文章之妙，亦一言蔽之，有境界而已。精品，不可不读；美文，不可不品。一曲《秋思》，心中隐隐作痛，悲泪欲出。(《人间词话》)

……《天净沙》小令，纯是天籁，仿佛唐人绝句。(《宋元戏曲考·元剧之文章》)

◎ 张养浩

《山坡羊·潼关怀古》

【元】孛术鲁翀：其文渊奥昭朗，豪宕妥帖，辞必己出，凛有生气。(《云庄类稿序》)

【明】朱权：张云庄之词如玉树临风。(《太和正音谱》)

【今】张晶："兴，百姓苦；亡，百姓苦。"可视为一种立意上的"陌生化"。它们给人以石破惊天之感，使读者极为震愕。(《辽金元文学论稿》)

清·诗

◎ 龚自珍

《己亥杂诗》（浩荡离愁白日斜）

【近】张萌麟：甲午、庚子前后，凡号称新党，案头莫不有《龚定庵诗集》，作者亦竞效其体。大家如黄公度（遵宪）之《不忍池晚游诗》："百千万树樱花红，一十二时僧楼钟，白头乌哭屋梁月，此是侯门彼佛宫。"及《海行杂感》："是耶非耶其梦耶，风乘我我乘风耶，藤床簸魂新睡觉，此身飘飘天之涯。"与龚定庵《己亥杂诗》酷肖。梁任公三十前后所作情诗"眼中竟欲无男子，意气偏能到小生"等，固系处处神似形似。（《大公报·文学副刊》）

【近】程金凤：天下震矜定庵之诗，徒以其行间璀灿，吐属瑰丽；夫人读万卷书供驱使，璀灿瑰丽何待言？要之有形者也。若其声情沉烈，恻悱道上，如万玉哀鸣，世鲜知之。抑人抱不世之奇材与不世之奇情，及其为诗，情赴乎词，而声自异，要亦可言者也。至于变化从心，倏忽万匠，光景在目，欲捉已逝，无所不有，所过如扫，物之至也无方，此其妙明在心，世乌从知之？（《己亥杂诗书后》）

【近】梁启超：语近世思想自由之响导，必数定庵。吾见并世诸贤，其能为现今思想界放光明者，彼最初率崇拜定庵，当其始读定庵集，其脑识未有不受其刺激者也。（《论中国学术思想变迁之大势》）

【今】张宜雷：落花，是龚自珍诗中另一反复出现的极富时代感与独创性的意象。……龚自珍笔下的落花意象，便包蕴了近代最早觉醒的知识者对封建社会"衰世"的二重心态：一方面，由于看到这个社会的不可救药，在价值上作出否定的判断；另一方面，由于诗人自身的文化教养，他产生的社会环境仍然属于那个时代，他无法摆脱历史的制约。价值观念诉诸理智，历史制约却与感情相联。（《龚自珍研究文集》）

清·词

◎ 纳兰性德

《长相思》（山一程）

【清】陈廷焯：含情绵邈，言有尽而意无穷。（《云韶集》卷十五）

【清】蔡嵩云："纳兰小词，丰神迥绝"，"尤工写塞外荒寒之景，殆扈从时所身历，故言之亲切如此。"（《柯亭词论》）

【清】顾贞观：容若天资超逸，修然尘外，所为乐府小令，婉丽凄清，使读者哀乐不知所生，如听中宵梵呗，先凄惋而后喜悦。（《通志堂词序》）

【近】王国维："明月照积雪"，"大江流日夜"……"中天悬明月""大漠孤烟直""长河落日圆"，此中境界，可谓千古壮语，求之于词，唯纳兰性德塞上之作，如《长相思》之"夜深千帐灯"，《如梦令》之"万帐守庐人醉，星影摇摇欲坠"差近之。（《人间词话》）

……纳兰容若以自然之眼观物，以自然之舌言情。此由初入中原，未染汉人风气，故能真切如此。北宋以来，一人而已。（《人间词话》）

【今】龙榆生：清代令词，盖未有过于性德者矣。（《近三百年名家词选》）

【今】严迪昌："夜深千帐灯"是壮丽的，但千帐灯下照着无眠的万颗乡心，又是怎样情味？一暖一寒，两相对照，写尽了一己厌于扈从的情怀。（《清词史》）

【今】唐圭璋：《花间》有句云"红纱一点灯"，此言"夜深千帐灯"，境界一大一小，然各极其妙。（《纳兰容若评传》）

集评主要参考文献

1. 黄念然等编著:《中国古典诗词名篇选注集评》,广西师范大学出版社2006年版。

2. 张宝林等编著:《古诗词名篇评注》,黑龙江教育出版社2009年版。

3. 李达五辑评:《古诗精华辑评》,成都出版社1996年版。

4. 程怡:《汉魏六朝诗文赋》,上海人民出版社2017年版。

5. 刘学锴:《唐诗选注评鉴》,中州古籍出版社2013年版。

6. 爱新觉罗·弘历敕编:《唐宋诗醇》,中国文学出版社1997年版。

7. 朱惠国选注:《元明清诗词文》,广东人民出版社2002年版。

8. 张红等编著:《温庭筠词新释辑评》,中国书店出版社2003年版。

9. 叶嘉莹主编:《苏轼词新释辑评》,中国书店出版社2007年版。

10. 柯宝成编著:《李清照全集(汇校汇注汇评)》,崇文书局2015年版。

11. 袁行霈主编:《中国文学作品选注》,中华书局2007年版。

12. 谭新红、王兆鹏:《唐宋词名篇导读》,长江文艺出版社2005年版。

13. 唐圭璋选释:《唐宋词简释》,人民文学出版社2017年版。.

14. 俞陛云:《诗境浅说》,天津人民出版社2008年版。

15. 俞陛云:《诗境浅说(附续编)》,上海书店1984年版。

16. 夏承焘:《唐宋词欣赏》,浙江古籍出版社2012年版。

17. 沈祖棻:《宋词赏析》,北京出版社2013年版。

18. 沈祖棻:《唐人七绝诗浅释》,中华书局2008年版。

20. 刘永济选释:《唐人绝句精华》,武汉大学出版社2013年版。

21. 富寿荪选注:《千首唐人绝句》,上海古籍出版社1985年版。

后 记

　　这本书我写了引言、第一和第二部分，我的合作者也是我的学生杨思航辑录了古诗词集评，我们共同对附录的集评进行了校对。集评校对工作量很大，很多古诗词及其评点在流传过程中有不同版本甚至错讹，必须寻找多项资料并仔细地对比分析。让人欣喜的是，辑录和校对不仅大大提高了我们的古文阅读能力，而且藉此学习了大量术语和典故。我们也希望读者能通过此书得到这样的收获，这需要读者不放过任何一个不懂的字词，通过网络和工具书明确其内涵，对教师来说，这是提高其古诗词赏析水平的好机会。

　　这些年全年无休、日日读写，这是我出版的第四本有关语文教学的书。这些成果和职称无关、与功名无涉。几年前，一个同事了解我转向了语文教学的研究，他问我："这有什么用啊？"我不知他认为语文、文学无用还是我的研究不能换取实际利益，我没有解释也不想解释，世界上真正珍贵的东西都不是用来变现获利的。《庄子·逍遥游》中有一棵树干长满赘瘤、枝杈弯弯曲曲的大树，因不合绳墨、不合规矩而不能做成任何器物，木匠连看都不看它一眼。而也正是这"无用"，让它能自由自在地生长于"无何有之乡""广莫之野"而"不夭斤斧"，可以让人"彷徨乎无为其侧，逍遥乎寝卧其下"。我非常高兴自己能做一些"无用"之事，避开功名之斧的砍斫，让一份对语文和文学单纯的热爱自由生长，感受其带来的逍遥与无碍。

　　我的合作者杨思航很聪明，也很勤奋，为这本书的写作付出了很多时间和精力。她是北京师范大学教育学部招收的第一届语文学科教育硕士，马上就要成为一名中学语文教师。我希望通过这本书的写作，她能够理解做一个优秀语文教师最重要的就是拥有丰厚的学识，学会研究与思考，并在未来的教学生涯中保持探索的愿望和能力。

这是我与华东师范大学出版社北京分社合作的第十本书。感谢李永梅社长的支持，感谢策划编辑任红瑚女士和审读编辑张思扬女士为保障本书的质量所付出的辛劳，感谢负责发行、宣传的郭雪丽和杨坤女士。这么多年的合作使得我们既是通力合作的伙伴，又是志同道合的朋友，幸甚至哉！

赵希斌

二零一九年二月

图书在版编目（CIP）数据

中小学古诗词评点及教学建议 / 赵希斌，杨思航编著 . —上海：华东师范大学出版社，2019

ISBN 978 - 7 - 5675 - 9773 - 0

Ⅰ.①中… Ⅱ.①赵… ②杨… Ⅲ.①古典诗歌—中国—中小学—教学参考资料 Ⅳ.①G633.303

中国版本图书馆 CIP 数据核字（2019）第 214876 号

大夏书系·语文之道

中小学古诗词评点及教学建议

编　著	赵希斌　杨思航	
策划编辑	任红瑚	
审读编辑	张思扬	
封面设计	百丰艺术	

出版发行　华东师范大学出版社

社　　址　上海市中山北路 3663 号　邮编　200062

网　　址　www.ecnupress.com.cn

电　　话　021 - 60821666　行政传真　021 - 62572105

客服电话　021 - 62865537

邮购电话　021 - 62869887　地址　上海市中山北路 3663 号华东师范大学校内先锋路口

网　　店　http://hdsdcbs.tmall.com/

印刷者　北京密兴印刷有限公司

开　　本　787×1092　16 开

插　　页　1

印　　张　16

字　　数　276 千字

版　　次　2019 年 10 月第一版

印　　次　2024 年 1 月第三次

印　　数　8 101–9 100

书　　号　ISBN 978 - 7 - 5675 - 9773 - 0

定　　价　65.00 元

出 版 人　王　焰